KB079833

진리의 교과서 3

윤회와 인과법

진리의 교과서 3

윤회와 인과법

– 나의 근본을 찾아서 –

최준권 엮음

지유문고

삶의 지침서

스승께서 이같이 말씀하셨다.

있는 것을 있는 그대로 본 깨달은 자가 사실대로 기술한 책은 최고의 교과서가 될 수 있다. 이를 중생의 눈높이에 맞춰 정리해 완벽하게 만들 수 있다면 책이 나오는 순간 세상은 달라질 것이다. 이 책을 지침서로 삼아 읽고 배워서 깨닫는다면 자신의 업을 씻고 좋은 세상을 맞이할 수가 있다. 세상일에 눈을 뜨고 밝은 삶을 살아갈 수 있고 삶의 결과를 통해서 자기를 바꿀 수가 있다.

먼 훗날 그대들이 세상에 환생했을 때를 위해서 나의 삶과 가르침을 여기에 바친다. 이 책은 진실을 밝히고 있으며 밝혀진 진리는 보약과 같아서 책을 읽으면 정신이 밝아지고 생활이 밝아질 것이다. 이 교과서는 진리이기 때문에 세상에 인간이 존재하는 한 영원히 남을 것이다.

의식의 근원은 무엇이며 생명의 모태는 무엇인지 체계적으로 만들면 교과서가 여러 권 만들어질 것이다. 이 책이 진짜 경전이 된다. 종교나 대학에서 가르치는 것을 가지고는 인간의 욕망을 부추기고 사회문제를 만들어 낼 뿐 세상을 위해서 큰 도움이 되지 않는다.

높은 차원에 있는 신은 인간의 세계에 올 수 없으며 차원이 다른 세계끼리는 서로 통하지 않는다. 오직 특별한 자만이 인간의 몸을 받고 태어나서 사람들을 깨우치고 가는 자를 성인이라고 부른다.

이 책에서 신이라는 존재를 분명히 밝히는 증거를 제시할 것이다. 이 교과서가 널리 알려져서 나쁜 일들을 단절시키고 다음 세대에는 좋은 세상을 만들어야 한다. 이를 이끄는 주역이 되는 것이 그대들의 사명이다.

머리말

스승께서 세상에 오신 목적은 세상을 밝히기 위해서이며 세상을 밝히는 일은 중생들의 편견을 깨부수고 있는 것을 바로 볼 수 있도록 깨우쳐주는 것이다. 스승께서는 있는 것을 있는 대로 보는 분이기에 길 없는 길을 가고 있는 중생들에게 세상의 길을 알려주시기 위해 이 땅에 오셨다.

이 세상의 원리는 모든 현상이 반복해서 돌고 있고 지구는 둥글고 자전과 공전을 거듭해서 돌고 있다. 시계도 한 바퀴를 반복해서 돌고 돈도 돌고 있으며 돌지 않는 것이 없다. 세상에 사는 모든 인간의 육체도 피나 기운이 돌지 않으면 경색이 오며 물레방아처럼 끊임없이 돌고 도는 인생을 살고 있다. 태어나서 잘사는 사람이나 불행하게 사는 사람도 한평생을 현상 세계에서의 삶을 통하여 얻은 결실로 저세상으로 가게 된다. 그 영혼은 사후세계를 거쳐 부모의 바탕을 만나서 또다시 태어나 이 험한 세상에 살아가고 있다. 이 법칙이 윤회輪廻이며 다른 말로는 순환巡還이나 부활復活이라고도 말하며, 스승께서는 이 변화를 반복 현상이라고 말씀하셨다.

말이나 문장은 뜻을 전달하기 위한 하나의 수단이다. 사람들이 사는 세상에서는 말을 먼저 사용하였고 글을 만들었으며 세월이 흐른 후 문법을 만들게 되었다. 깨달은 분은 있는 것을 보고 말씀하시기 때문에 논리적이지 않다. 논리論理에 물들어 있는 현대인들에게는 있는 것을 보고 말씀하신 자연自然의 가르침을 글로 읽고 이해하기는 힘들 것이다. 깨어있는 밝은 정신으로 그 뜻을 읽어야 깨달을 수 있다. 어리석은 이들은 스승의 말씀을 듣고 횡설수설橫說竪說한다고 말하는데 원래 뜻은 사람들을 깨우치기 위해 가로로 말하든 세로로 말하든 이치理致에 맞지 않는 것이 없다는 뜻이다.

석가모니 부처님이 법을 전하실 때 전도몽상顚倒夢想 속에 살며 있는 것을 보지 못하는 눈뜬장님인 중생들에게 수준에 맞게 조리 있게 말한 것을 횡설수설이라고 말씀하셨다. 그런데 그 의미가 변하여 뜻이 다르게 사용되고 있다.

1984년 12월 어느 날 남해안 연화도에서 깨달음을 얻으시고 2008년 8월 21일 말레이시아 쿠알라룸푸르 숙소에서 돌아가실 때까지 20여 년 동안 자연의 법을 말씀하신 원석 중에서 윤회법과 인과법을 간추렸다. 깨달음에 관한 스승의 가르침을 손상하지 않도록 다듬고 다듬어서 세상에 내어놓는다. 이 책은 스승의 가르침을 배우는 사람들의 질문을 스승께서 대답하신 내용이다. 말씀하신 뜻을 알기 쉽게 〈진리의 교과서〉라는 제목을 달아 단행본으로 세상에 내놓는다. 계속해서 시리즈로 출판하게 될 예정이니 독자들은 이 글을 읽고 깨달음이 있기를 바라는 바이다.

2024년 5월 엮은이 최준권

차례

1. 윤회

인간 세계에서 전해지고 있는 말 중에 윤회輪廻라는 말이 있다. 깨달음을 얻고 나면 윤회라는 말의 의미를 쉽게 알 수가 있지만 깨달음이 없이는 마음에 와닿지 않는다. 윤회는 계속 돌아온다는 말이며 반복되는 행동을 자기 속에 계속하게 한다. 윤회는 모든 것에서 나타나고 있으며 인간만 윤회하는 게 아니고 모든 생명체는 윤회한다. 심지어 세상에 존재하는 물질까지도 윤회하고 있고 세상 자체도 끝없는 세월을 통해서 계속 반복되고 있다. 윤회는 한 번 세상에 나타난 것은 자기 속에 있는 일을 간직하고 있는 일을 통해서 끝없이 반복하게 된다. 당시 부처가 이런 일을 설명할 때는 수레바퀴처럼 돈다고 했다. 이제 현대에 나타난 나는 자기 속에 있는 일을 따라서 반복해서 반복 현상이라고 말한다. 윤회의 과정에서도 인과의 법칙은 영향을 미치게 된다. 윤회가 존재하지 않는다면 결국 세상에 모든 현상계는 멸망한다. 윤회에 대하여 너희가 알게 될 때까지 집중적으로 질문하라!

Q 세상이 윤회함으로 해서 모든 현상이 항상 새롭게 존재하게 되는 것입니까?

승: 인간의 세계에서 윤회가 존재하는 것은 자신들 속에 있었던

일에 의해서이다. 다시 인간으로 윤회하기 위해서는 무엇보다도 자기 상실이 있어서는 안 된다. 만일에 자기를 상실해 버렸을 때 그 결정체는 본래의 모습으로 돌아올 수가 없다. 다시 인간으로 태어나기 위해서는 자신이 가지고 있는 의식意識 속에 있는 근원적인 일들을 너무 망쳐서는 안 된다. 자기 속에 있는 일이 항상 업業을 만들고 업의 작용으로 인간 세계로의 윤회가 가능할 수도 있고 인간 세계로 복귀하지 못하는 수도 있다. 그래서 윤회 속에 있는 일을 이해하는 것이야말로 자기의 미래가 자신에 의해서 존재하게 하는 좋은 길이라고 말할 수 있다.

Q 윤회에 대해서는 현상계만 생각했기에 목적만을 추구하고 살았는데 윤회를 믿으면 삶 자체가 목적이 되는 것입니까?

승: 너에게 하나 묻겠다! 무등산 수박을 먹고 보면 씨가 있는데 그 씨에게 대답한다고 가정하고 물어보아라! 네 아버지가 누구니? 그 씨는 수박이 우리 아버지라고 할 것이지만 수박 보고 묻는다면 자기는 넝쿨에 달렸으니까 넝쿨에 의해 열렸다고 할 것이다. 넝쿨은 무등산에서 태어났으니 수박 아버지는 무등산이다. 그 씨가 볼 때 아버지는 수박이지만 사실 그 원인은 씨로부터 싹이 난 것이니 나는 내 속에서 태어났다고 봐야 하는 것이 아니냐?

Q 자기는 항상 자신으로 인해서 태어났다고 보는 것입니까?

승: 네 부모는 밭이고 세상에서 너의 가장 가까운 사람이다. 부모는 자식의 바탕이 되어 주고 근본은 자기 속에서 태어나고 계속

번식된다. 네가 제대로 알려면 1년이나 2년이 됐을 때 점점 자기 마음에 잡히고 이해된다. 오늘 들은 말을 네 선생에게 가서 세상의 법칙을 물으면 환경은 원인을 만들고 원인은 환경을 바꾼다는 사실을 모를 것이다.

Q 자연에서 식물의 바탕이 땅이면 인간의 바탕은 무엇입니까?

승: 땅이 기름지고 환경이 좋으면 식물은 땅이 가지고 있는 힘을 최대한으로 얻고 쓸 수가 있다. 그러기에 싱싱하고 푸르고 건강한 모습과 좋은 열매를 만든다. 하지만 인간의 바탕은 정신精神에 있고 자기가 환경을 선택할 수도 있고 찾아갈 수도 있다.

Q 인과는 어떻게 이해해야 하고 윤회와는 어떤 관계인지요?

승: 세상의 일을 깨닫기 위해서는 어떤 일들이 세상에 존재하고 있는지에 관심이 있어야 한다. 세상은 두 가지의 뜻으로 존재하는데, 하나는 인과법因果法이다. 좋아지고 나빠지고 하는 현상은 인과법으로 나타나게 되어 있다. 또 하나는 윤회법輪廻法인데, 모든 있는 것들은 돌고 돌므로 반복 현상이 있게 된다. 현재와 미래와 과거가 끝없이 돌고 있다. 우리의 생명도 이 법칙으로 존재하고 모든 만물이 인과법으로 나고 죽고 태어나고 반복하고 있다.

Q 반복되는 윤회도 결국 인과법으로 이루어진다는 것입니까?

승: 한 번 세상에 나타난 것은 스스로 소멸하지 않고 계속 스스로 존재시키려고 노력한다. 우리 속에 있는 일도 뜻이 있기에 한

번 입력되면 계속 반복하고 어떤 일이 반복의 영향에 의해서 활동하게 된다. 자기 속에 어떤 일을 존재하게 했는지에 따라서 현세가 다르고 내세가 다르다. 다음 세대에 있게 될 일들도 달라서 사람이 가장 조심해야 할 일은 인연因緣을 짓는 일이다. 사람이 나쁜 인연을 지으면 나쁜 것이 생기게 되고 좋은 인연을 지으면 좋은 것이 생기게 되는 게 인과법이다. 인과의 법칙은 있는 일로 인해서 나타나게 되는 현상을 말한다. 너희가 어렵게 생각하고 여기에다 상상을 섞게 되면 인과의 법칙을 쉽게 받아들이고 이해하기 어렵게 된다.

Q 업이 인과에 의해서 자기에게 존재하게 되는 것입니까?
승: 업業이 존재하는 한 사람은 업의 지배에서 벗어날 수가 없다. 아무리 잘 살고 좋은 일을 하려 하여도 업이 큰 사람은 자기가 잘 살려고 하는 일이 남을 망치게 된다. 그리고 자기가 좋아지려고 하는 일이 항상 자신을 괴롭히게 된다. 그것은 자기 속에 선업善業이 있어야 하는데 근원이 없으니 자기 속에 없는 게 나타나는 일은 매우 드물다.

Q 깨달음이 없이는 절대 자기 속에 있는 업의 지시를 거역할 수가 없는 것입니까?
승: 이런 현상은 삶에 있어서 매우 중요하고 누구도 이런 일에서 벗어날 수가 없다. 좋은 일을 많이 한 사람이 좋은 일을 할 수 있는데 자연의 법칙과 진리는 엄격하다. 수학에서 2+2가 1이나 5가 될

수 없듯이 진리에서도 있는 일은 불변하며 절대적으로 바뀌지 않는다. 그러기에 우리가 한평생을 살아갈 때 가장 중요한 것은 깨달음이다. 스스로 눈을 뜨고 보아야만 자기가 하는 일이 제대로 되는지 안 되는지 볼 수 있으며 남의 말만 듣고 살면 확인할 수가 없다.

Q 깨달음이 우리의 생활에 얼마만큼 중요한 것입니까?

승: 만일 좋은 일을 해서 사람들에게 좋은 결과가 있도록 한 일이 60%이고 자기가 몰라서 실수한 일이 40%라면 이런 상황에서는 스스로 자기의 감정을 조절하고 잘못된 성질을 억제할 수가 있다. 잘못된 일은 노력하면 고쳐 나갈 수도 있지만 실수해서 자기가 지어놓은 업이 무지의 결과가 60%이고 선한 결과가 40%라면 자기보다 큰 힘이 방해하고 있기에 좋은 일을 하려면 매우 힘이 든다.

Q 선생님에게서 가르침을 배운 사람들도 잘못된 일을 할 수 있습니까?

승: 깨달음이 없어서 있는 일을 제대로 모른다면 그런 일은 얼마든지 일어나는 일이다. 10년을 들었어도 깨달음이 없으면 진리眞理 속에 있는 일을 있는 그대로 받아들이지를 못한다. 있는 일을 있는 그대로 받아들이지를 못하니 제대로 알지 못한다.

Q 우리 사회에 있는 많은 문제가 어디에서 오고 있습니까?

승: 과거 자기 속에 있는 일로 인하여 많은 일들이 생기고 있는데

도 세상은 받아들이지 못한다. 나이가 들어서 1950년의 우리 사회와 1998년이 어떻게 변했는지 겪어 온 옛날 사람들은 업이 무서운 줄 알았었다. 그런데 요즘 사람들의 행동을 보면 사회에 있는 많은 문제가 업業으로부터 오는데도 더욱 큰 업을 지니며 살고 있다. 업은 자기 속에 있는 일에 의해서 생기는데 업은 행동과 말로 짓게 되고 또한 입으로도 지을 수 있다.

Q 사람들이 입으로 어떤 업을 짓게 되는 것입니까?

숭: 자기가 모르는 말을 함부로 하면 거짓말이 된다. 거짓말은 남을 망치는 일이고 입으로 짓는 업이다. 그래서 불교에서 과거에 부처에게서 배웠던 제자들은 나는 이렇게 들었다고 했다. 석가 부처님도 깨달은 분이었기에 업의 세계를 제자들에게 설명했었다. 제자들은 깨달은 게 아니고 확실히 본 게 아니기에 자신이 하는 말에 책임을 지지 않기 위해서 나는 이렇게 들었다고 말했다. 그런데 요즘 사람들은 자기가 몰라도 아는 것처럼 말한다.

Q 저는 오늘 처음 와서 듣고 있는데, 업業이란 말의 뜻이 무엇입니까?

숭: 자신 속에 있던 일과 행위 때문에 자기 속에 그대로 입력되고 쌓여서 습관이 되어 계속 활동하는 것을 업이라고 한다. 업보業報라고도 하고 업력業力이란 말도 사용하는데 인도에서는 카르마(Karma)라고 말한다.

Q 윤회를 알기 쉽게 예를 들어 설명해 주세요.

승: 옛날이야기를 하나 하겠는데, 전생에 대장장이를 하던 사람이 죽었다. 다시 몇백 년이 지난 후에 어느 좋은 가문에 인간으로 태어나서 정상적인 학문을 했다. 새로운 인연으로 대장간 일과는 아주 다른 일을 하게 되었는데 훌륭하게 성장해서 남을 가르치는 훈장이 되었다. 하루는 길을 가다가 천한 대장장이가 대장간에서 일하는 것을 보았다. 대장장이의 일을 일반 사람들이 볼 때는 몰랐는데 훈장이 보니 서투르게 보여서 자기가 한번 하겠다고 쇠를 두드렸다. 그런데 누구에게도 배우지 않았으나 쇠를 다루는 솜씨가 매우 뛰어났다.

Q 이것은 윤회 때문에 전생의 자기가 현생의 자기를 만들었다는 것입니까?

승: 현재의 자기는 미래의 자기를 태어나게 한다. 근본에서는 현상을 나게 하고 현상에서는 결과를 만들고 결과 또한 근본으로 돌아오는 것을 윤회의 법칙이라고 한다. 현상과 결과와 근본이 계속 연결이 된다. 실제 근본의 세계를 인간의 의식으로서는 볼 수가 없다. 근본 자리는 모든 것이 죽고 다시 시작하는 자리이고 현상과 생명으로 가는 길이다.

Q 세상에서 어떤 사람을 보고 뛰어난 사람이라고 해야 합니까?

승: 세상일을 보면 일을 잘하는 사람이 그 분야에 뛰어난 사람이다. 농사일을 잘해서 좋은 열매를 얻고 많은 이익을 얻는 사람이

농사일을 잘하는 사람이다. 이런 사람들이 농대 교수가 되어야 일을 잘하는 학생으로 만들 수 있고 일을 잘하고 제대로 아는 사람에게 배워야 일을 잘할 수 있게 된다. 공대의 어떤 교수가 미국의 유명 공과 대학을 나왔다 하는 것이 중요한 게 아니다. 기계공학이라면 기계를 다루는 곳에서 솜씨가 뛰어난 사람이 대학에 와서 교수를 하면 자기가 가지고 있는 재능을 학생들에게 전수할 수 있을 것이다. 그에게서 배우는 학생들을 실제 기계를 다룰 수 있는 유능한 사람으로 만들어 낼 수 있다. 경제를 가르치려면 다른 것이 필요 없다. 사람이 어려운 환경 속에서 어떻게 어려운 여건을 이기고 생활에 아무 문제가 없는 사람이 될 수 있었는지를 보아야 한다. 이런 일을 보고 경제학 교수를 뽑으면 학생들에게 어떻게 하면 돈을 벌고 잘 살 수 있는지를 가르쳐 줄 수가 있다.

Q 아침에 TV에서 방영된 프로그램이 있었는데 어떤 교수가 어떻게 하면 잘 된다고 했는데 제가 그들의 이야기를 들어 보니까 자기는 한 번도 그 일을 안 해 본 사람이었습니다.

승: 방송국 같은 데도 책이나 몇 권 읽은 사람을 데려다 놓고 사람들에게 함부로 말을 하게 하는 것이 사회에 업業을 짓는 일이다. 업을 짓는 것은 상대에게 피해를 주었다는 것이고 사회가 온통 업 짓는 일을 하고 있다.

Q 대학에서 공부하는 것이 우리의 꿈인데, 대학 진학하는 것이 좋은 건지요?

승: 어제 어떤 분이 소란을 피우면서 당신 자식은 대학에 보내면서 남의 자식은 대학에 보내지 말라 했다기에 그 말을 듣고 기가 막혔다. 나는 사실 자식들이 대학에 가건 안 가건 관심이 없는 사람이다. 내가 바라는 게 있다면 가까이에 있는 자식이니 올바른 사람이 되어 남에게 비난받지 않고 배고프지 않게 자기 문제를 자기가 해결하면서 살면 된다고 누차에 걸쳐서 말했다. 훌륭한 사람이 되는 것은 학벌이 높아야 하는 게 아니다. 열심히 일하고 거짓말 안 하며 정직하고 근면한 사람이 되면 훌륭한 사람이라고 말했다. 자식이 자기가 스스로 공장에 다니면서 돈 벌어서 야간대학을 다니는데 어떻게 학벌을 사람 위에다 내세웠겠는가?

Q 지금 대학이나 사회가 어떻게 흘러가고 있다고 보십니까?
승: 전문인이 대접받는 시대가 아니고 학벌이 대접받는 시대를 만들어 놨기에 사회가 업이 크다는 것이다. 실제 자기 자신이 어떤 사람인지도 모르고 남을 가르치고 남을 지배하고 남의 문제를 해결하고 있다.

Q 자기도 자신을 모르는데 어떻게 남의 일을 알 수 있겠습니까?
승: 서울의 대학을 나와서 미국에 있는 유명한 대학을 나오면 교수가 된다. 그런데 그 교수는 실제 자기가 배운 분야에 대해서는 한 번도 일해 본 적이 없으면서 자기는 확인하지 않은 일을 날마다 만들어서 가르치면 배우는 사람은 어떻게 되겠는가? 선생이 가진 것을 배우고 잘못하면 선생이 말한 거짓말까지 배운다. 학생들

은 듣고 보고 배웠으니 편견을 자기의 의식 속에 입력하게 된다. 자칫 사람을 크게 잘못 만들 수 있기에 깨달음이 필요하다고 말하는 것이다.

Q 잘못된 세상에는 교육이 어떤 역할을 해야 하는 것입니까?

승: 너희가 세상을 너무 모르고 살기 때문에 무엇이 과연 자신을 축복하고 주위를 축복할 수 있는 일인지 모른다. 자식을 가르치지 말라는 말을 부모들에게 하는 게 아니라 제대로 된 선생을 찾아서 배우도록 해야 한다는 것이다. 대한민국에서 교수라는 사람들 수만 명이 학생을 가르치고 있다. 자기 전공 분야에서 제대로 일해 보고 대학 강단에 선 사람이 몇 명이나 될지 모르지만 확인하려면 실제 이 손가락을 가지고 세어도 몇이 안 될 것이다. 잘못된 교육이 사람의 의식意識을 버려 놓았다고 보아도 틀린 말이 아니다.

Q 학교에서 업을 얻어와서 우리 사회는 많은 문제가 생겼다고 보십니까?

승: 그것은 자기 속에 있는 선업善業이 아닌 악업惡業 때문이다. 실수해서 자신이나 남에게 잘못된 일을 하게 되면 악업이다. 자신이 모르고 무의식중에 한 일이 다른 사람에게 피해를 주게 되는 일을 많이 하게 되면 현재와 미래와 과거와 앞날이 끝없이 불행해진다. 너희가 과거를 믿으면서 미래를 믿지 않는 것은 옳지 않으며 인간은 어떻게 끝없는 미래에 영향을 미치게 되는지 이해가 있어야 한다.

Q 사람이 가진 악업이 크면 진리를 알 수 없는 것입니까?

승: 업이 큰 사람은 진리를 들으면 성질에 맞지 않아서 성을 내고 업이 중간인 사람은 진리를 보면 의심하면서 반신반의하고 별 관심 없어 한다. 업이 없는 사람이 진리를 듣게 되면 기뻐하고 저 사람은 대단하다고 말한다. 그래서 업이 많은 사람에게 배우고 깨우치라고 하면 받아들이지 않는다. 그들은 의심만 하게 되고 시비만 생기는 것은 업의 활동 때문이다. 업이 크기 때문에 옳은 것을 받아들이지 못한다.

Q 인간의 의식은 어디에서 볼 수 있습니까?

승: 의식을 정밀하게 분석하면 기체氣滯에 의식이 입력되어 있다. 그런데 의식이 기체를 움직일 때는 기체 자체는 살아 있는 모든 사물을 보고 느끼고 어떤 행동할 수 있는 자기 의사를 표출하게 된다. 하지만 기체가 노화되어 일정 기간이 지나면 의식 자체가 사라져 버린다.

Q 의식 자체가 사라지는데 생생하게 살아 있는 것처럼 나타나는 사람들이 있는데 이유가 무엇입니까?

승: 의식에 애착愛着이 작용하기 때문에 의식 자체가 안 죽으려 하고 활동하니까 살아 있는 거와 똑같다. 기체가 이런 상태에 있을 때 업으로 인해서 엄청나게 혼탁해 있다. 기체 자체가 질이 안 좋고 쌀을 찧어 놓은 게 3등급 정도만 된다고 보면 된다.

Q 사람이 죽어서 의식 자체가 사라지면 어떻게 되는 것입니까?

승: 의식 자체가 없어지면 자기가 입력한 것을 가지고 태어나서 새로운 생명의 근원이 된다. 하지만 생명이 부활할 때 생명을 움직이는 힘은 새로 활동을 하게 되고 죽은 줄 알았던 의식에 의해서 나타난다. 그러기에 과거의 기억은 상실하겠지만 활동을 일으키는 근원은 그대로 존재해 있다. 인과법의 원리는 과거의 일에 의해서 현재도 영향을 받고 현재의 일에 의해서 미래에도 영향을 받는다.

Q 삶을 아무런 생각 없이 살면 어떻게 되는데요?

승: 한번 지어진 것은 활동이 존재하는 동안은 없어지지 않고 활동하지 않아야 없어지고 의식 자체가 죽는다. 아무런 생각도 하지 않고 아무런 활동 없이 산다는 것은 불가능하다. 어떤 현실의 영향을 받지 않고 사는 물질은 아무것도 없다. 영체도 같은 상황인데 사람의 영체가 다른 어떤 곡식의 열매와 다른 것은 사람의 영체에서는 몇 가지의 다른 세계와 접하게 된다. 그 세계를 사람들이 지옥地獄이나 천국天國이라고 부르는 곳이 있고 더 높은 곳에 극락極樂이 있다.

Q 선생님은 어떻게 이런 일을 상세하게 알고 쉽게 대답할 수가 있습니까?

승: 만일에 너희도 가지고 있는 업이 없어지고 해탈解脫의 경지에 이르게 된다면 근본 세계를 볼 수 있다. 생명의 세계는 현재를

말하고 사후세계는 죽음 이후의 세계를 말한다. 생명체는 항상 돌면서 계속 반복하는데 근본의 세계에 오면 아무것도 없다. 근본의 세계를 불교의 반야심경般若心經에서는 색즉시공色卽是空 공즉시색空卽是色이라 써놓았다. 사람은 현세에 있었던 일로 인하여 끝없는 내세에서 영향을 받게 된다.

Q 업業과 인연因緣에 대하여 좀 쉽게 설명해 주시겠어요?

승: 나는 너희에게 이곳에 오라고 강요하지 않는다. 누가 큰 업을 지니고 있는지 모르고 큰 업을 지닌 사람은 자기가 깨닫기 전에는 옳은 것을 받아들이지 않는다. 자기와 성질이 맞지 않는 말을 하는 사람을 미워하게 될지 불신하게 될지 음해하게 될 것인지 아무도 알 수가 없다. 실제 이런 일은 역사를 통해서 많이 볼 수 있는데 세상에서는 모함받은 사람 중에서 나쁜 사람보다도 좋은 사람이 많았다. 그게 업이 있어서 이런 인연들이 만들어지고 인연이 업을 만들고 업이 새로운 인연을 만드니 세상은 인연에 따라 피고 지고 돌고 도는 것이 세상일이다.

Q 역사 속의 인물 중에 누가 모함받아서 죽었다는 것입니까?

승: 예수도 모함당했고 소크라테스도 모함당했다. 백성을 사랑하고 임금을 섬긴 충신들이 모함당해서 귀향 가고 참수를 받는 일들이 비일비재했다. 그러니까 옳은 말을 하고 옳은 일을 가르치는 사람들이 미움받았고 모함당해서 죽는 일은 있지만 나쁜 사람이 미운 짓을 하다가 모함당하고 죽는 일은 없다. 그러니 누가 언제

어떤 계기로 인해서 모함과 음해를 할 줄 모르기 때문에 자발적으로 오면 오는 것이고 억지로는 오라고 하지 않는다. 내가 그럴 수 있도록 나를 깨우쳐 준 사람들이 있기에 오늘날 그 세계에 대해서 눈을 뜨고 말할 수 있는 것이다.

Q 세상의 일을 어떻게 간단하고 단순하게 볼 수 있습니까?

스승: 세상은 인과와 윤회로 존재한다는 말로서 모든 문제를 풀 수 있다. 거기에 많은 게 포함되어 있지만 복잡하게 나누면 엄청난 문제로 확산이 된다. 수학에서 1부터 조兆까지 있는 숫자를 나열해서 문제를 만든다면 우리가 평생 죽을 때까지 문제를 만들어도 못 만든다.

Q 수학의 문제가 아니라 세상에 있는 법도 그러합니까?

스승: 있는 일이 단순할 때는 단순한 것만 말하지만 오늘과 같은 복잡한 세계에서 하나하나를 설명할 때는 같은 말이 계속 반복된다. 수학에서 하나의 공식을 깨달으면 전부 알지만 깨닫지 못하기에 많은 것을 모른다. 실제 여래가 너희에게는 매우 중요한 이유는 공식 하나를 깨우치려고 노력했고 깨달음을 이루었다. 너희는 그 하나를 깨우치려고 노력하지 않는 것이 문제이다. 공식만 깨달으면 세상에 모든 일을 스스로 알고 길을 만들어서 좋은 일을 할 수가 있다. 그러나 안 되는 게 바로 깨달음이 없기 때문이고 업이 많기에 거꾸로 가게 되는데 업이 깨달음을 방해한다.

Q 세상에서 어떤 스승을 만나서 배워야 깨닫게 되는지요?

승: 스승을 만나려면 있는 일을 제대로 아는 사람에게 배워야 있는 일을 배울 수 있으며 의식이 좋은 사람에게서 배워야 깨닫게 된다. 학벌이 높은 사람에게 배운다고 해서 깨달음을 얻는데 전혀 소용이 없다. 우리 사회는 500년 동안 유교가 존재했다. 유교는 이상적인 학문이어서 암기만 잘하면 판사나 검사가 되고 고위 공무원이나 국회의원 등 사회지도층 인사가 됐다. 그런데 이 암기를 잘하는 사람들은 의식의 근본이 좋아서 암기를 잘하는 게 아니다. 뇌의 활동이 좋은 사람은 하룻저녁에 책 몇 권을 읽고 전부 다 의식 속에 집어넣을 수가 있다. 의식 속에 집어넣은 것들은 시험문제를 보면 의식 속에서 나타나게 되고 문제를 풀면 된다.

Q 우리나라는 암기 잘하는 사람이 지도층 인사가 되는 것 같습니다.

승: 유감스럽게도 이 사람들은 사회 현실을 보지 않은 사람들이기에 엄청난 시행착오들이 존재하게 된다. 자기의 시행착오를 감추기 위해서 또 말을 만들고 말을 만드는 것이 업 짓는 일이다. 자기가 모르는 말이나 실수해서 거짓을 말하게 되면 입으로 업을 짓고 항상 대물림해서 자기 속에서 거짓이 일어나게 된다.

Q 저희가 불행에서 벗어나는 길을 원한다면 스스로 배워서 남에게 도움이 되는 일을 해야 합니까?

승: 선한 업을 지어야 한다. 축복되는 일은 사랑이며 남에게 죄가 되는 악업을 짓지 말고 사랑과 축복을 배워서 행하는 일이 자기

를 구하는 길이다. 이런 일을 할 수 있는 것은 깨닫는 일인데 이런 가르침이 지금까지 없었기에 너희가 잘 알아듣지 못한다. 내가 두 사람의 승려 제자에게 항상 말하는 것이 머리만 깎고 물들인 회색 바지저고리만 입었다 해서 당장 모르는 것을 알게 되는 것이 아니다. 항상 있는 일 속에 의지하고 있는 일을 모를 때는 지혜 있는 사람에게 숨기지 말고 어떻게 해야 할지 확인하라고 한다. 현실에서 모르는 일은 자기에게 도움을 줄 수 있는 사람을 찾아야 하는 것과 같다.

Q 오늘 자기 속에 가진 업이 현실에서 왜 중요한 것인지를 새삼 느끼게 됩니다.

僧: 너희는 현실에서 견딜 수 없는 일들을 당할 때가 한두 번이 아닐 것이다. 항상 자기가 하는 일이 어떤 결과를 가지고 오게 되는지 그 일을 머리에서 떨쳐 버려서는 안 된다. 이 시간을 통해서 아무리 많이 가르쳐도 근본이 나쁜 사람은 잘못 살게 되어 있고 안 가르쳐도 근본이 좋으면 뛰어나게 되어 있다. 이런 일은 항상 역사를 통해서 확인하면 역사 속에는 우리가 모르는 모든 일들이 존재하고 그 일들이 계속 반복된다. 인간의 의식 속에 있던 일이 반복되니까 역사 속에 있던 일들도 계속 반복이 된다. 현실에서 우리가 볼 수 없는 것은 역사 속에서 보라는 것이다.

Q 저희가 세상일에 눈을 뜬다면 혼자서 배우더라도 운명을 바꿀 수 있겠습니까?

승: 항상 있는 일을 가지고 평가해야 하는데 사람의 생활을 보고 행동을 보고 나면 어떤 사람이라는 걸 대강 알 수가 있다. 이런 일을 외면하고 남의 말만 듣게 된다면 날마다 속게 되기에 자신을 속지 않기 위해서 깨달으려 하고 잘 살려고 하는 것이다. 잘 살려 하는데도 안 되는 것이 의지가 약한 것이며 의지가 약하면 업보가 크다. 세상의 있는 일은 그냥 있는 게 아니라 인연에 의해서 존재하고 있다. 자기 속에 있는 일이든 세상 속에 있는 일들 모두가 인연 없이 존재하는 게 없다. 돌감이 돌감을 만들었으면 계속 돌감을 만들어서 돌감이 세상에 존재하고 단감 또한 계속 단감을 만들기 때문에 단감이 있다.

Q 세상에 태어나는 사람은 누구라도 업을 가지고 태어납니까?
승: 자기에게 있었던 일로 인하여 생명의 근원에 있게 된 일들을 업業이라고 말했다. 생명 속에 있는 업은 과거로부터 자기에게 있었던 일에 의해서 존재하는 것이다. 한 번 존재한 것은 한 번 실수로 인하여 지은 큰 업은 수백 번의 되풀이됨 속에서도 자기 속에 따라다니는데 업도 애착이 있기에 절대 죽지 않는다. 여기서 쉽게 예를 들면 전생에 기생집 출입이나 하고 술을 잘 먹던 사람은 다시 태어나도 살림은 잘 안 하고 유흥업소나 출입하게 된다. 아무리 많은 재산을 물려받는다 해도 곧 탕진해 버리고 어렵게 되어야 그만하게 되는데 이번 생에서 고생한다고 끝나지 않는다.

Q 환경이 바뀌어도 같아져서 끝없이 되풀이되는 것입니까?

슝: 전생에 노름하던 노름꾼은 도박판에 가서 세월을 보내고 현세에 와서도 자기가 한 일 속에 그런 일이 자기의식에 뿌리 깊게 박혀 있기에 자꾸 되풀이된다. 전생에 그림을 잘 그리던 사람은 현세에 태어나도 화가가 되는데 그림을 안 배워도 잘 그린다. 그냥 꼬챙이로 그려도 진짜 모양을 또렷하게 잘 그리는 건 자기 속에 과거에 있었던 일 때문에 가능한 것이다. 너희는 이제부터라도 어떤 사람이 돼야 할 것인지를 확실하게 생각해야 하고 그런 사람이 되도록 노력해야 한다.

Q 저희가 업에서 벗어나려면 어떻게 해야 합니까?

슝: 자기가 지은 업은 한번 좋은 일을 한다고 끝나는 것이 아니고 없어지는 게 아니다. 자기 속에 그대로 남아서 다음 세대 또 다음에도 계속 그 일을 하게 한다. 너희가 업에서 벗어나는 일은 악업을 짓지 않고 선업善業을 행함으로써 자신 속에 좋은 일이 있게 해야 한다. 석가모니가 깨달음을 얻을 수 있었던 가장 큰 요인 중의 하나는 선한 업을 오랫동안 행하여 악업을 억누를 수 있었기 때문이었다. 악업이 적어지자 그는 깨달음을 위해서 세상에 태어났으며 마침내 해탈을 이루었다. 아주 근본이 좋은 씨앗은 모래밭에 뿌려 놔도 뿌리를 내리고 잘 자라는 것처럼 태어날 때부터 근본이 좋으면 강인한 생명력을 갖는다. 스스로 윤택하게 하는 지혜를 가지고 나타나게 되기에 큰 깨달음에 이를 수 있었다.

Q 선생님의 말씀을 들으면 했던 말을 계속해서 또 하는 것처럼 들리

는데 저희가 세상일을 모르기 때문입니까?

승: 그래서 사람들이 내 말을 들으면 날마다 하는 말이 지겹지도 않은지 또 말한다고 한다. 너무 딱딱하니까 재미있었던 이야기를 한 번 하겠다. 소연 스님은 내가 제일 처음 만난 사람인데 스님의 모친이 달마원에서 한집에 살며 매일같이 내 말을 들었다. 내 말이 틀리는지 맞는지도 알지 못하는 자기 어머니에게 방에 들어오라고 했다. 그랬더니 하는 말이 나는 다 아는 소리다. 같은 말 듣고 또 듣고 하는데 너는 지겹지도 않은지 이상하다고 했다는 것이다.

Q 인연이 없으면 부처도 중생을 못 구한다는 것은 무슨 뜻인지요?

승: 너희는 항상 있는 일을 볼 때는 있는 일에 걸맞게 보아야 한다. 공부를 잘해서 사법고시에 합격해서 판검사는 될 수는 있으나 하루아침에 좋은 사람은 만들어지지 않는다. 나는 사람에 대해서 욕심을 크게 가지지 않는다. 공덕이 없으면 뛰어난 사람이 될 수가 없으니 인연이 없는데 어떻게 중생을 구할 수 있겠는가?

Q 누구나 이곳에 올 수 있지만 인연이 소중하다는 것입니까?

승: 생명의 근원도 있는 일에서 생긴 것이니 인연을 소중하게 해야 한다. 이곳은 항상 자유롭게 입회할 수 있고 탈퇴할 수 있는 곳이다. 너희가 자발적으로 세상에서 빛을 전하고자 하는 사업에 동참하는 건 누구에게도 좋은 일이니까 환영한다. 하지만 절대 강요는 하지 않으니 이곳에 와서 누구든지 선한 자를 해치고 음해할 생각을 하지 말아야 한다. 나는 너희가 깨우칠 수 있기를 바라고

조금이라도 도움이 되어 주었으면 하는 바람으로 삶을 다하는 날까지 세상을 구하는 일을 위하여 노력할 것이다.

Q 업의 근원도 윤회나 인과의 근원도 있는 일에서 생긴 것입니까?

승: 모든 일이 있는 일로부터 생기게 된다. 있는 일의 중요성에 대해서 너희가 깨달아서 눈을 뜰 때까지 인과와 윤회 속에 있는 일은 하나도 뺄 수가 없다. 그래서 이 일은 죽을 때까지 너희가 들어야 언젠가는 있는 일을 똑바로 알고 살게 될 것이다. 내가 세상일을 설명하다 보면 윤회와 인과를 말하지 않을 수가 없고 똑같은 말을 계속 반복하게 된다.

Q 윤회와 인과의 법만 알게 되면 다음 걸 아는 것은 매우 쉽다는 것입니까?

승: 석가모니 부처께서도 만법귀일萬法歸一이란 말을 했다. 세상의 모든 법칙은 하나로부터 나와 다시 하나로 돌아가며 하나를 모르면 만 개를 모르고 이치를 깨달으면 만 개를 안다. 수학에서 하나의 문제를 이해해서 풀게 되면 다른 문제도 자동으로 풀게 된다. 수학 공식 하나를 제대로 알게 되면 있는 일을 보고 세상의 일을 자유자재로 판단해서 풀고 세상의 뜻에 맞게 살 수 있다. 그러면 화목하고 어려움 없이 잘 살 수 있으니 성인도 현실을 거부할 수 없고 벗어날 수가 없다.

Q 자기가 살아야 하는 문제를 어떻게 윤회로서 풀 수가 있습니까?

숭: 너희는 이런 문제를 계속 자연의 법을 추적하면 윤회를 볼 수 있다. 인간은 살면서 활동하고 다시 죽게 되고 죽음과 동시에 반복 현상을 일으키게 되고 부활한다. 그리고 부활하는 과정에서 나타나게 되는 일은 과거의 활동이 기초가 되어서 근본이 된다. 새로운 시작이 있는 것을 충분하게 현실에 너희가 이해할 수 있는 수준에서 해답을 줄 수 있다.

Q 자연에서 보면 콩 나무에 콩이 열렸는데 그 속에서 또 하나의 콩에서 콩이 나는 것이 윤회입니까?

숭: 사람에게 적용하면 땅은 깨달음인 정신을 말하는 것이다. 좋은 땅의 인연을 만나 씨앗을 심어서 자라게 되면 작물이 좋은 열매 맺는 걸 볼 수 있다. 좋은 씨앗에서 좋은 싹이 나왔고 좋은 결과가 계속 나타나고 있었다. 과거의 석가모니 부처는 이러한 현상을 보고 남긴 말이 자업자득自業自得이요 인과응보因果應報라고 했다.

Q 저희가 세상의 뜻에 맞게 살면 이치 속에 있는 일에 하나라도 눈을 뜰 수 있습니까?

숭: 이치 속에 있는 일을 자기의 의식 속에 집어넣는 일을 하면 언젠가 그 일로 인해서 큰 깨달음을 얻고 세상을 보게 될 것이다. 세상을 보면 간단하게 하나의 문제가 문제를 만들고 있고 깨달음이 그 문제를 수습할 수 있다. 깨달음은 있는 일을 바로 아는 것이고 깨우치는 것이다. 깨달음이 크면 클수록 선한 업을 자기 속에 쌓을 수가 있는데 깨달음이 없이 착한 업을 쌓는 것은 매우 힘든

일이다. 그러니 너희는 이런 일을 잘 알고 앞으로 너희의 생활에 도움이 되기를 바란다.

Q 업 자체도 애착이 있다는 말씀을 자세하게 설명해 주십시오.

승: 간단하게 있는 일을 보면 해답이 있는데 좋은 일을 많이 한 사람은 죽을 때 삶에 큰 애착을 갖지 않고 자연스럽게 맞이한다. 나쁜 일을 많이 하고 잘못 산 사람들은 죽을 때 안 죽으려고 발버둥을 많이 한다. 생명에 대한 애착이 매우 강해서 대체로 불행한 사람들이 오래 사는 걸 볼 수 있다. 그래서 업을 많이 가진 사람들의 행위 속에서 있었던 일들을 많이 보는데 업은 계속해서 자신 속에 있는 일을 나타나게 하고 되풀이하게 한다.

Q 있는 일을 바로 보는 것을 공식이라고 말씀하신 것인지요?

승: 있는 일을 바로 보는 게 아니고 공식이라는 것은 어떤 일과 어떤 일이 지어지게 되어 인연이 닿았을 때 나타나는 현상을 두고 말한다. 예를 들면 똑같은 원료에 똑같은 공정으로 페인트를 만들 때 몇 그램의 빨간색과 흰색이 섞였을 때 분홍색이 나오는 공식대로 하면 똑같은 색깔이 나온다. 어떤 쇠도 용광로에 쇠붙이와 다른 쇠붙이를 녹여서 합금했는데 골고루 섞여서 비율이 똑같다면 나타나는 철의 성질이 똑같다. 수학의 공식처럼 어떤 일과 어떤 일을 결합했는지에 따라서 나타나는 현상 자체가 다르다. 이 세상에서 어떤 물질을 통해서 볼 수 있는 세상은 너무나 많으니까 일일이 설명할 수는 없다. 철이나 페인트나 다른 작물을 통해서도

나타나고 있는 현상이다.

Q 공식이라는 것이 수학의 공식처럼 똑같다는 것입니까?
승: 5+5=10이다. 어떤 문제 속에 있는 정확한 수치를 내어서 다른 문제가 가지고 있는 수치와 결합했을 때 공식에 의해서 현상을 나타나게 한다. 선근善根이 크고 악업惡業이 없을 때는 한 번 실수했다 하더라도 나쁜 습관이나 남을 해치는 일은 자기가 억제하니까 나타나는 일이 드물다. 하지만 선근이 적고 업이 클 때는 억제하는 일이 불가능에 가깝다.

Q 인과법因果法과 윤회輪迴를 이해하는 것이 알듯말듯한데, 쉽게 다시 한번 설명하여 주십시오.
승: 우리가 살아가면서 어떻게 세상일을 알아보는지 배우고 지혜를 얻는 이런 문제를 해결하기 위해서 고타마 붓다는 인과법과 윤회를 가르쳤다. 윤회는 모든 현상계의 있는 일들이 어떤 일을 통해서 어떻게 진행되는지 하는 과정을 설명했다. 그리고 인과법은 어떤 것이 문제와 만남으로서 변화하고 새로운 길을 선택하게 하는지를 설명한 것이다. 이런 일들을 일반 사람들 속에서 오랫동안 전하려고 노력했지만 실패했다. 그래서 붓다께서는 그 이후부터는 사람들의 질문에 있는 문제를 풀어주고 문제를 통해서 사람들에게 있는 일을 가르치려고 노력했다. 오늘 아침에 유선방송에서 공무원 불자들 수천 명이 모여서 의식행사를 하는데 어떤 법사가 말을 만들어서 주장만 했다. 설법이라고 하는 걸 잠시 들어봤

는데 모든 걸 어떻게 하라는 지시만 있고 그 일을 할 수 있는 법이나 문제없는 말을 되뇌었다.

Q 이런 일이 개인이나 사회에 얼마나 도움이 되겠습니까?
승: 법이 없는 이야기는 사람들에게 아무런 도움이 되지 않는다. 내가 여러 차례 말한 적이 있는데 달마대사達磨大師가 중국으로 올 때 마중을 나갔던 황제가 달마를 맞이하면서 나는 수백 채의 헤아릴 수 없이 많은 절을 짓고 수만 명의 승려에게 음식을 제공했는데 공덕이 얼마나 되는지 물었을 때 달마는 무無라고 대답했다고 한다. 그래서 황제는 그때 기분이 상했으나 황제의 이해 수준으로는 왜 공덕이 없다고 말했는지 알아들을 수가 없었다. 이 점에 대해서 석가모니가 말하기를 세상에서 가장 큰 공덕을 짓는 것을 사람들이 물었을 때 법보시法報施라고 했다.

Q 법을 보시한다는 것은 어떤 일을 두고 말하는 것입니까?
승: 법 보시는 있는 일을 알림으로 해서 사람들이 그 일로 인해서 깨달을 수도 있고 크게 자신들을 위하는 일이 된다. 그 때문에 깨달아서 사람들을 깨우치는 일이 가장 큰 공덕이 된다고 말했다. 우리가 살아가는 데 있어서 가장 중요한 일은 있는 일을 통해서 배우는 것이다. 그러하기에 사람들에게 나는 깨달은 자이며 세상 사람들을 구할 수 있는 길을 안다고 말한다.

Q 선생님의 도움을 받지 않고도 구원받을 수 있는 사람이 누가 있습

니까?

승: 그들은 선천적으로 좋은 근본을 가지고 태어난 사람들이다. 전생에 큰 공덕을 많이 지어서 좋은 근본을 가지고 태어난 사람들은 나의 도움이 없어도 자신을 구하고 밝은 미래를 얻을 수 있다. 모든 것은 활동의 법칙으로 좋아지고 나빠지게 된다. 이 활동의 법칙은 좋은 인연을 만나면 활발한 활동을 할 수 있어서 좋다. 하지만 나쁜 근본을 가진 사람이 나쁜 인연을 맞으면 활발한 활동을 해서 자기를 더 나쁘게 하는 하나의 표본이 되겠다. 항상 있는 일을 통해서 농사꾼은 농사일을 통해서 배우고 장사꾼은 장사를 통해서 배우면 된다. 어떻게 하니까 어떤 일이 자기에게 있었다는 인과의 법칙을 통해서 배우게 된다.

Q 성자들이 일생에 한 일이 요약해서 말하면 무엇입니까?
승: 모든 성자의 가르침은 있는 일을 알리려고 했던 것이 인과법이었다. 어떤 일이 우리에게 어떤 영향을 미치는지 일생을 통하여 사람들에게 알리려고 했던 것이 삶의 목적이었다.

Q 중생들은 업을 가지고 있다 보니까 있는 일을 못 보는 것인데 있는 일을 배우는 것이 인과의 법칙입니까?
승: 근면하고 검소하고 정직해진다면 누구나 마음이 밝고 떳떳해지기에 남다른 양심과 용기가 의식 속에 쌓이게 된다. 그때 양심과 용기로 자기가 옳은 일을 실행하고자 할 때 모든 사람이 외면해도 옳은 일을 실행할 수가 있다. 너희는 세상의 일을 어렵게

─생각하지 말고 항상 쉽게 생각하면서 있는 일을 아주 주의 깊게 생각해야 한다. 세상의 일은 수학에서 앞의 숫자와 뒤의 숫자를 공식에 넣고 보면 답은 정해져 있는 것처럼 알아야 하고 깨달아야 한다.

Q 저희가 진리를 모르면 세상의 일을 못 본다는 것입니까?

승: 석가모니가 중생을 눈뜬장님이라고 비유한 것은 있는 일을 보고도 있는 일을 알아보지 못했기에 말한 것이다. 오늘 내가 가면 몇 개월 후에 올지 모르기에 개인적인 문제에 대해서 많은 질문을 받도록 하겠다. 사람들은 문제를 가지고 있는데 자기가 겪게 되었을 때 어떻게 대응할 수 있는지를 타인의 문제라고 생각하면 안 된다. 자기의 문제라고 생각하면서 배우면 되는 것이니 개인적으로 문제를 물어라!

Q 여래님이 말씀할 때 있는 일과 있는 것의 차이를 구체적으로 말해 주십시오.

승: 구체적으로 보기로 말하겠다. 작년에 호박을 심고 수박 순을 구해서 접을 붙였더니 호박 뿌리는 자생력이 강해서 수박이 큰 게 많이 열렸다. 그래서 돈을 많이 벌었다는 이야기를 들었다. 호박과 수박은 있는 것이고 순을 쳐버리고 접을 붙인 일은 있는 일이다. 있는 일로 인하여 있는 것은 더욱 왕성한 활동을 하게 되어서 좋은 수박을 만들었다. 이것은 있는 것이 있는 일을 통하여 좋은 결과를 얻은 것이다. 어느 가게에서 일해 주었더니 약간의 돈을

받아서 배고픈 것을 면했다면 자기가 해준 일로 인하여 존재하는 것은 있는 것이고 있는 일을 통해서 배고픔을 면할 수 있었다. 항상 자연법상에서 볼 때 있는 것은 있는 일을 만든다. 씨앗을 심었더니 싹이 나고 열매를 만들었다. 열매는 있는 것이고 심고 가꾸고 거두는 것은 있는 일이니 있는 것이 없다면 거둘 것도 없을 것이다.

Q 있는 일로 인하여 모든 것이 태어나고 죽고 변화하는 것입니까?
승: 창조와 진화의 원리를 볼 때 있는 것과 있는 일이다. 있는 것을 만들기도 하고 소멸시키기도 하는 것이 모든 창조의 근원이다. 있는 일로 인하여 모든 현상계가 존재하는데 나중에는 사라지더라도 존재하는 것은 존재하는 것이다. 지금 불이 켜져 있는 것도 있는 일을 통해서 나타나게 된 것이고 나타나는 과정에 있는 것들은 있는 일이다. 이런 용어를 이해하는 게 쉽지 않고 용어 하나하나가 어려울 때도 있다. 하지만 문제를 알고 자꾸 듣고 보고 느끼게 되면 세상에 있는 일들이 아주 단조롭고 쉬워지므로 매우 좋은 지식을 갖게 된다.

Q 단조로운 것 같지만 문제를 아는 것이 어렵습니다.
승: 그 문제에 대해 자기가 원하는 어떤 답을 얻기 위해서는 어떤 과정과 어떤 행동을 통해서 원하는 모습을 얻어 낼 수 있는지 상세한 설명을 하겠다. 내가 여기 몇 달 만에 와서 본 결과 상당히 문제가 있는 사람들도 있었으나 우리 사회에서 얼마든지 일어날 수

있는 일이기에 크게 우려하지 않는다. 하지만 문제를 가진 사람들이 심각성을 가지지 않는다면 그 문제가 자기의 모든 것을 빼앗길 수 있다는 것을 항상 염두에 두고 살아야 한다. 좋은 문제라면 걱정할 것이 없으나 나쁜 문제를 숨기고 있다면 큰 문제가 되기에 자기가 이루어 놓은 모든 것을 빼앗길 수도 있다.

Q 업이 자신의 근본 바탕에 묻어 있는 것이라고 하셨는데 업이 어떤 식으로 의식 속에 저장되게 되는지요?

승: 컴퓨터를 칠 때 작업 도중에 있었던 일들과 같이 어떤 내용을 컴퓨터에서 찾아주지 않으면 나타나지 않는 것처럼 사람의 의식도 똑같다. 우리가 행동한 모든 것들이 의식 속에 내장이 된다는 것이다. 의식에 내장된 것은 어떤 기회가 오면 자기를 표출하려고 노력하게 된다. 업이라는 것은 과거의 활동으로 존재했던 일들이 자기의 의식 속에 쌓여서 자기를 지배하게 되고 자기의 행동과 성격과 성품 모든 것을 존재하는 근원이 된다.

Q 업이 처음에 어떻게 만들어지고 어디에서 오는 것입니까?

승: 과거 자기에게 있었던 일들이 의식에 생기게 된 하나의 결정체이다. 그러니까 오늘 우리가 여기에서 주고받은 모든 내용이 너희의 의식 속에 쌓이게 되면 활동하는 과정에서 나타나게 된다. 그래서 좋은 교육을 많이 받으면 현명해지는 것이다.

Q 의식이 망한 사람에게는 좋은 말이 잘 받아들여지지 않겠네요?

스승: 오늘날 사회가 망하고 있기에 너희가 여기서 들은 말들을 어디 가서 전할 곳이 없다. 예를 들어 아편을 많이 맞아서 중독 증세가 있고 몸이 허약한 사람들은 보약을 주면 삼키지를 못하고 목에 걸려서 토해 버린다. 이같이 업이 큰 사람들에게는 좋은 말을 하면 의식이 받아들이지 않고 벌써 들은 이야기라고 하면서 밀어내 버린다. 구체적으로 물으면 하나도 모르면서 좋은 것을 주면 성을 내고 부정하며 좋은 말은 받아들이지 않으므로 항상 힘들게 살게 된다. 이렇듯 업의 근원은 자신 속에 있던 일들에 의해서 만들어지고 자신의 길에 끝없는 영향을 미치게 된다.

Q 이런 현상을 더욱 상세하게 과학적으로 알 수 있습니까?

스승: 감이나 밤 씨앗을 땅에다가 심어 놓고 관찰하면서 보면 알게 된다. 요새 같으면 유전공학으로 작은 열매를 개량시켜서 크게 만들어 놓는데 그 씨를 받아서 심으면 큰 열매가 나온다. 한 번 이렇게 바뀐 것은 특별한 인연이 나타나서 자기를 변화시키지 않으면 그대로 존재한다. 자연과학을 통해서 확인할 수 있고 응용과학을 통해서도 쉽게 확인할 수 있다.

Q 업이 의식에 저장이 되는데 생명의 근원에도 영향을 미치게 되는 것입니까?

스승: 업은 태어나고 죽고 윤회하는 과정에서도 영향을 미치게 된다. 그 업으로 인해서 내세에 좋고 나쁜 일이 또 계속 이어지게 되는 것이다.

Q 복이 없는 사람은 진리를 듣기가 힘들다고 하는데 복이 없는 사람
  이 어떤 사람을 말합니까?

승: 업이 커서 진실을 받아들일 수 없는 사람이 복이 없는 사람이
다. 나쁜 것은 금방 받아들이면서 좋은 건 받아들이지 못하는 사
람이 복이 없는 사람이다.

Q 어떻게 사는 것이 좋은 삶이며 잘 사는 삶입니까?

승: 남을 속이지도 않고 속지도 않고 사는 삶이 좋은 삶이다. 이
세상에서 많은 시련을 겪어보지 않은 사람들은 모른다. 속으면 자
기의 마음에 한이 지어지고 남을 속이면 남의 가슴에 한을 짓게
되니 문제가 없는 삶을 사는 것이 좋은 삶이다. 깨달음으로 자신
이 가지고 있는 모든 문제를 풀어 버릴 수가 있다.

Q 깨닫지 못한 저희로서는 어떻게 자기를 구해야 할 것인지 막막한
  데요?

승: 나는 너희에게 이번 생을 통해서 필요한 일을 먼저 하고 나머
지의 시간은 자신을 구하는 일에 투자하라는 말을 하고 싶다. 나
의 말을 그냥 소리로서 지나칠 수 있기에 과거에 부처가 남긴 기
록이나 사례들을 너희에게 말하고자 한다. 먼저 부처라는 말의 정
의는 깨달음을 얻은 자가 사람들에게 있는 일을 가르친 예를 두고
말한다. 그러니까 깨달음을 얻은 스승이 최고의 가르침을 세상에
남기게 되었을 때 그런 대상을 부처라고 말한다.

Q 그러면 부처는 세상을 위해서 어떤 일들을 밝혔는지요?

승: 과거에 부처가 세상에 와서 인간의 세계에서 활동하는 기간에 남긴 가르침 중에서 지적해서 말하면 두 가지이다. 하나는 인과법이고 또 하나는 윤회이다. 먼저 세상을 이해하기 위해서는 자기와 자신에게 주어지는 일로 인하여 생기게 되는 결과를 두고 인과의 법이라고 말한다.

Q 인과법이 우리 인간이 알아야 하는 일 중에 왜 중요한 대목을 차지하고 있는 것입니까?

승: 인과법을 아는 것은 곧 좋은 자기를 만들 수 있는 유일한 길이기 때문에 인과의 법을 모르면 아무리 자기가 자기를 좋게 만들고자 해도 좋게 만들 수가 없다. 왜냐하면 사람은 환경의 지배를 받기 때문에 일정 기간은 시련을 이겨내야 자기가 필요한 환경을 만들 수가 있다. 그렇지 않을 때는 환경적응이 매우 어려운데 사람 속에 있는 일은 잘 볼 수가 없고 자기 속에 있는 일들은 역시 잘 보지 못하기에 상당히 골치 아프다.

Q 자연 속에 있는 사물을 보면 인과법이 어떤지 간단하게 이해할 수가 있습니까?

승: 시골에서 농사를 짓는 사람들은 농사를 통해서 인과법의 참 의미를 알 수가 있다. 세상에 있는 모든 것은 근본을 가지고 있으며 벼에도 여러 가지의 종류가 있다. 통일벼나 안남미는 종자가 다른 이유는 근본이 다르기 때문인데 이런 근본은 인과법으로 만

들어진다. 한번 만들어진 것은 계속 자기 속에 있는 것의 지배를 받게 되며 같은 일을 되풀이하게 된다. 같은 일을 되풀이하면 계속 같은 것을 만들고 자기에게 주어지는 환경의 영향에 의해서 좋아지고 나빠진다. 내가 이런 설명을 하기 전에 농사를 일 년 이상 지어본 사람에게 물어보면 농사짓는 데 어떤 일들이 일어나는지 알게 되고 하루하루 많은 것을 깨닫게 될 것이다.

Q 제가 농사를 짓다 보니까 약도 잘못 치면 해를 입게 되고 제대로 알아야 좋은 것 나쁜 걸 가려서 할 수 있습니다.

승: 모르면 좋은 쪽으로 기대하기가 힘들고 결과는 나쁜 쪽으로 흘러가기가 쉽다. 농사를 짓다 보면 어떤 집 논에는 수확이 잘 나왔는데 어떤 집 논에는 수확이 그렇게 좋지 않았다. 그것은 수확이 잘 나온 집 논은 토질이 좋았거나 논을 경작하는 일꾼이 농사짓는 법을 잘 알았기 때문에 좋은 수확을 얻을 수 있었을 것이다.

Q 인과법을 중요하게 받아들이면 자신을 깨우칠 수가 있겠네요?

승: 자기를 깨우쳐야만 인과법을 중요하게 받아들일 수가 있다. 인과법을 설하는 동안에 석가모니도 중생은 눈뜬장님과 같다고 말을 했다. 이 말은 있는 일을 두고도 그 있는 일을 제대로 알아보는 사람이 없기에 눈뜬장님과 같다는 일화를 남긴 것이다. 너희는 사람들과 만날 때 부처가 어떤 사람이며 무엇을 가르쳤는지는 알아야 한다. 부처가 어려운 걸 가르치고 말을 만들어서 가르치고 대학교수들처럼 온갖 글을 읽고 거기에다 또 아름다운 글 속에 새

로운 용어를 만들어 끼어 붙이는 장난을 하는 게 아니다.

Q 아무리 뛰어난 사람도 시대를 잘못 만나면 쓸모없는 인간으로 살
 게 되는 것도 인과법입니까?

승: 깨달은 자는 있는 것을 있는 그대로 말한다. 이런 것은 이렇
게 해서 이렇게 된 것이고 저런 것은 저렇게 해서 저렇게 된 것이
라고 가르친다. 자기를 구하기 위해서는 인과법을 알고 자기에게
피해가 되는 일을 안 하도록 노력해야 한다. 인과법을 알게 되면
어떤 현실 속에서도 살아가는 데 매우 큰 도움이 되니 있는 일을
중요하게 생각하라는 것이다. 나쁜 세상에서 사기꾼이 활개를 치
는 것은 사회와 사기꾼의 성질이 딱 일치하기에 활개 칠 수 있는
것도 인연법으로 정해져 있다.

Q 자기를 구하기 위해서는 어떻게 행동해야 하는지요?

승: 업業이 항상 자기를 불행으로 이끌고 가는 원인이다. 그러니
나쁜 업을 없앰으로써 영원한 생명을 자기 속에 심어 줄 수 있는
일을 너희가 할 수 있기를 바란다. 이런 일이 쉽지는 않지만 모든
것이 인과의 법으로 존재하게 되는 것을 부정할 수 없는 일이다.
인과법은 수학의 계산처럼 문제를 만들면 너무나 많은 문제와 부
딪히게 되어 있다. 1이라는 숫자를 기억하고 숫자를 이용해서 문
제를 만들면 몇 조를 만들어 낼 수가 있고 1이라는 숫자를 가지고
계속 나열하면 그 이상도 만들어 낼 수 있다.

Q 진리 속에 있는 일들은 수학처럼 단순하게 시작해서 수많은 개수
　가 만들어지고 너무나 많은 문제가 존재하잖아요?

승: 세상에 법칙은 간단하게 존재하기 때문에 문제를 통해서 좋
아지기도 하고 나빠지기도 한다는 것을 알기 쉽게 설명한 것이 인
과의 법이다. 세상은 하나의 원칙에 의해서 존재하고 우리 생명
체도 물질과 의식에 의해서 존재한다. 물질로 된 생명은 몸의 기
관이 멈추어 버리면 영육靈肉은 분리되고 영혼은 몸에서 나오게
된다.

Q 영혼이 몸에서 나오게 된다는 걸 알기 쉽게 말씀해 주십시오.

승: 나는 진리를 설명할 때 콩을 많이 비유해서 말하는데 콩이 자
라는 과정을 보기가 쉽기 때문이다. 벼보다도 콩을 보고 배우면
윤회에 대해서 더 쉽게 이해할 수 있다. 콩은 싹이 나서 생명 활동
이 시작되고 꽃이 피고 열매를 맺는 것이 한 세대이다. 열매는 결
국 생명 활동으로 존재하게 된 결정체가 존재하는 한 세대로 본
다. 이 시대의 활동을 통해서 너희의 의식이 존재하고 영체가 되
면 아직도 한 세대가 끝난 것이 아니고 영체 속에서 쌓여 있던 자
기의 기억이 전부 사라지고 다른 생명체로 부활하게 된다. 그래서
새 생명이 시작됐을 때 새로운 세대가 되고 다음 세대로 이동했다
고 보면 된다.

Q 인과법은 원인이 있어야 결과를 얻게 되잖아요?

승: 하나의 씨앗을 좋은 땅에 심었더니 좋은 열매가 나왔고 좋은

땅에서 좋은 열매가 열리는 법칙이 진실이다. 인간이 뛰어나고 뛰어나지 못하고 세상에서 인간이 자기의 행복을 크게 누리고 작게 누리고 한다. 삶을 통해서 좋은 결과를 얻고 좋은 결과를 얻지 못하는 가장 중요한 근본은 진실을 얼마만큼 얻는지 얼마만큼 잃는지에 따라서 삶의 결과는 달라진다. 세상에 있는 대자연에 존재하고 있는 법계의 모든 현상을 이해하는 일은 불가하지만 간단한 것 정도는 쉽게 이해할 수 있다. 좋은 땅에서 좋은 열매를 얻을 수 있듯이 좋은 사람을 섬기게 되면 자신 속에서 좋은 사람이 나게 된다.

Q 원인은 결과 속에 있고 결과는 원인에 의해서 지어지는 것을 인과법이라고 합니까?

숭: 좋아지는 건 원인이 있었기 때문에 좋은 것이고, 좋은 인연을 만날 수 있기에 좋아진다. 왜 나빠졌는지는 나쁜 인연과 접함으로 인해서 나빠진 것이고 결과가 바뀌게 된 것이다. 그러니 아는 자의 가르침과 모르는 자의 가르침은 많은 차이를 가지고 있다고 말할 수가 있다.

Q 인연법과 연기법은 같은 뜻으로 이해해도 됩니까?

숭: 연기법緣起法은 인연이 닿아서 일어나는 현상이고, 인연법因緣法은 만나고 헤어지면서 일어나는 현상이니 똑같은 뜻이다.

Q 인간에게 삶은 앞날을 존재하게 하는 길이기에 중요합니까?

스승: 너희 속에 있는 일이 앞날을 존재하게 하고 앞날을 지배하게 되는 길이라는 것을 알아야 한다. 역사를 통해서 보면 큰 제국을 건설한 제왕이나 당대에 큰 부를 이루었던 사람 중에서 학벌이나 부모의 도움이 없이 주변의 도움이 없이 성취한 사람들이 더러 있다. 그것은 과거 자기 속에 있었던 과거로부터 얻은 근본에 의해서 결정된다. 세상에서 위대한 업적을 남긴 왕들은 제왕의 기질로 태어나 제왕이 되는 자기의 꿈을 펼칠 수 있는 환경을 얻게 되고 인연을 얻게 되어서 제왕이 됐다. 하지만 제왕의 기질을 가지고 태어났더라도 인연을 얻지 못했을 때는 제왕이 될 수가 없다.

Q 사람들의 근본은 어떻게 해서 생기는 것입니까?

스승: 자기 속에 있었던 일이 근본을 창출해 내고 자기 속에 옮겨진 것들은 활동에 영향을 주어서 뛰어난 사람으로 살게 한다. 의지가 허약한 사람들은 뒤떨어져 살게 하고 근본이 좋고 뛰어난 사람들은 결국 온갖 시련을 이기고 활짝 필 수 있는 힘찬 삶을 자기에게 주게 된다. 사람을 항상 깨달을 수 있게 가르칠 때는 있는 것을 보고 현실을 가르치는 것이 최고의 공부인데 오늘날 대학의 교육은 문제가 없는 답만을 말하고 있다.

Q 대학이 제 기능을 하지 못하는 가장 큰 이유는 무엇입니까?

스승: 대학에 많이 가서 보니 인과의 법을 가르치지 않기에 창의력이 뒤떨어진다. 지금 내가 말하는 인과의 법을 조금만 듣게 되면 삶의 양식이 되고 양심이 있는 자로 변하게 된다. 모르는 자가 모

르고 자기를 해치는 일을 하는데 아는 자는 절대로 자기를 해치는 일은 안 한다. 세상의 일을 알게 되면 남에게 피해를 주지 않으며 자기의 주변에 적을 만들지 않고 어리석은 짓을 하지 않는다.

Q 인간의 삶을 통해서 어떤 결과가 얻어지는지 하는 부분을 설명해 주십시오.

스승: 사람이 콩을 먹으면 콩에 있는 물질은 대소변에 섞여 나와 버리고 기운은 몸이 흡수한다. 그러면 콩의 생명은 끝나는 것이고 콩에 있던 기운은 사람이 가지고 있는 의식의 부분으로 변하는 것이 이동이다. 의식이 힘이 약해서 환생이 안 된 상태에서 자기를 상실해 버리고 떠돌아다니다가 땅에 붙어 있는 기운을 콩이 흡수한다면 콩의 부분이 될 수 있다. 물속에 떨어져 메기가 먹어 버리면 기운은 메기에 붙을 수가 있다.

Q 사람이 식물이나 동물로도 변할 수 있는 것입니까?

스승: 석가모니께서 육도윤회六道輪廻를 말했다. 사람이 잘못 살면 짐승도 될 수 있고 미물도 될 수 있으며 나중에 식물도 될 수 있다. 반대로 인연에 따라서 사람의 몸에 와서 붙으면 사람의 의식의 부분이 된다. 그래서 모든 것은 자기 속에 있는 일을 통해서 사라지지는 않고 계속 반복해서 돌고 있는 현상이 윤회이다. 좋은 자기를 보존하고 좋은 자기를 얻게 되면 계속 돌아도 사람으로 나게 된다. 그 영이 의식체가 사라져 버리고 나면 성질이 같은 데에 가서 붙게 되는데 사람의 성질이 있으니까 사람에게로 이동되고 다

른 것들은 에너지가 붙은 물질을 섭취했을 때 이동이 가능하다.

Q 사람은 의식이 있으니까 자기의 몸이 사라지면 피해 버리기 때문에 호랑이한테 먹혀도 호랑이의 새끼로 나는 게 아니겠지요?

승: 영혼 자체는 나올 수가 있는데 물질 속에 있는 기운은 호랑이 생명체 탄생의 근원이 될 수도 있다. 이런 실험은 지금 세계 여러 나라에서 이루어지고 있다. 복제라는 것은 우리 피부나 세포 속에 있는 내용물을 축출해서 하나의 생명체로 만들게 되는 것이다. 사실 내가 말하는 이론에 의하면 이동한다고 했다. 몸 안에 있는 기운을 가지고 같은 하나의 내용물을 생산해 낼 수 있고 기운 자체가 생명체의 근원이 된다. 사람도 복제해 내는데 사람 그대로 닮지는 않는다.

Q 생명 공학으로 사람도 복제가 된다는 것입니까?

승: 사람은 하나의 의식이 있기에 사람과 닮은 모습의 복제 인간을 만들어 낼 수 있지만 그 복제된 인간은 매우 의식이 뒤떨어지게 된다. 단 하나 이변이 생길 수가 있는데 복제된 인간의 몸에 사람의 죽은 영체를 들어가게 하면 사람처럼 될 수 있다. 하지만 그 외에는 인간의 힘으로는 의식을 만들어 낼 수가 없기에 절대 인간을 창조하지 못한다. 의식은 콩의 결정체와 같은데 근본이 부활해서 생명 활동하는 과정에 있었던 일을 결과에 전하게 된다. 결과 속에 있는 일들이 미래의 자신을 존재하게 하는 근원이 된다.

Q 처음 듣는 말이기 때문에 이해를 잘 못하겠는데요?

승: 너희는 나의 말을 녹음테이프로 듣고 확인하고 알려고 노력하면 다음에 왔을 때 너희의 질문을 내가 명쾌하게 대답할 수가 있다. 너희는 이 시간을 같이하는 동안에 안타까워하는 부분들도 많을 것이다. 내 말을 듣고 잘 이해하기가 어려울 수도 있기에 나는 외국에서 가장 많이 인용하는 것처럼 수학으로 말하는데 문제를 알아보기 전에는 절대 답을 알 수가 없다. 문제를 이해하지 못하면 내가 하는 말 전부를 이해하는 것은 불가능하니 먼저 문제를 알려고 노력해야 한다.

Q 세상일을 보고 있으면 많은 문제가 존재하고 있는데 어떻게 문제의 답을 볼 수 있습니까?

승: 논두렁에 콩을 하나 심어 놓고 관찰해도 많은 문제가 나오는데 가꾸어주지 않으면 풀잎이나 잡초에 시달려서 열매가 생각보다 작다. 비료 같은 영양소를 주고 잡초 같은 걸 뽑아주면 잎도 무성하겠지만 알맹이도 좋아진다. 그건 자기 속에 있던 연결된 일들이 결정체를 만드는 데 영향을 미쳤기 때문이다. 너희에게 인과법이 왜 중요하게 생각해야 하는지를 설명하는 것이다.

Q 업이라는 말을 우리의 생활 속에서 많이 듣게 되고 사용하게 되는데 어떻게 업을 벗어나는지요?

승: 업은 자기 속에 있었던 일들이 자기를 지배하게 되고 조종하게 되는 것을 말한 것이다. 깨달음을 얻기 위해서는 업을 소멸시

켜야 하는데 업이 타서 전부 없어지게 된 것이 해탈解脫이다. 해탈은 업의 조종에서 벗어났다는 의미이다. 해탈하게 되면 업의 조종을 받지 않고 그냥 흘러가는 물처럼 아무 영향을 받지 않는다.

Q 해탈해서 업이 없어진 상태를 깨달음이라고 하는 거죠?

스승: 깨달아서 있는 일을 보게 되니 자기 생각에 의존하는 게 아니고 있는 일에 의존하게 된다. 내가 고타마 붓다의 생애를 보고 매우 감탄했는데 열반할 때 제자가 진심으로 물었는지 죽는 사람 위로한다고 그랬는지 모르겠다. 스승이 가시고 나면 우리는 무엇을 의지하고 살아야 하는지 물었을 때 있는 일을 의지하고 살라고 가르쳤다. 있는 일을 의지하라는 것은 있는 일을 보고 있는 일을 배우고 있는 일을 통해서 깨달으라는 말이다. 너희가 이 가르침을 계속 듣고 깨달으면 이 나라에서 앞선 사람들이 된다.

Q 깨달음이 자기 구원을 위해서 필요한 것이라는 것입니까?

스승: 깨달음을 위한 진정한 가르침은 이미 세상에 나와 있지만 알아보지 못하니까 이용하지 못하고 있다. 그래서 있는 일을 배우고 있는 일을 깨달아야 한다고 설명한 것이다. 한번 인생을 잘못 살면 잘못된 것들이 자기 속에서 계속 잘못된 일을 하게 부추기고 잘못된 일을 안 할 수가 없다. 우리가 사는 사회에는 많은 사람이 살고 있고 각자 대하고 보면 천차만별이다. 그러니 이런 점들을 너희는 깊이 새겨서 삶에 실패가 없고 좋은 도움이 될 수 있도록 활용해 주기를 바란다.

Q 깨닫지 못한 사람은 자기 속에 있는 업의 작용으로 자신을 움직이게 합니까?

승: 깨달으면 무지하고 어리석은 일을 할 수가 없게 되며 있는 일을 받아들이게 되면 자신이 잘 알지 못해서 자기 속에 있게 된 일들을 몰아내게 된다. 너희는 항상 이 말을 들어서 기억할 것이다. 깨우침이 큰 자들은 항상 자기 속의 업의 지시로 움직이는 게 아니고 있는 일을 보고 있는 일에 맞게 움직이면 업이 활동을 자기 속에서 할 수가 없다.

Q 세상에 온갖 활동이 일어나기 때문에 만물이 존재하게 되는 것입니까?

승: 세상의 뜻은 모든 활동으로 존재하는데 세상에서 어떤 활동도 없으면 아무것도 존재하지 않고 죽은 그대로이다. 업 자체는 죽으면 다시 태어나고 태어난 것 속에서는 자신 속에 간직되어 있던 것이 계속 활동해서 자신 속에 존재하게 한다. 한번 존재하는 것은 깨달음이 없이는 영원히 자기 속에서 몰아낼 수가 없다. 깨우침이 크면 업의 작용으로 움직이는 게 아니라 있는 일을 보고 그 있는 일에 맞게 행동함으로 업이 할 일이 없게 된다.

Q 깨달아서 업 자체가 약해지거나 죽어버리면 진실해지게 되는 것입니까?

승: 사람들이 있는 일에 대해서 진실이 크고 무지가 약해질 때 진실은 있는 일에 대한 자기 결정 속에서 확인하려 하는 힘이 크게

된다. 업을 억제하고 자기 행동이 있는 일을 관찰하고 판단하도록 행동을 유도하게 되니까 활동이 많이 일어나야 진실은 크게 된다.

Q 오늘처럼 이곳에 와서 배우는 것은 어떤 이점이 있습니까?
승: 하나는 자기를 깨우치는 것이고 하나는 내세를 위해서 자기를 지키는 길이 되는데 깨달으면 무지에서 벗어날 수가 있다.

Q 우리가 사는 세상에 죽은 영혼들이 어떻게 산 자에게 접근하여 혼탁한 사회가 되었습니까?
승: 사회에 한과 애착이 가득 차 있기 때문이다. 무지하고 깨닫지 못하면 누구나 한을 갖게 되고 애착에서 벗어날 수가 없다. 그래서 오늘날 사회에 양심이 없고 정의가 없고 편 가르기가 시작되어서 인간의 양식良識이 소멸해 버렸다.

Q 어떻게 하면 한과 애착에서 벗어날 수 있습니까?
승: 세상의 일이 있는 일에 의해서 결정된다는 것을 알아보기 시작하면 아무리 큰 애착에 붙잡혀 있더라도 한낱 어리석었던 자의 꿈이라는 것을 알게 될 때 한을 털어 버릴 수가 있다. 그러면 끝없는 인간의 길에 설 수가 있을 것이고 인간이 되어야 깨달음도 있는 것이며 좋은 자기를 만들어 낼 수도 있다.

Q 인간이 되어야 한다는 말은 무슨 뜻입니까?
승: 불교의 역사 속에서는 사람으로 태어나기가 얼마나 힘든지

하는 부분에 대해서 많은 이야기가 있다. 사람으로 태어난다는 게 쉬운 게 아니니 너희도 자기를 잊어버리지 않도록 노력해야 한다. 너희가 맑은 정신과 세상에 대한 폭넓은 이해가 있다면 행복하게 살 수 있으며 좋은 가정을 만들고 자신의 의식이 앞장설 수 있다. 내가 항상 가까운 사람들을 만나면 세상을 정情으로 살지 말고 옳고 그름을 알고 살라고 말하는데 우리 집에서는 각자 이웃처럼 산다. 밥때 되면 밥 먹고 잠자고 하는데 정으로 살지 않는 것은 항상 정이 문제를 일으키기 때문이다. 남이 뭐라 하건 중요한 게 아니고 나와 가까이 있던 사람이 도움을 받았다면 좋은 일이며 도움이 안 됐다면 애석한 일이다.

Q 정情이 많으면 정답다고 하는데 의식이 어두운 것입니까?

승: 인과의 법에서는 절대 거짓이 없다. 자연에서 무엇을 모르고 일하다 보면 오히려 잡초 같은 게 왕성히 자라니 더 좋아 보일 수 있다. 그런데 잡초에 거름을 주어서 잡초가 왕성하게 자라면 곡식은 안 된다. 깨달아야 옳은 일을 할 수 있고 정으로 살면 항상 문제가 뒤따른다. 옳고 그름으로 살아가면 문제가 없어지는 것이 인과법의 가장 중요한 점이다.

Q 양심을 잃지 않고 도리를 지키며 무엇이 옳은지 그른지를 생각하면서 살아야겠네요?

승: 수억 만금을 후손에게 물려주어도 재산을 지킬 만한 의지가 있지 않으면 오히려 자식을 더 불행하게 만드는 일이다. 그러니까

자식을 깨우쳐서 스스로 대중 앞에 설 수 있고 성공할 수 있는 사람이 되는 것이 중요하다. 의지가 허약하면 가르침을 통해 깨우쳐서 강한 의지를 갖도록 돌보아야 한다. 인간은 스스로 깨닫고 자기를 바꿀 수가 있기에 사람을 만물의 영장이라고 말하는 것이다. 세상의 일을 생각으로 절대 보지 말고 있는 일을 통해서 알려고 노력하면 삶에 큰 도움이 된다.

Q 독사에게 물을 주면서 우유를 만들라고 한다면 불가능하듯이, 같은 물을 마신다고 해도 누가 마시는지에 따라서 변화하는 건 업이 운명을 존재하게 하는 근원이기 때문입니까?

승: 나는 세상일을 보면서 가장 두렵게 생각하는 일이 업業이다. 요즈음에 와서 업이 얼마나 무서운 원인을 갖는지 차츰 느끼게 된다. 알지 못하고 우리 속에 있던 일이 업을 만들고 자신의 운명을 존재하게 하는데 업이 큰 사람에게 좋은 일을 하라고 아무리 시켜도 불가능하다. 그것은 인간의 의식은 자기 속에 존재하고 있는 업의 영향을 받게 되기 때문이다. 세상에 있는 모든 물질이나 생명체는 전부 업을 가지고 있으며 심지어 쇠붙이 하나에도 업이 있어서 독특한 자기를 갖고 있다.

Q 자기의 행위와 판단과 노력으로 운명이 만들어지게 되기 때문에 삶이 중요한 것입니까?

승: 삶은 생명을 지키고 이어가는 길이며 미래의 자신이 존재하는 일을 하고 있다. 그러기에 삶의 중요성을 깨닫고 삶을 통해서

현세는 물론이고 끝없는 내세에도 영향을 끼치게 되는 운명적인 기틀을 마련하기 위해서 살고 있다. 운명은 자기 속에 있던 모든 인연이 자기 속에 입력되고 있는 일을 되풀이하려고 한다.

Q 운명이 있는 일로 인해서 생기게 된다고 말씀하셨는데 우리나라의 앞날은 어떻게 변할까요?

승: 한번 자신 속에 존재하게 되는 일은 계속해서 활동하게 된다. 석가모니가 깨달음을 얻고 나서 보니 자기 조국이 필요한 일들을 잊어버리고 항상 쾌락이나 이상 속에 있는 일들만을 기대하면서 살아왔다. 그 때문에 인접한 나라가 침입해 왔을 때 방어할 만한 힘을 가지고 있지 않았다. 그래서 석가모니는 이런 일을 보고 몇 번 외부의 침략을 혼자 나서서 막았다는 이야기가 있다. 서너 번 계속해서 일어나자 이것은 지어진 운명이기에 어쩔 수 없는 일이니까 나라가 망하는 데도 방치하고 말았다는 사실이다. 나도 요즈음에 와서는 이런 일을 매우 크게 자주 실감하게 된다. 이 나라 사람들의 운명을 위해서 어떻게 도울지 자주 생각하고 있다. 하지만 이 땅에서는 누구도 좋은 운명을 받아들이려는 자세나 소망을 가진 자를 찾는 것이 불가능에 가깝다.

Q 아무것도 보지 못하는 사람은 그냥 눈을 감으면 이상 속에서 살아갈 수 있고 이러면 되겠지 하고 생각하잖아요?

승: 자기 속에서 잘못된 사고思考를 통해서 계속 활동하고 있으니까 능력 가진 자가 이 시대에 아무런 도움이 되지 못하고 있다.

사람들은 자기도 모르는 생각에 이끌려가다 보면 안 될 일도 자꾸 된다는 희망으로 환상을 가질 수 있다. 하지만 눈을 뜬 사람은 실제 안 되는 것은 절대 안 되는 것이다. 이 세상의 모든 현상은 법칙으로 존재하며 하나의 해답을 얻기 위해서는 먼저 문제가 있어야 하는데 문제가 바로 해답을 구하는 근원이기 때문이다.

Q 만일 우리 사회가 문제를 갖지 않고 단순히 해답만 갖게 되면 뭔가 매우 위험한 일이 있다는 것입니까?

승: 문제가 없는 해답은 사실 존재할 수가 없다. 그러니 세상의 어떤 문제는 인간에 의해서 만들어질 수가 있고 좋은 문제를 만들면 좋은 해답을 얻을 수가 있다. 그런데 지금 우리 주변에는 누구도 좋은 문제를 만들려 하는 사람이 없으므로 문제가 없는 해답은 앞으로 엄청난 많은 사람에게 고통을 계속해서 강요할 것이다. 삶을 어둠 속에서 살아가야 하는 불행한 일들을 만들게 되는 원인이 될 수 있기에 문제를 지적하는 것이다.

Q 운명이 개개인의 인연 속에 있던 일들에 의해서 만들어지는 것입니까?

승: 이런 것은 작게는 자기의 삶을 지배할 수도 있고 커지면 사회를 지배할 수 있고 국가를 지배하게 된다. 어떤 사람들의 사고가 힘을 갖게 되는지에 따라 그 세력이 사회나 국가의 주체가 될 수 있다는 것이다. 나쁜 운명을 가진 사람이 국가를 경영하게 되면 그 사회는 점점 어려운 일이 더 커지게 되고 자기를 어렵게 만들

게 된다. 이것이 만고불변의 진리이며 하나의 뜻으로 인해서 존재하는 일이기에 진리는 누구도 바꿀 수 없다.

Q 잘못된 운명을 가지고 태어났을 때 절망적으로 사는 길밖에 없습니까?

승: 수학에서 보면 하나의 숫자를 가지고 엄청난 문제를 만들어낼 수 있기에 그렇지 않다고 말할 수가 있다. 수학에서 5+5=10이라면 5+2=7이 되는 것처럼 문제가 다르기에 답이 다르다. 이런 문제를 알고 자신이 필요한 문제를 만들면 문제는 얼마든지 바뀔 수 있고 그 속에서 바뀐 답이 나올 수 있다.

Q 그러면 어떻게 자기의 운명을 바꿀 수 있습니까?

승: 먼저 문제를 알아야 하고 숫자를 알아야 하며 공식을 이해해야 한다. 사람이 자기의 운명을 바꾸는 일도 있는 일을 알고 있는 일로 인하여 의식 속에 있는 일들을 알게 된다면 바꿀 수가 있다. 아무리 운명이 나쁜 사람이라도 있는 일을 정확하게 이해하게 되면 자기 생각에 의존하게 되는 게 아니고 있는 일에 의존하게 된다.

Q 자기가 가지고 있는 나쁜 운명에서 벗어날 수가 있습니까?

승: 운명에 대한 충분한 이해가 있다면 옳지 않은 일이나 손실이 되는 것을 정확하게 알게 된다. 운명을 바꾸는 것은 있는 일을 정확하게 알고 있는 일에 대해서 깨달음을 얻는 것이다.

Q 삶의 목적이 자신을 존재하게 하는 근원이기 때문입니까?

승: 내가 이 자리에서 이런 일에 대해서 계속 너희에게 말하는 것은 왜 우리는 살아야 하는지 문제를 설명하기 위함이다. 내가 며칠 전에 서울에 올라가서 어떤 종교 지도자를 만났는데 그의 말은 근본도 없고 바탕도 없었다. 그 사람은 종교계통에서 능력을 인정받는 사람인데도 그 사실을 알지 못하기에 말해주었다. 단순히 밥세 그릇과 잠자리를 해결하기 위해서 평생을 거짓 속에서 살게 된다면 너무나 불행한 일이다. 나는 종교에는 무엇인지 인간의 삶에 도움이 되는 가르침들이 있을 줄 알았는데 점점 이 문제에 대해서 나의 기대는 실망으로 바뀌고 있다. 종교에서 가르치고 있는 내용 중에는 문제에 대한 정확한 설명이 없기 때문이니 너희는 문제가 없는 해답을 사람들에게 주고 있다. 문제가 어떤 과정을 통해서 해답을 얻게 되는지 이러한 중요한 일들은 너희 속에서 볼 수가 없었다고 말했다. 자기도 집을 나오고 싶다고 하면서 나오는데 택시까지 태워주고 부산 가라고 몇 만 원이지만 차비까지 주는 행동은 다른 사람에게선 볼 수가 없었던 일이다.

Q 어떻게 해야 깨달아서 좋은 삶을 살 수 있을까요?

승: 너희가 나의 곁에 와서 1년 동안 듣는다면 자기 속에 있는 업이 영향을 미치지 못한다. 그때 일어나는 현상은 자기가 아무것도 모른다는 사실을 알게 될 것이다. 업이 영향을 크게 미치지 못하면 모든 생각에서 벗어나서 사물을 볼 수 있다. 내가 너희와 다른 것은 너희는 있는 일을 볼 때 생각으로 보려 하지만 나는 있는 일

을 있는 것에서 보려고 하는데 이것은 극과 극의 차이가 있다.

Q 삶을 통해서 있는 일 자체가 의식의 근원이 되어 자신에게 영향을
　미치는지 어떻게 알 수 있습니까?

승: 이 시간에 운명을 설명하는 것은 어떻게 과거에 있었던 일
이 현세에 와서 영향을 미칠 수 있는지 얼마든지 확인할 수가 있
다. 사실 나와 같은 사람은 일찍 부모가 죽었기 때문에 고아가 되
어 혼자 살아야 했으나 남의 도움을 안 받고 거짓말 안 하고 남한
테 피해 안 주고 살아왔다. 나도 인간의 육신을 가지고 있기에 보
고 듣고 먹고 말해야 하니 아무에게서도 인정받을 수 없고 도움을
줄 수 없을 때 안타깝다. 그래서 나는 너희가 갖는 영향보다 오히
려 수십 배가 더 답답하다.

Q 깨달으면 무엇이 좋으며 인간의 삶에 깨달음이 어떤 목표가 되어
　야 합니까?

승: 내가 지난번 MIT 공대에 갔을 때 대학 학장이 깨달음을 얻고
싶다고 내게 말을 해서 이렇게 답한 적이 있다. 사실 깨달음이 인
간의 삶에 가장 큰 목표가 될지 모르지만 깨달음을 얻고 나면 당
신은 그렇게 좋은 일은 못 볼 거라 했더니 왜 그런지 내게 물었다.
내가 깨달음을 얻고 오자 마누라가 5년 동안 한숨만 쉬었으니 자
기 마누라 하나도 제대로 다스리지 못하는 사람이 깨달은 자의 입
장이다. 그래서 소크라테스도 자기 마누라한테서 구정물을 뒤집
어쓰는 수모를 보게 된 것이 아닌가? 석가모니도 깨달음을 얻기

전에 헤매고 다닐 때는 아버지가 병사를 통해서 먹을 음식도 가져주고 아들이 어느 지방에 있는지 수소문도 하고 여러 가지의 편리를 보아주면서 항상 걱정했다. 그러나 막상 깨달아서 업을 태워버리고 진실한 사람이 되어서 돌아왔는데 아버지는 그를 외면했다. 그는 이미 세상에서 아무도 가까울 수 없는 사람이 되었기 때문에 천하에 홀로 우뚝 서서 고아가 되었다. 나도 사실 대접받을 데가 없고 말할 곳이 없어 이 대학에도 방문한 것이다. 그런데 깨달으면 좋은 것이 업이 없으니까 남을 망치지 않고 자기를 크게 망치지 않는 게 매우 중요하다. 운명은 자기 속에 있던 일들이 쌓이고 쌓여 업이 되어서 자기를 조종하기에 내가 그 교수와 있었던 일을 말하는 것이다.

Q 어떤 물질에다가 다른 물질을 결합했을 때 새로운 성질이 나오는 것처럼 인간도 그러합니까?

승: 어떤 일을 어떤 인연을 통해서 자기 속에 넣었을 때는 활동을 할 때마다 자기가 가지고 있는 성질이 나타나게 된다.

Q 두 사람 중에서 한 사람은 실패하고 한 사람은 성공할 수가 있는 게 서로의 운명이 어떻게 다르기 때문입니까?

승: 그것은 각기 과거로부터 자기 속에 존재하게 되는 일들이 달랐기 때문에 판단과 생각과 선택이 나오게 된다. 업이 많으면 판단이 정확하지 않고 행동이 미지근하고 선택에 대해서 큰 관심이 없기에 실패한다. 너희 중에는 나와 함께 일해 본 사람들이 있지

만 일하는 동안에 내가 남다르게 있는 문제에 신경 쓰는 걸 보았을 것이다. 내가 하는 일을 통해서 항상 실패가 없었기 때문에 남다르게 노력은 많이 하지 않지만 작은 일이라도 하게 되면 손실입지 않고 항상 이윤을 남길 수 있었다. 그것은 내 속에 있는 업이 그만큼 적기 때문에 있는 문제에 대해서 정확하게 보려고 노력했기에 좋은 결과를 얻게 되었으니 세상의 모든 해답은 문제 속에 있다고 말하는 것이다.

Q 깨달은 자가 본 근원의 세계는 어떤 곳입니까?

승: 한 사람의 깨달은 자가 나타났을 때 공통된 일들은 근원의 세계를 본 것이다. 아무도 들어갈 수가 없으며 업이 모두 소멸했을 때 이르게 되는 세계이며 모든 것이 죽고 태어나는 자리였고 해탈의 세계였다. 업을 가진 사람은 절대 해탈할 수 없으며 해탈하지 못한 사람은 절대 깨달을 수 없다. 모든 거짓에서 벗어나야 완전한 진실의 눈을 뜨고 마지막 깨달음을 성취할 수 있다.

Q 깨달음을 얻기 위해서 꼭 자기의 가정을 버리고 입산수도해야만 얻을 수 있는 것입니까?

승: 깨달음은 가정을 가지고도 얻을 수 있고 입산수도해도 얻을 수 없는 것이 깨달음이다. 깨달음은 진리를 받아들이고 이해하는 과정에서부터 시작한다. 그런데 지금까지 가족을 버리고 산에 올라가서 오랫동안 노력했던 사람들은 깨달음을 얻은 것이 아니라 자기를 버리는 행동을 한 것이다. 자신의 업을 채워 버리지 않는

상태에서 깨닫기를 원했다면 자기를 죽이는 일이다. 업을 가지고 있고 생각을 일으키고 있는 모든 분별력이 자기 속에 있는 과거의 일에 의해서 일어나게 된다.

Q 과거의 자기 속에 쌓았던 업을 떼어버리지 않은 상황에서는 깨달을 수가 없는 것입니까?

승: 세상에 입산수도해서 깨달음을 얻었다는 사람들이나 진리적인 방법이 아닌 수행을 통해서 깨달음을 얻었다는 사람들을 보았을 때 그들은 더 큰 업을 만들고 있었다. 남을 속이고 해치고 피해를 주는 일들을 오늘날 어떤 곳에서도 확인할 수 있다. 의식을 바꾸지 않으면 업을 버릴 수 없고 깨달음을 얻지 못한다.

Q 사람들이 의식을 개혁하게 되면 좋은 사회가 만들어집니까?

승: 사람들의 의식을 개혁해서 좋은 사회를 만들겠다는 취지와 열의는 곧 국가의 백년대계를 위한 일이다. 의식은 인간 사회의 주체이며 의식이 좋아지면 사회가 좋아지고 의식이 망하면 사회가 망하게 된다. 그런데 근래에 와서 우리의 주변에서도 의식 개혁에 대한 필요성을 느끼는 사람들이 많아지고 있다. 이런 일에 관심이 있다는 사실은 늦게나마 불행 중 다행한 일이 아닐 수 없다. 이토록 중대한 일이 하루속히 시행에 옮겨지지 않고 있고 몇 년 후면 21세기가 다가오는데 몇 년째 같은 말만 되풀이하고 있다. 실제 우리 사회에 정신적 문제나 사회적 문제를 해결하는 것에는 도움이 되지 못했다는 사실이다.

Q 인간의 의식을 개혁하는 일은 아무나 할 수 없는 일이겠지요?

승: 의식 개혁을 주도하기 위해서는 주체가 있어야 하며 현실 속에서 모든 문제를 해결할 수 있는 대안이 제시되어야 한다. 이 일을 주도하기 위해서는 의식 속에 있던 일들이 어떻게 주재하게 되며 어떤 영향을 사람들에게 끼치게 되는지를 알아야 한다. 어떤 대안이 사회나 의식을 변화시킬 수 있는지 알고 있어야 한다. 이런 일을 할 수 있는 사람은 우리 주변에서 흔치가 않으므로 우리는 먼저 이 일을 주도할 수 있는 사람을 찾아야 하는 것이 순서일 것이다. 잘못하다가는 의식 개혁은 시도조차 하지 못하고 개혁이란 말만 늘어놓다가 끝내고 마는 것이 아닌지 우려한다.

Q 의식의 개혁은 조직이나 정부 기관의 보조 없이는 단시일 내에 이루어지기는 불가능하겠지요?

승: 우리가 추구하고자 하는 의식의 개혁은 그렇게 어려운 일도 아니겠다. 하지만 우리 사회가 얼마만큼 이 일에 관심을 가지고 협조적인지에 따라 성과가 달려 있기에 내가 최근 정부 부처를 찾아간 적이 있다. 공무원이 나와서 왜 왔냐고 하길래 나는 여기에 국가와 사회에 조금이나마 도움이 될까 싶어서 왔다고 했다. 그러니까 당신 같은 사람이 여기 많이 온다고 하기에 그렇다면 나도 이제 안심이 됐고 이 나라에 인재가 많으니 희망이 있다고 말하며 나오면서 쓸쓸했다. 참으로 국가나 사회에 도움이 될 수 있는 문제가 있어야 한다는 것을 알고 있기 때문인데 그 일을 하는 사람들은 문제를 갖고 있지 않고 답만 가지고 있었다. 누가 와서 자꾸

문제를 설명하면 우리가 벌써 알고 있는 일이라고 말하니 문제가 없다는 사람들은 도우려 해도 도울 수가 없다. 어떤 결과를 가져올지 생각해 보지만 문제가 없는 해답을 가진 사람들이 하는 일은 쓸모없는 일만 하게 된다.

Q 살아가는 데 어떤 일이 풀리지 않을 때 문제를 알아내는 게 급선무가 아닙니까?

승: 그런데 사람들은 이런 문제에 대해서 매우 어둡고 문제를 중요하게 생각하지 않고 살아가고 있다. 물론 세상은 교육을 통해서 같은 걸 배우기에 인간들의 사고가 대동소이하다. 일본이나 서구 사회에 가면 그들이 우리보다도 특별히 얼굴이 잘생기고 말을 잘하고 생체 리듬이 뛰어난 건 아니다. 우리가 어디 뒤떨어지는 게 아니라 지금까지 우리 사회에 올바른 가르침이 존재하지 않았기에 우리 사회에 살아가고 있는 사람들의 사고가 매우 어두운 쪽으로 발달해 있었다.

Q 사람들의 사고思考가 어두운 이유가 어디에 있습니까?

승: 우리가 보게 되는 것은 유교적인 사고인데 문제는 없고 답만 있다. 부모에게 효도하고 임금에게 충성하고 나라를 사랑하고 우리에게 필요한 말들인데 중요한 것은 문제가 없는 것이다. 어떻게 사람들을 가르치면 그런 사람이 될 수 있는지 문제가 없고 가르침이 빠져 있다. 이 해답은 쓸데없는 일만 하게 하고 정말 이 일을 생각하고 이 일을 두고 역사를 보면 아찔하다. 이런 일들이 옳은 사

람을 죽이고 그 사회를 어둡게 하는 원인이다.

Q 이런 일들이 소름이 끼치는 일인데도 무엇이든지 결과를 얻어 오
라고 하는 것이 잘못된 거네요?

승: 그런 교육을 받은 사람은 명령만 내리면 모든 것이 되는 줄
알고 있으니까 어디 가서 이런 결과를 얻어 오라고 한다. 뛰어난
사람이 보면 무엇을 얻어 오라는데 어디 가서 얻을 것인지 길을
모르기에 며칠 안에 얻어 오는 게 불가능한 일이라고 말한다. 그
러면 명령을 내린 사람은 반항했다고 그를 죽여버리면 나약한 자
들은 두려워서 아무도 항거하지 못하고 전전긍긍하게 된다. 사람
들은 두려우니까 진실을 말하지 않기에 살아남을 수 있다. 그러한
사고의 영향이 오늘까지도 존재하고 있기에 좋은 가르침이 필요
한 것이다.

Q 우리 사회의 잘못된 관행을 고치려면 어떻게 해야 합니까?

승: 우리가 한 사회의 근원을 알게 되면 사회 운동을 하게 될 때
는 먼저 목적을 세우고 이 목적을 충족시킬 수 있는 대안이 나와
야 한다. 그런데 대안이라는 것은 목적을 이행할 수 있는 하나의
설계도에 대한 공법 같은 법칙을 설명하는 것이다. 왜 우리는 이
런 일을 해야 하며 결과는 어떻게 나타나는지 지침이 있어야 하고
사람이 선정되어야 한다. 그런데 만일에 이러한 것이 형성되지 않
는 상태에서 어떤 운동을 하게 되면 쓸모없는 일이 되어 버린다.
그것은 목적과 대안과 지침 그리고 사람이다.

Q 새마을운동이라는 국민운동이 오래전에 있었는데 여기에는 충족
시키지 못했던 것이 무엇입니까?

승: 어떤 목적이 분명하지 않기 때문에 어떤 대상을 두고 사람들
에게 가르칠 것인지 해답과 문제가 제시되지 않았다. 대안이 없다
는 건 설계도가 없었다는 것이다. 지침이란 대안의 목적과 설계도
를 이행할 가르침인데 가르침이 빠져 있었다. 이것을 가르치고 운
영할 수 있는 사람들이 선정되지 않았다.

목적 … 문제

대안 … 설계도

지침 … 가르침

사람 … 운영

운영에 필요한 사람들이 선정되지 않았기 때문에 실제 1970년대
한국의 새마을운동은 내가 이 자리에서 말하고 있지만 그들이 국
가가 쓴 엄청난 비용에 비해서 보잘것없는 일을 해냈다. 만일에
어떤 사람이 와서 나에게 추궁한다면 증거를 보여달라고 말할 것
이다.

Q 실제 국민의 정신적 어떤 문제나 사회적 문제를 해결하는 데 도움
이 되지 못했다는 사실입니까?

승: 그 증거로 사람들 모아서 시골의 길을 넓히고 시멘트로 길을
만들고 농로를 넓히는 걸 가지고는 충분하지 않다. 누군가 돈을
냈으니까 시멘트도 사는 것이고 누구 땅인지 기증을 한 사람이 있
으니 도로도 만들 수 있는 것이다. 돈과 노력으로 이루어진 것인

데 돈과 노력에 비해서 간판을 유지하는 데 쓴 돈은 도로를 놓고 닦는 것보다도 더 많은 돈이 들어가 있다.

Q 문제가 없는 가르침이 이런 현실을 만드는 것입니까?

승: 만일에 깨닫지 못한 상태에서 있는 일에 관심이 없다면 이 문제를 중요하게 생각하지 않겠지만 문제 자체도 알고 보면 업이 있기 때문이다. 업의 영향에 의해서 현실이 나타나는 것을 기억해야 한다. 스스로 사고思考를 움직이고 있는 것은 자기 속에 있었던 일들이 계속 자기 속에서 영향을 끼친다. 그 때문에 있는 일을 중요하게 생각하는 사람을 만들기도 하고 자신의 운명을 만들게 되는 것이다.

Q 길흉화복吉凶禍福의 원인은 어떠한 일 속에 있습니까?

승: 위험한 현실에서 벗어나 희망이 있는 미래의 국가를 창출해 냄에 있어서 좋은 문제만 하나 놓고 해결하면 간단한 일이다. 국가의 운명이 바뀌게 되고 사회의 운명도 개인의 운명도 바뀌게 된다. 오늘날 내가 이 사회에 도움이 되고자 해도 도움이 될 수 없는 것은 있는 일을 모든 사람이 외면하고 있는 문제를 중요하게 생각하지 않기 때문이다.

Q 선생님이 깨달음을 얻고 엄청난 능력과 지혜를 가졌으나 실제 이 나라에서 지혜가 소용이 없는 것입니까?

승: 세상일에 대해서 깨달음이 없고 어리석은 사람이 거짓에 속

아서 독약을 보약으로 알고 먹게 되면 그 몸은 이미 독이 들어가서 움직여지지 않게 된다. 독을 먹은 사람은 보약을 먹지 않으려 하고 보약이 얼마나 자기에게 좋은 것인지를 모르고 더 나은 걸 기대하다가 욕심이 독을 먹게 된다. 권력자의 옆에는 온갖 사람들이 기다리고 있지만 깨달은 자의 옆에는 왔던 사람도 도망을 가버린다. 며칠 전에 왔던 사람들이 오늘 안 와서 보니 의지가 허약한 사람들이 이상한 종교 단체에서 있던 사람들인 것 같다. 내가 몇 주 동안 관찰해본 결과 여기서 그런 일이 일어났으니 너희는 이러한 일을 보면서 배우는 것이다.

Q 우리는 있는 일을 보고 배우면 있는 일이 어떠한 영향을 주는지 알게 됩니까?

승: 나도 사실 세상에서 얼마나 많은 문제가 있는지 모르기에 과학자들을 찾아다니면서 그들이 가지고 있는 자료를 보고 말한다. 이 자료는 어떻게 해서 구했는지 그들이 가지고 있는 자료에는 이런 문제가 있다고 지적을 하는 것이다. 지금 이 나라는 곧 어려워질 것이고 매우 위험한 때이며 금융 위기가 올 것이니 너희는 시골에 있으면 생명은 부지할 것이며 생명이 있는 한 너희는 희망이 있다. 희망은 자신이 만드는 것이지 하늘에서 뚝 떨어지는 게 아니다. 문제가 없는 해답은 쓸모없는 일을 하게 되니 문제가 없는 사람들의 말은 들을 필요도 없다. 어떤 문제가 우리에게 어떤 영향을 미치게 되는지 아는 것이 가장 좋은 가르침이다.

Q 저는 부모님이 대학에 가라고 종용하는데 솔직히 말해서 공부하
기 싫거든요.

승: 우리나라도 졸업장 국가가 되어서 세계에서 입시경쟁이 치
열한 나라로 변했다. 그런데 이 졸업장 받아서 영국이나 외국처럼
평생 월급이나 받다가 그만둘 줄 알았으면 대학에 갈 필요가 없었
을 것이다. 이 나라에는 졸업장을 가진 사람만이 성공할 수 있었
고 학위와 졸업장이 성공의 지름길이고 현실에서 자기를 윤택하
게 살아갈 수 있는 길이었기 때문에 기를 쓰고 공부하려고 했다.
그런데 정작 공부시키면서도 문제에 대한 중요성은 잘 가르치지
않아서 문제를 보지 못하고 눈뜬장님과 같은 생활을 하게 되니 나
는 사람들을 보고 항상 안타깝게 느낀다.

Q 요즘 곧 경기가 회복되리라고 하는데, 과연 이 말이 진실인지 거
짓인지 알 수 없습니다.

승: 있는 일을 보면 그 속에 답이 있는데 알려고 하지 않고 자꾸
생각으로 보고 엉뚱한 데서 뭘 얻으려 한다. 어떤 문제를 자기가
발견하고 얻으려 하지 않고 하늘에서 뚝 떨어지고 누가 와서 해결
해주기를 원하는 것이 오늘날 우리 사회를 암담하게 만들어 온 원
인이다. 그런데 신문이나 방송을 볼 때마다 요즈음 신용도가 올라
가는 전망을 자꾸 발표하니 마음이 그래도 조금은 위안이 되는 것
같으나 문제가 보이지 않는다.

Q 주변 사람들이 요즘 살기가 어렵다고 하는데 괜찮을까요?

僧: 국가는 국민이 근본인데 국민이 건전한 사고로 열심히 일할 때 국가는 잘되게 되어 있다. 그런데 아무리 환율을 내려도 우리의 장래에 무슨 도움이 되겠느냐? 일본이나 영국에서 호텔 숙박료 내려 하면 안 받는 한국 돈이 국가 정책에 의해서 절하가 되었다 한들 무슨 소용이 있느냐? 막대한 외채를 끌어와서 공장을 지어 운영하는 그 사람들이 예를 들어서 이자로 일 년에 천억 원을 내야 할 사람이라면 환율이 내리고 이자가 내리면 그 덕에 이익을 본다. 하지만 그로 인해서 우리 사회가 일자리를 잃고 들여오는 원자재가 비싸게 된다면 실제 아무런 도움이 되지 않고 오히려 불안하게 하는 원인을 제공하는 문제밖에 될 수가 없다. 너희는 자신을 위해서 항상 신경을 써야 한다고 내가 항상 이런 말을 한다.

Q 이 상황을 극복하기 위해서 어떻게 해야 하겠습니까?

僧: 큰 둑이 터졌을 때 그 물결에 의해서 밑에 있는 사람은 살아남기가 힘들다. 이게 자연의 법칙이며 힘의 원리이고 어떤 큰 힘이 무너지게 되었을 때 그 속에서 생존이 그만큼 어렵다. 우리가 가지고 있는 운명은 문제가 없으면 바뀌지 않고 문제 자체 속에 모든 해답이 존재한다는 사실을 너희는 항상 중요하게 생각해야 한다. 나는 요즘 안타까움 때문에 너무 힘들고 잘못된 사회를 보면서도 아무런 도움을 줄 수 없는 나의 능력이 나를 너무 괴롭게 만들고 있다. 물론 너희도 이런 일이 앞으로 자꾸 생기게 될 것이다.

Q 그래야 깨달을 수 있는 원인을 만들 수 있는 것입니까?

승: 부처가 된다는 건 자기의 업을 녹여 버려서 진실한 사람으로 변화하는 것이다. 너희는 자기 업이 없으면 현실에 잘 적응하면서 살아갈 수 있고 이 일을 하기 위해서 항상 토론하고 있다. 나도 앞으로 국내외적으로 활동을 더 열심히 해서 외국의 과학자 클럽에 알려지고 세상에 필요한 활동을 할 것이다.

Q 저희의 지혜로 어려움을 해결하기 힘든 일들은 어떻게 해야 하겠습니까?

승: 너희가 항상 내게 와서 문제를 봐주고 만들어 달라고 하면 필요한 문제를 풀어주는 것이 내가 할 수 있는 일이다. 너희가 잘사는 것은 남 안 속이고 안 속고 배고프지 않고 외롭지 않게 살아가는 것이다. 언젠가 나처럼 타인을 위해서 노력하게 될 때 잘못된 세상을 보고 세상에서 자기를 태우게 될 것이다. 이것이 세상이 너희에게 줄 수 있는 가장 큰 축복이다. 너희는 자신들이 기대하는 축복을 얻기 위해서 이 자리에 오는 것이다. 이 일을 잊지 말고 어떤 환경 속에서 살더라도 자신 속에 있는 일이 자신을 존재하게 하는 인연을 갖게 한다는 사실을 항상 잊지 말라!

2. 인연

세상의 일은 뜻으로 인하여 존재하고 만나서 맺어지고 헤어지는 일을 하며 인연에 의해서 각기 다른 결과를 가져온다. 있는 일이 사회를 있게 하는 근본이며 자신을 있게 하고 세상을 있게 한다. 있는 일을 이해하고 잘 알고 잘 이용하면 엄청난 복을 받게 된다. 생명 활동을 통해서 생명체를 있게 할 수 있으며 세상의 만물을 지배할 수 있는 조물주가 날 수 있다. 현상의 세계에 나타나는 모든 진리는 뜻으로 원인이 만들어지고 원인이 결과에 이른다. 뜻으로 원인이 나타나고 결과가 만들어지는 게 인연법이다. 이러한 뜻으로 결과가 맺어지니 연기법緣起法이나 인과법은 같다.

Q 이것이 있으므로 저것이 있고 이것이 없으므로 저것이 없다는 것이 연기법이라고 부처님이 말했지요?

승: 시대에 있었던 환경과 쓰던 교육의 생활 용어 때문에 차이는 발생할 수 있지만 우리가 보는 현실은 절대로 다를 수가 없다. 자신에게 있던 일들이 모든 삶과 죽음과 태어남과 있는 일의 근원이 된다는 걸 알게 된다면 삶을 밝고 쉽게 살아갈 수가 있다.

Q 삶에서 좋은 결실을 얻고자 하면 먼저 좋은 근본이 있어야 하겠

네요?

승: 좋은 근본을 얻고자 하는 자는 먼저 좋은 바탕이 있어야 하는 것이 생명의 세계에 존재하는 인과의 법칙이다. 법칙을 무시하게 되면 곧 자신을 망치게 되고 깨달음을 얻게 되면 모든 것을 존재하게 하는 근본과 바탕의 일을 알게 된다. 이러한 일을 알면 곧 자신이 가졌던 소망을 자신을 통해서 이루게 된다. 콩이 땅속에서 갈라지니 콩잎이 나서 콩을 나게 하고 콩은 없어져도 콩잎과 함께 있게 된다. 나고 죽던 모든 것이 이같이 있게 되고 불행도 행복도 자신에게 있던 인연 속의 일이다.

Q 왜 세상에는 온갖 현상이 존재하는 것입니까?

승: 세상에는 법이 존재하기 때문에 법 속에서는 온갖 현상을 만드는 원인이 있는 것이 인연이다. 너희가 여기서 배우는 것은 스스로 깨달아 좋은 인연을 지어야 끝없이 밝은 미래가 약속된다. 자신에 의해서 끝없는 미래를 존재시키는 일을 하기 세상의 일을 이해해야 한다.

Q 현상계에 나타나고 있는 일 중에서 이해하지 못하는 일은 어떠한 원인에 의해서 나타나고 있습니까?

승: 있었던 일을 설명할 수 있는 것은 원인과 결과론이다. 여기서 인과의 법은 원인과 결과론을 소개하고 있는데 결과는 열매이다. 열매가 익어서 떨어지면 씨앗이 되고 씨앗은 싹을 틔우고 결과를 만드는 일을 하는 게 생명을 존재하는 반복 현상이다.

Q 콩이 땅속에서 갈라져서 콩잎이 나서 콩이 생기고 콩은 없어져도 콩 속에 콩이 함께 있게 되는 것을 인연법이라고 하셨는데 제가 바르게 알고 있는지요?

승: 태어나고 죽던 모든 것은 이같이 존재하게 되니 불행한 일도 행복한 일도 자신에게 있던 인연 속의 일로 인하여 있는 것이다. 인연이 없으면 가까이 있어도 대하기가 어렵고 인연이 있는 자는 멀리 있어도 만나게 된다. 삶의 축복은 건강과 행복과 영원한 생명을 얻는 일이다. 현재는 과거의 일로 있게 되고 미래는 현재의 일로 있게 되니 과거와 현재와 미래가 지어진 인연을 따라서 수레바퀴처럼 돌면서 나타나는 것이 윤회이다.

Q 그렇다면 좋은 인연은 어디에서 구할 수 있습니까?

승: 좋은 인연은 세상에 있기도 하고 자신의 노력과 뜻에 따라 나타나기도 한다. 5 더하기 1은 6이고 5 더하기 3이 8이다. 사람들은 각자 가지고 있는 성질이 다르고 성격이 다르고 어떤 현상에 부딪힐 때 나타나는 반응이 다르다. 운명이 다르고 기능과 재능이 다르고 다른 것이 너무나 많은데 자신과 만나게 되는 인연 속에서 결정되고 새로운 결과를 만든다. 나는 일생을 불행하게 사는 사람은 자신이 스스로 만들고 있는 것을 보았다. 행복한 삶을 산 사람은 자신에 의해서 만들어지고 자신 속에 있는 것으로 인해서 만드는 것이다.

Q 삶을 통해서 세상에 축복할 수 있는 길을 어떻게 만나게 됩니까?

승: 자신이 하는 모든 행동은 과거의 근본 속에 있었던 것이고 원인이 있어서 바탕에서 피게 된다. 그러니 원인을 알고 성장하는 과정을 알고 과정을 통해서 오는 결과를 알 때 원하는 걸 얻을 수 있다. 자신을 구하겠다는 노력과 약속으로 인과因果의 법칙의 과정을 가짐으로 결과를 이루는 것이 자기를 구할 수 있는 길이다.

Q 콩을 심으면 콩이 나고 팥을 심으면 팥이 나는 것이 인과의 법칙입니까?

승: 바꾸어 심었으면 결과도 거꾸로 열리는 것도 인과법이다. 눈 뜬장님은 거짓말과 참말을 들으면 보지 못하니 생각으로 세상을 판단해서 거짓말도 참말 같고 진실도 거짓같이 똑같게 들린다. 사실은 사실이고 거짓은 거짓이기에 인과의 법은 왜 뜻이 중요한지 어떻게 살 것인지를 보는 것이다. 나는 뜻 속에 있는 이치를 어떻게 하면 얻을 수 있는지 잠들어 있는 너희의 의식을 깨워준다. 깨어서 현실을 보면 현실 속에 모든 진실은 존재하고 있으며 진실 속에 진리도 있다.

Q 인과의 법은 어떤 일이 만남으로 나타나게 되는 현상이라고 보면 됩니까?

승: 납과 구리를 섞었더니 어떤 성질을 가진 새로운 물질이 그 속에서 나왔다. 어떤 땅에 씨앗을 심었더니 결과가 나왔다면 좋은 열매가 열렸거나 나쁜 열매가 열린 것이 인과의 법에 해당한다. 세상에 모든 일을 있게 하는 진리 속에 있던 일을 두고 인과의 법

이라고 말한다. 사람들은 진리를 모르면 앵무새처럼 말만 하고 뜻을 이해하는 것이 불가능하다.

Q 원인과 결과를 보고 인과를 말하는 것입니까?

승: 어떤 원인이 열려서 결과를 맺는 과정이 인과이다. 콩을 정원에다가 심어 놓고 하나는 가꾸어주고 하나는 가꾸어주지 않았을 때 똑같은 바탕이라도 환경이 다를 때 결과는 다르다. 똑같은 생활을 하더라도 노력하는 자와 노력하지 않는 자의 차이가 있다. 만물의 이치는 항상 사물을 보면서 생각하면 어떻게 열리고 달라지는지는 결과를 통해서 볼 수 있다. 처음에는 같았는데 결과가 새로운 원인이 되었을 때 나는 싹과 열매는 같은 곳에 같은 환경에 적용해도 다른 것과 같이 삶이 매우 소중하다.

Q 사람이 살아가면서 알아야 할 가장 중요한 일 중에 어떠한 문제가 자신을 위한 일입니까?

승: 동물이나 식물은 자기에게 주어진 인연에 의해서 모든 운명이 나타나고 사라지게 된다. 하지만 인간은 스스로 세상이 가진 세상일에 대한 진실을 앎으로 자기 운명을 좋은 곳으로 방향을 바꿀 수도 있고 자기 자신을 나쁜 곳에 빠지게 할 수도 있다. 깨달음은 스스로 자신의 행위를 통하여 좋은 인연을 짓게 하고 무지는 반대로 나쁜 인연을 짓게 한다.

Q 자기 속에 있는 운명적 일이나 있게 된 모든 일들이 이 인연에 의

해서 있게 된다는 것입니까?

승: 사람들이 인연법을 알게 되면 나쁜 일은 하지 않게 된다. 인연법을 모르면 자기 생각에 이끌려 다니면서 일시적인 충동과 감정을 이기지 못해서 스스로 재앙을 만들게 된다.

Q 전생에 한 사람의 영혼이 이번 생에 여러 영혼으로 분리되었을 때 생각도 같은 영향을 받는지요?

승: 같은 귤의 종자를 한국의 제주도에 심었을 때와 일본에 심었을 때 다시 열린 귤의 성질은 달라진다. 하나의 영혼이 분리되어 둘 또는 다수의 생명으로 태어났을 때 근본은 같다. 근본이 어떤 바탕과 환경을 만났는지에 따라서 바뀌기 시작한다.

Q 자손이 한 사람이라도 깨달은 자가 나오면 한의 세계를 헤매는 조상들도 윤회하게 된다는데 사실입니까?

승: 한들은 자신들의 의식 속에 입력된 곳을 찾기 때문에 깨달은 자손을 통해 자신의 앞날을 밝혀 나아갈 수 있다. 결과가 원인 속으로 다시 돌아가는 법은 없다. 이곳의 법회는 너희의 질문과 나의 대답으로 이루어지며 세상 어디에서도 들을 수 없는 내용이다. 이곳이 오늘까지 여전히 쓸쓸한 것은 모든 진실은 현실 속에 존재하고 있는데 사람들이 이상 속에 살고 있기 때문이다. 사람들이 현실을 바르게 보려고 할 때 진실에 귀를 기울이게 될 것이며 이러한 사실을 통해서만이 진실과 거짓을 구별할 수 있다.

Q 세상에는 어떻게 많은 인종이 존재하게 되었습니까?

승: 환경에 따라 조금씩 다른데 변화기의 이전으로 가야 정확한 근원을 볼 수 있다.

Q 부모님이 자식을 태어나게 했으니까 소유물로 생각하는 사람이 많은데 어떻게 이해해야 하는지요?

승: 진실은 부모의 바탕에서 자신의 인연에 의해서 태어난 것이다. 예를 들어 어떤 식물의 세계에서 결정체가 어떻게 만들어지나 보면 한 알의 콩을 심었는데 씨앗과 똑같은 수백 개의 콩알이 열리게 된다. 그것은 씨앗과 수백 개의 열매의 성분과 성질은 똑같았다. 그것을 이해하는 것은 씨앗은 자기가 가지고 있는 모든 내용과 기능을 수백 개의 씨앗 속에다 넣었기에 열매에서는 똑같은 현상이 나타나고 있다.

Q 사람들의 만남에는 어떤 의미가 있으며 저희가 여래님을 만난 것도 인연입니까?

승: 이곳에 있는 너희도 인연이 있으므로 만났다. 만고불변의 이치를 말하라고 한다면 나는 확실하게 말하겠지만 사람의 인연 관계에 있어서 보지 않은 과거를 구체적으로 말하기는 어렵다. 내가 세상에 올 때 천상의 신들이 함께 내려와 사람의 모습으로 태어난 것은 확실하다. 그들이 누구인지 어디에 살고 있는지 서로 알지 못하지만 만나게 되면 서로 이해하게 될 것이다.

Q 여래님이 가장 절망하는 것은 사람들에게 많은 도움을 주지 못하기 때문입니까?

승: 내가 무의미하게 사는 것처럼 보이고 노력하고 있으나 여래가 직업을 가질 수도 없고 이런 환경 속에서 내가 깨달았다고 외치고 다닐 수도 없었다. 어떤 잘못을 보고 고치려면 방법을 전부 알고 고쳐야 하지만 나쁜 이들이 모든 걸 장악하고 있으니 나를 죽이려 할 것이다. 위증만 하면 죄가 되는 어두운 세상에서는 증거는 만들면 아무리 결백해도 끼워서 맞춘 증거에 의해서 처벌받는다. 그리고 이치를 아무것도 모르는 판사는 만들어진 증거에 의해서 재판한다.

Q 그래서 세상에는 억울한 일들이 얼마든지 존재할 수 있는 것이네요?

승: 세상을 모르고 사는 게 좋겠다고 할 수도 없고 알고 사니까 힘들다. 나는 다른 사람의 책을 읽지 않고 다른 사람의 영향을 받지 않았지만 있는 것을 그대로 보고 있는 것을 말을 한다. 현실에서 깨달음을 준다는 의미에서 교수와 나와의 차이는 지적 능력이나 활동의 결과에서 나타나는 비중을 보면 하늘과 땅의 차이가 난다.

Q 그들의 시각으로는 여래님을 당할 수 없으니까 피하는 원인이 현실에서 자기들의 무지를 숨기는 것입니까?

승: 자기가 어디에 부족한지 깨달아야 하는데 대부분 의식이 허

약한 사람들은 자기들이 가지고 있는 부족한 점을 얻어서 채우려 하지 않는다. 피함으로 자신들이 가지고 있는 허명이나 위선을 지키려고 계속 노력해 왔다. 그 결과 나는 세상에서 많은 사람에게 큰 도움이 될 수가 없었다. 이런 일에 대해서는 과거의 석가모니도 실제 얻어 먹어가면서 변변치 않은 신발을 신고 인도를 돌아다녔다.

Q 인류 역사를 통해서 뛰어난 정신을 가진 사람에게 배우겠다는 사람이 실제 많이 없었던 이유가 무엇입니까?

승: 내가 세상에 와서도 이 시대가 매우 불안전한 사회이고 종말에 가까운 시기인데도 사람들에게 큰 도움이 되지 못하고 살아간다는 사실에 대해서 항상 미안하게 생각하고 있다. 그 점에 대해서 중점적으로 말하면 깨달음을 얻기 위해서 필수적인 조건이 있다.

Q 조건을 벗어나서는 절대 깨달음을 얻지 못합니까?

승: 항상 말했듯이 먼저 거짓을 버려야 하며 있는 일을 보아야 하고 양심과 용기가 일어나야 한다. 끊임없는 사랑이 자기에서 있어야 하는데 조건이 충만 되지 않으면 절대로 깨달을 수는 없다. 이 길 말고 하나가 고행을 통해 깨달음도 얻을 수가 있는데 오래 쌓아온 공덕이 있어야 가능하다. 깨달음은 진실성 완성을 위해서 자기 업장 소멸이 필요한데 한 마디로 극락정토를 세상에서 만드는 방법이 사랑이다.

Q 어떻게 사랑이 업장을 소멸할 수 있는지요?

승: 사랑은 남을 축복하기를 좋아해서 그로 인해서 질투받고 모함받고 박해받고 시기하는 경우가 많다. 그래서 자기 가슴에 불을 일으키게 되어서 업장을 소멸한다.

Q 저도 깨달았는데, 깨달음이란 세상을 벗어나서 자기 속에 완전히 스며드는 것으로 우주의 모든 실상을 이해하는 것입니다.

승: 내가 세상에 오기 전까지는 그런 거짓말이 통했으나 내가 세상에 나타났기에 이제부터 통하지 않는다. 세상은 하나의 법칙에 의존해서 존재해 왔으며 원칙은 절대로 변하지 않기에 진리라고 말한다.

Q 선생님이 말하는 깨달음은 무엇이며 어떻게 하는 것입니까?

승: 내가 말하는 깨달음은 큰 사랑을 통해서만 가능하다. 그 일은 있는 일에 대해서 눈을 뜨게 되어야 가능한데 그 일을 배우기를 원하느냐? 법칙 속에는 모든 있는 일에 의해서 지배받게 된다. 인간의 의식 역시 자기 속에 있는 일에 의해서 계속 지배받는다. 오직 의식의 근원에 붙어서 자기를 지배하고 있는 업의 힘을 없애기 위해서는 사랑의 불로서 가능하다.

Q 자신을 사랑하고 가만히 우주를 생각하면서 명상하는 것이 진리입니다.

승: 너는 자신을 사랑하느냐? 왜 너는 날마다 자신을 버리는 일

을 하고 있느냐? 너는 어떻게 사랑의 불을 얻어서 자기의식의 근원에 있는 업을 태워버릴 것인지를 나에게 설명해 줄 수 있느냐!

Q 자신을 사랑하는 것이 우주를 아는 것인데 저는 버리는 일을 하지 않습니다.

승: 자신이 깨달음을 통한 자기 구원을 포기하는 것이 자기를 버리는 일이다.

Q 저는 실제로 지식으로 신을 알았고 배웠는데 옳다고 했을 때 그대로 받아들였습니다.

승: 그렇다면 네가 배운 것 중에 하나만 옳다고 생각하는 문제를 제시하고 문제 속에 있는 일을 내 앞에서 밝혀 보아라! 그러면 내가 네 말을 듣고 네가 세상일을 바른 생각으로 보고 있는지 바르지 않은 생각으로 보고 있는지를 확인하겠다.

Q 자기는 보는 존재이고 주체이고 깊은 사고와 명상으로 깨달음을 얻었다고 이미 설명했습니다.

승: 너의 말은 도저히 이해할 수 없는 말을 하고 있다. 6천 년 동안 한 사람도 그런 방법을 통해서 깨달은 자는 나타나지 않았다. 그렇다면 너의 말에 대해서 진실이라는 것을 무엇으로써 증명할 수 있겠느냐?

Q 두 가지 길인데 하나는 경전이나 합당한 스승을 만나서 배웠을 때

알 수 있게 되는 것이고, 또 하나는 자기가 그 길에 도착했을 때 진실을 알게 됩니다.

승: 내가 아는 세상의 어떤 경전 속에도 많은 이야기는 존재하고 있지만 길을 제시하고 있는 것은 보지 못했다. 네가 깨달은 자를 만난다면 길을 통해서 깨달음에 이를 수 있다. 그런데 유감스럽게도 내가 보기에 너는 깨달은 자를 만나면 절대 깨달은 자를 따라가지 않을 사람같이 보인다.

Q 저의 깨달음과 차이가 있는데, 선생님은 깨달아서 어떻게 달라졌습니까?

승: 나는 해탈했기에 절대로 오욕에 머물지 않는다. 술을 먹는다거나 여자에 빠지는 일이 없으며 물질에 현혹되든가 명예를 갈구하지도 않으며 고기를 좋아하는 일이 없다.

Q 그러면 의식이 완전히 사라졌는지 해탈하기 전하고 차이가 있는 것입니까?

승: 오욕이라는 게 완전히 끊어져 버렸고 타 버렸다. 오욕이 타 버렸다는 건 자유를 얻었다는 것이다. 깨달은 사람은 어디에도 메이지 않는다.

Q 오욕이 보이더라도 원하는 생각이 전혀 안 든다는 것입니까?

승: 오욕을 느끼지는 않는데, 나의 앞에 불을 놓고 뜨거운지 안 뜨거운지 물으면 뜨거운 것을 알지만 절대로 얽매이지 않는다. 만

약 어떤 여자가 나를 유혹을 한다거나 상대의 마음이 나에게 비치게 되면 두려움이 오고 다른 곳을 쳐다보면 감정이 끊어져 버린다.

Q 감정이 끊어져도 두려움이 오게 됩니까?

승: 나를 망칠까 하는 두려움이 오게 되고 절대로 오욕이 안 일어난다.

Q 기운이 에너지면 무게가 있고 힘을 가지고 있습니까?

승: 그것이 에너지와 접목할 때 힘이 발생한다. 자연 속에 움직임이 없을 때는 볼 수가 없는데 어떤 기운과 접할 때 현상이 나타난다. 바람이 불지 않으면 안 흔들리는데 바람이 불면 흔들리니까 항상 상대적이다. 부딪혀야 소리가 나지 안 부딪히면 소리가 안 나는 것처럼 기운이 기운과 맞닿았을 때 현상이 나는 것을 쉽게 볼 수 있다. 기운과 기운이 나타날 때 그 속에 있는 것을 관찰하면 현상이 부딪힘에 대한 답이다.

Q 기운 자체만으로 힘을 가질 수가 있습니까?

승: 기운은 기가 움직이는 것이다. 그런데 하나의 의식이 기체를 움직일 때는 기체 자체는 살아있는 모든 사물을 보고 느끼고 어떤 행동할 수 있는 자기 의사를 표출하게 된다. 내가 사람을 도와줄 때는 나의 의식이 상대의 의식을 보고 도와줄 수는 있어도 마음만으로 상대가 물체를 드는데 도와주는 건 힘들 것이다.

Q 인간의 활동을 일으키는 근원은 그대로 존재합니까?

승: 인간의 의식을 정밀하게 분석하면 기체에 의식이 입력되어 있다. 기체가 노후화되어 일정 기간이 지나면 의식 자체가 사라져 버린다. 의식이 생생하게 살아있는 것 같이 나타나는 것은 의식에 애착이 작용하기 때문이다. 의식 자체가 안 죽으려 하고 계속 움직이고 활동하니까 살아있는 거와 같다.

Q 자기가 하는 일은 모르고 자기를 완전히 버리면 다음 생에 인간으로 돌아오기 힘들겠네요?

승: 세상에 있는 모든 만물은 인연 속에 있던 뜻에 따라 나타나게 된다. 그러니까 자기가 죽인 것은 다음 생에 사람이 될 수 있는 기운을 없애버린 것이다. 짐승이 되고 버러지가 되는 걸 없애는 건 아니니 너는 잘 알아야 한다. 내세에 자기를 없애고 다시 태어나지 않는다고 하는 사람들은 불쌍한 사람들이다. 그렇게 거짓말하고 아무 일도 안 하고 앉아서 백해무익한 일을 하고 있으면 자기를 없애는 것은 가능한 일이다. 그것은 사람의 모습으로 태어나는 일을 막은 것인데 그 이하로 태어나는 것조차 막은 것은 아니다. 사람의 근본은 기운이 진화되어서 강도가 높아져서 사람으로 태어난다.

Q 어리석은 행동이나 언행의 행위가 의식을 만들게 되는 것입니까?

승: 자기의식을 망쳤다고 해서 의식이 붙어있는 기운 자체가 소멸하는 것이 아니고 기운이 변화하는 것뿐이다. 인간의 경우에 조

금 나빠졌으면 소나 돼지가 되거나 그보다 더 내려가면 식물이 되는 수도 있다. 인연을 통해서 계속 나야 하는데 자기가 죽고 싶다고 영원히 죽는 게 아닌 것이 죽는 자체가 새로 태어나는 길이기 때문이다.

Q 저는 의식에 대해서 알고 싶은데, 선생님은 전생부터 깨달았기 때문에 다시 수천 년 만에 다시 세상에 오셨다고 받아들여도 되겠습니까?

승: 의식의 세계에 대해서 질문했는데 씨앗을 하나 보고 설명하면 이해를 충분히 할 수 있다. 콩이나 씨앗을 가지고 보아라! 이게 씨 눈이고 여기에서 생명이 나는 것을 의식이라고 말한다. 생명 속에 씨눈이 있어서 의식이 계속 나타나지만 죽으면 의식은 사라진다.

Q 자업자득自業自得이나 인과응보因果應報라는 말이 무슨 뜻입니까?

승: 부처께서는 중생들이 있는 일에 대해서 알아듣지 못하기 때문에 이런 말을 한 적이 있었다. 인과응보라는 것은 있는 일이 모든 것을 얻게 하고 잃게 하는 길이다. 있는 일이 길흉화복의 길이니 좋은 걸 만들고 나쁜 걸 만드는 길이라는 걸 설명한 것이다. 자업자득은 자기가 한 일은 항상 자기가 얻게 되니까 자기가 한 일이 자기를 존재하게 하는 길이다. 자기가 나쁜 일을 했을 때 나쁜 일이 항상 자기 속에 있다. 이 일은 매우 교훈적으로 알고 생활하

는 데 항상 관찰하고 잊지 말아야 할 일이다. 이곳에 오는 것은 학교나 다른 곳에서 배울 수 없는 인과법에 대한 일을 배우러 오는 것이다.

Q 인과의 법을 이해하지 못하면 눈이 먼 사람이 산을 혼자서 찾아갈 수 없는 것과 같겠습니다.

승: 어떻게 보지를 못하는데 산을 오르고 바다를 건널 수 있겠느냐? 세상에서 인과의 법칙을 가르치고 듣는 것은 가장 좋은 가르침이고 좋은 공부가 된다. 아무리 착한 일을 하며 공덕을 짓고 배워도 인과의 법을 모르면 소용이 없다. 우리가 어떤 일에 대해서 깨닫는 것은 곧 끝없는 자신의 앞날을 밝히는 길이 되기 때문에 삶을 통해서 꼭 배워야 할 일이 바로 인과의 법칙이다.

Q 인과의 법칙을 알면 현상계의 비밀을 알 수 있는 것입니까?

승: 나는 이 시간을 통해서 너희와 계속 만나면서 모든 현상계의 비밀이 수학의 공식처럼 되어 있다는 사실을 알게 되었다. 오늘날 사회에서 수학은 물리의 기초가 되고 물리는 모든 자연계에 있는 비밀을 푸는 열쇠와 같다. 5 더하기 5가 만나면 10이라는 답이 되는데 인과의 법도 이와 똑같다. 어떤 물질과 어떤 물질이 얼마만큼 혼합되는지에 따라서 새로운 물질이 탄생한다. 이러한 물질과 물질은 새로운 물질을 만들고 새로운 물질은 또 새로운 것과 접해서 새로운 것을 만든다.

Q 그래서 세상에는 만물이 존재하고 있고 모든 것이 뜻으로 존재하게 되는 것입니까?

승: 10이라는 숫자가 있지만 여기에서 다시 7을 빼버리면 3이 되는 건 공식에 의해서 뜻으로 되었다. 그러니까 세상에는 있는 것에 의해서 날 수도 있으며 있는 것이 있는 일로 인하여 죽게 될 수도 있다. 인과의 법을 설명할 때 세상에 있는 모든 것들은 있는 일을 통하여 나타나게 된다. 나타난 것들은 하나의 있던 일로 인하여 사라지게 되니까 10이라는 숫자가 다시 3이라는 숫자로 변할 수 있는 것이 법칙이다.

Q 수학의 공식은 현상계를 이해하는 데 좋은 자료가 되고 있네요?

승: 나도 깨달음을 얻고 세상을 이해하게 되면서 인간 사회에서 누가 과연 수학을 만들었는지 궁금했다. 진리를 통하여 깨달은 자들에 의해서 자연계에 있는 현상을 보고 이러한 공식이 나오게 되고 수학이 되어서 사람들에게 가르치게 된 것이다.

Q 부부의 인연은 전생의 좋지 못한 인연으로부터 맺어진다는 것이 사실입니까?

승: 사람들은 자신들의 생각을 말하고 있는데 세상에는 무수한 부부관계가 존재한다. 평생을 사이좋게 지내는 부부도 있고 결혼한 후에 며칠 만에 헤어지는 사람들도 있다. 세상의 일을 말 한마디로 보지 않고 정의를 내릴 수 없으며 전생을 기억하고 있는 사람은 없다. 너희 중에 누구도 전생을 기억하고 있는 사람이 없다

면 다른 사람도 기억하지 못하는 것이 정상이다. 사람들이 현실을 바르게 보려고 할 때 진실에 귀를 기울이게 될 것이다. 이러한 사실을 통해서만이 참과 거짓을 구별할 수 있다.

Q 쌍둥이 영혼도 실제로 존재할 수 있는지요?

승: 영체의 인자가 분리되지 않은 상태로 똑같은 두 개의 영혼이 태어날 수 있다.

Q 쌀벌레는 오래 묵은 쌀 속에서 기온이 올라가면 저절로 생겨나는 데 그 속에는 어떤 이치가 있습니까?

승: 기운이 밖으로 나와 생명이 되는 수가 있다. 모든 물체는 자체가 가진 힘이 있고 외부에 존재하고 있는 힘이 있는데 부딪힐 때 변화가 생긴다. 모든 생명은 기운으로부터 나타났으니 조물주 자체도 기운이 만들어 낸 의식이나 모든 현상은 기운의 조화이다.

Q 석가모니는 무엇을 보고 연기법을 말한 것입니까?

승: 세상의 있는 일을 보고 연기법이라고 했다. 그 말은 어떤 원인이 어떤 결과를 만드는지를 보고 연기법이라고 한다. 10을 얻기 위해서 4를 가진 숫자에서는 6을 더하면 되고 1을 가진 숫자에서는 9를 더하면 된다. 그러니까 나를 알고 상대를 알 때 나 자신이 가지고 있는 일을 착오 없이 이루어 낼 수 있다.

Q 세상의 일이 기도나 기원으로 이루어질 수 있습니까?

승: 예를 들어 연필 열 자루를 놓고 무지한 자가 아무리 기원했더라도 열두 자루가 될 리가 없다. 있는 것들의 인연에 의해서 있는 것들이 가지고 있는 활동과 있는 것의 결합으로 모든 것이 연결되고 있다. 인연으로 난 것은 현실을 만들고 현상은 다시 자기 속에 있는 것과 세상 주변에 있는 것의 활동을 이루는 과정을 통해서 변화한다. 세상에 사라지고 나타나고 존재하게 하는 것이 연기법의 가장 중요한 이론이다.

Q 세상일이 어떻게 해서 있게 되고 답이 나옵니까?
승: 사람들은 있는 일에 대해서 중요하게 강조하지 않고 결론적인 말을 한다. 5라는 숫자에서 5를 더하니까 10이 됐다고 말하면 누구나 알게 된다. 그런데 공식을 모를 때 사람들은 결과를 만드는 일이 오랜 노력과 시간이 필요하다. 자기 속에 있는 걸 알고 다른 것을 합치면 답이 나오게 되어 있다.

Q 여기서 가르치고 배우는 것은 원인과 결과론입니까? **승**: 있는 일이 자신을 지옥에 빠지게 하기도 하고 영생에서 머물게 하기도 한다. 일하는 것이 중요한 게 아니고 자기가 무슨 일을 어떻게 했는지에 따라서 좋은 결과와 나쁜 결과가 나타나게 된다.

Q 부처가 삶을 통해 어떤 일을 세상에서 했는지 진실을 알고 싶습니다.
승: 부처는 어떤 일이 어떠한 관계로 어떻게 존재하게 된다는 인

과의 법칙을 밝혔다. 인과의 법은 다른 것과 만남으로 그 속에 있던 일이 가지게 되는 결과를 만들게 된다. 인과의 법이 어떻게 이어지는지 수학에서 한번 보자. 5라는 숫자를 앞에 두고 2를 더하면 7이 되고 9를 더하면 14가 된다. 세상에는 이렇게 좋아지는 보태지는 숫자만 있지만 마이너스도 있다. 5를 두고 2를 빼버리면 3이 남고 7을 빼버리면 여기에는 마이너스 2가 된다. 이러한 인과의 법을 이해하기 위해서는 수학 속에 있는 문제들이 어떻게 보태지고 빠지게 되는지 결과를 간단히 관찰한 것이다.

Q 인과의 법을 이용해서 사람들은 세상에서 많은 일들을 자신들이 삶에 큰 축복을 주는 예가 많겠죠?

승: 쉽게 말해서 농사일은 어떤 땅에 퇴비를 얼마만큼 넣었더니 좋은 열매가 열렸다. 거기에서는 좋은 내용을 담은 열매들이 열리기 시작해서 시장에 내다 팔았더니 많은 돈을 벌었다면 인과법이다.

Q 인과의 법이 농사일에만 적용되는 게 아니고 자신에게도 적용되겠지요?

승: 그래서 만고불변의 법칙이라고 말할 수 있고 세상에서는 법칙 속에 있는 일을 진리라고 말한다. 이러한 뜻은 영원하기에 세상에서 가장 중요하게 믿어야 할 것이 법이고 진리이며 대 자연 속에 있는 현상계의 약속이다. 부처는 세상에 와서 진리를 밝혔고 진리는 법 속에 있으니 있는 일들을 밝힌 결과가 되겠다.

Q 돌감나무를 심으면 돌감나무가 나온다고 했는데 제가 어릴 때 감나무 옆에서 고욤나무가 열린 걸 봤거든요?

승: 감나무를 심었는데 고욤이 열렸다는 것이냐? 감나무를 심었는데 한쪽에는 감이 열리고 한쪽에는 고욤이 열리는 일은 없다. 나무를 꺾어다가 접을 붙였든가 그렇게 했을 것이다.

Q 감의 뿌리에서 나와서 싹이 올라왔는데 사람들이 고욤나무라고 했는데요?

승: 사람이 태어나는데 배 속에서 송아지가 하나 붙어나더라는 것은 인공적으로 하지 않은 상태에 없는 게 나왔다면 이야기이다. 호랑이가 담배를 피웠다는 이야기는 어릴 적 들었지만 본 사람이 아무도 없다. 돌감나무에서는 돌감만 열리게 되어 있는데 고욤이 나왔다면 이상한 현상이다. 원인이 있어야 결과가 나타나는데 돌감나무를 심었는데 돌감도 열리고 고욤도 나왔다는 것이냐?

Q 뿌리로 뻗쳐서 싹이 나왔는지 옆에서 보니까 고욤나무였었어요?

승: 인과의 법칙에서는 진실 속에 원인 없는 결과는 없다. 인과의 법을 정확하게 알면 만일에 원인 없는 결과를 말하는 사람이 있다면 거짓을 말하는 것이다. 네가 보았을 때 현상이 어떻게 나타났는지 관찰하지 않았다. 밭에 감자를 심었는데 감자 순에서 고구마가 열리는 일은 절대 없다. 옛날에 고구마 순이 거기 있다가 감자와 같이 싹을 틔워서 뿌리를 만들지 않았다면 사람의 장난이다.

Q 우리가 살아가면서 가장 중요하게 생각하고 있는 일에 대해서 가장 잘 알기 위해서는 인과의 법을 다른 말로는 어떤 식으로 표현되고 있습니까?

승: 인과의 법은 있는 것과 있는 것이 만남으로 일어나게 되는 현상이라고 설명했다. 그러면 이 현상을 만들게 되는 것을 인과의 법을 두고 말할 때 각기 다르게 표현하는 곳들이 있다. 불교에서는 법이라고 말하기도 하고 어떤 사람들은 진리라고도 말하기도 하고 약속이라고 말할 수도 있고 어떤 상황에서는 뜻이라고도 말한다.

Q 현상계의 있는 것에서 뜻이 나타나는 것이 아닙니까?

승: 모든 현상이 나타난 세상은 뜻 속에 존재하고 뜻이 현상을 만든다. 이 사실만 확실하게 알아도 어떤 대화를 할 때 눈뜬장님이라는 소리는 면할 수가 있다. 현상계에는 모든 있는 것이 있으나 현상계에 있는 일들이 움직이지 않으면 새로운 뜻이 나타나지 않는다. 있는 것들의 활동으로 나타나게 되는 것이 뜻이며 뜻으로 나타나게 되는 것이 현상계의 있는 일이다.

Q 현상계에 있는 뜻은 어디에서 나타나는 것입니까?

승: 뜻은 또 현상계에 있던 것들을 만들고 창조한다. 세상의 일은 어떤 특정한 누군가에 의해서 좌지우지되는 것이 아니고 있는 일이 세상의 일을 만들고 있다.

Q 인과의 법이라는 말을 사람에 따라서 다르게 이해할 수도 있지 않습니까?

승: 자기 속에 있는 인연으로 좋은 것과 나쁜 것을 얻게 되고 만나게 된다. 있는 일을 통해서 좋은 일과 나쁜 일이 생기게 된다는 것이 인과의 법이다.

Q 선생님이 깨달았다는 것이 인과법인지요?

승: 나는 진리를 보고 인과의 법이 지어지는지를 말한다. 사실에 대한 눈을 뜨게 되면 스스로 행함을 통해서 큰 깨달음을 나게 할 수가 있다. 옳은 내가 없으면 나의 결과도 존재하지 않는다. 깨달으면 나라를 다스리는 법도 여기에 있었고 농사를 짓는 법도 있었고 사람의 병을 고치는 법도 있었다. 모든 법이 모두 존재하고 있었으니 법계의 일을 전하기만 하면 세상은 지상낙원이 된다. 인과의 법칙은 수학의 공식과 같은 법칙인데 나는 공식을 통해서 나타나게 되는 일을 항상 말한다.

Q 그런데 사람들은 그런 법칙을 모르는 것입니까?

승: 법칙을 모르기 때문에 잘못된 일이 끝없이 우리 주변에 존재하는 것이지 만일에 알면 그런 일이 존재할 필요가 있겠느냐? 과거의 부처께서 일생을 통해서 중생의 세계에 알리려고 했던 것이 인과의 법이다. 인과법을 살펴보면 예전에는 세상의 일이 어떤 특정한 힘을 가진 자에 의해서 만들어지든가 좌우된다고 생각하고 있었다.

Q 독재자의 세계에서는 이런 일도 실제 존재했으나 그 사회에는 대
  가를 받았던 것으로 알고 있습니다.

승: 세상의 일을 너무 모른 채 자기의 생각만을 사람들에게 강요
해 왔기 때문이다. 인과의 법은 세상의 일이 어떻게 해서 존재하
게 되는지 사실을 밝히게 되는 내용들을 두고 하는 말이다. 인과
의 법을 알게 되면 사람들은 나쁜 일을 하지 않고 스스로 자기를
무지 속에서 구하게 되는 결과를 얻게 된다.

Q 인과의 법을 어떻게 받아들여서 이해하고 확인해야 하는지 간단
  하게 보기로 설명해 주실래요?

승: 백금과 구리를 섞어서 어떤 새로운 쇠붙이를 만들었다면 백
분율에 따라서 쇠붙이의 온갖 성질은 달라진다. 예를 들어 구리
와 백금을 반씩 섞었을 때 나오는 쇠의 성질과 백금 80%에 구리
20%를 섞어서 나올 때의 성질이 다르다. 이치는 바로 수학의 공
식과 같다고 말할 수가 있으며 수학의 공식이란 어떤 문제가 있었
는지에 따라서 결과는 달라지는 것뿐이다. 이치는 공식에 의해서
존재하니까 하나의 이치 속에 끝없는 일들이 존재하고 끝없는 일
들이 하나의 이치에 의해서 풀어지고 있다.

Q 인과의 이치를 알면 삶에 어떤 도움이 됩니까?

승: 이치를 앎으로 인간들은 무지에서 깨어나서 그릇된 곳에 빠
지지 않고 세상의 유혹이나 위험으로부터 자기를 구할 수가 있다.
이 시대에 많은 문제가 존재하고 있는 것은 이러한 일이 사람들의

의식 속에 널리 밝혀지거나 이해되지 않기 때문이다. 있는 일을 충분히 보지 못하고 이해하지 못하는 데서 실제로 하나의 일을 두고 전쟁까지 해야 하는 일도 있었다.

Q 어떤 일도 인과의 법을 통해서는 이루지 못하는 일이 없는지요?

승: 모든 것은 이 법칙 속에 의해서 나타나고 사라지고 존재해 왔다. 법칙을 통해서 보면 세상 자체가 창조이다. 세상 자체가 가지고 있는 구조 자체에서 존재하고 있는 여러 가지의 현상 속에서 계속 활동이 일어난다. 그 활동으로 인해서 새로운 물질이 생기게 되고 생명체가 나오게 된다.

Q 만일에 이런 뜻이 부정된다면 지구는 곧 사라지게 된다는 이론이 되겠네요?

승: 지구는 절대 사라지지 않고 법칙 속에 존재한다. 그 법칙은 바로 눈앞에 있는 모든 것들의 활동으로 계속해서 나타나고 움직이고 나게 되기에 흥망성쇠興亡盛衰가 결정되고 있다.

Q 선생님은 왜 이 나라에 오늘같이 어려운 문제가 생겼다고 보십니까?

승: 우리나라는 세계 최고로 부강한 나라가 될 수도 있었다. 그런데 사람들이 이러한 인과를 소중하게 생각하지 않았다. 무지로 인해서 존재하고 있는 잘못된 일들이 득세함으로 오늘과 같은 어려움이 존재하게 된 것이다. 사람 자체 속에 있는 각각의 근본은 자

기가 가지고 태어나고 의식 속에 있는 문제는 현실의 생활에서 얻게 된다.

Q 있는 일이 사람들의 활동과 환경에서 얻어진다는 것입니까?

승: 사회가 좋으면 좋은 의식을 가진 사람들이 활동하기가 좋고 사회가 나쁠 때는 나쁜 의식을 가진 자들이 득세하고 활동하게 된다. 그래서 사회가 바탕이니까 같은 곳에 흥망성쇠가 갈라지게 된다. 내가 결론 지어서 대답할 수 있는 것은 있는 일 자체가 문제이며 해답이다.

Q 있는 일에 의해서 있는 것이 존재하고 있는 것들의 활동으로 끝없이 있는 일들이 생기게 되는 것이네요?

승: 있는 것은 바탕이고 있는 일은 근본의 활동으로 일어나게 되니 존재하는 것의 활동에서 일어나는 결과는 현상이다. 우리는 살아가면서 온갖 일들을 보고 세상에서 보고 경험한 것의 대부분은 인과 속에 있던 일에 의해서 나타나게 된다.

Q 옛날 석가모니께서 말씀하셨던 인과법과 같습니까?

승: 어린아이가 수학을 모른다고 해서 영원히 모르지 않는다. 학교에서 수학의 문제를 알아보면 문제를 만들기도 하고 스스로 문제를 만들어서 풀 수도 있다. 있는 원인을 보게 되면 있는 것으로 있는 일을 보고 결과를 그 속에서 얻게 되는 것을 인과법이라고 한다.

Q 잘된 일이나 잘못된 일이 생기면 인과응보입니까?

숭: 세상은 있는 일에 의해서 모든 것을 존재하게 하고 신이나 인간이나 생각할 때 항상 자신이 하는 일을 관찰해야 한다. 자신이 하는 일을 잘하고 있으면 자기의 장래가 좋은 일이 나타날 것이고 잘못하고 있으면 나쁜 일이 나타나게 된다. 자기가 한 일이 자기에게서 나타난다는 말이 자업자득이고 인과응보이다. 나쁜 일을 하면 나쁜 것이 자기에게 붙어서 계속 자기를 나쁘게 만들고 나쁜 길로 가게 한다. 좋은 일을 하면 계속 좋은 일이 자기를 좋은 곳으로 이끌고 갈 것이다.

Q 진리를 알면 외롭다는 말은 어떤 뜻이 있습니까?

숭: 나는 주위에 있는 일들을 보고 오랜 시간이 지나고 나서야 원인이 없는 결과는 얻을 수 없다는 것을 알았다. 그동안 하루도 빠지지 않고 보았고 느껴야 했던 일들인데 세상에서 진리를 밝히는 일보다도 더 소중한 일은 없다. 모든 현상의 근원이 있는 일 속에 있으니 있는 일을 통해서 결과를 있게 하는 인과법이 진리이다. 인과를 통해서 나타나는 현상으로 인하여 진리를 밝히는 것은 외로운 일이지만 세상에서 가장 큰 축복을 만들고 존재하는 중요한 일이다.

Q 진리를 알면 외롭고 진리를 말하면 저주받는다는 사실을 저는 이해하기가 어려운데요?

숭: 시간이 흐를수록 너무나 당연하다는 걸 느끼게 된다. 그동안

많이 노력했는데도 사람들은 진리를 말하는 나에 대해서 좋은 말을 하는 사람은 극히 드물다. 나에 대한 평가가 오랫동안 경험해 본 사람은 법이 없어도 살 사람이고 정의로운 자이고 남을 속인다거나 피해를 주지 않는다고 말한다. 하지만 의식이 어두운 사람이 보면 말은 옳은데 자기들과 맞지 않다고 비판적이며 온갖 있지 않은 말을 만들어 공격하고 해치려 한다는 사실이다.

Q 인간의 무지 때문에 일어나는 일들이겠네요?

승: 인간의 의식이 자기 속에 있던 일에 의해서 만들어진다. 좋은 일을 해 보지 않고 좋은 가르침을 대해보지 않은 사람들은 있는 일을 이해하고 있는 일을 통해서 좋고 나쁜 일이 나타나게 된다는 사실을 모른다. 자기가 하는 일이 옳은 것인지 옳지 않은 것인지를 알지 못하고 자기 속에 있는 것에 의해서 지배받게 된다. 사람마다 자기가 가진 것이 다를 때 같은 것을 두고 다르게 보고 다르게 이해할 수 있는 성질을 가지고 있다.

Q 어떤 시각적인 측면에서 볼 때 사실을 설명하는데 다른 사람의 시각으로 볼 때 같지 않을 때가 있잖아요?

승: 나는 사람들이 어떤 일을 나에게 제의할 때 제일 먼저 사람들에게 대답하게 되는 일이 문제를 확인하자고 한다. 사람들은 문제는 보여주지 않고 말만 그럴듯하게 만들어서 사람들의 욕망을 충동질한다. 그때 문제를 보지 않고 승낙하는 건 돈이나 권력에 자기를 팔아버리는 비정한 일을 스스로 자행해야 하기 때문이다. 자

기의 영혼을 악마에게 팔아서 일신상 부귀를 누리고 권력을 갖는 장면들이 세상에 있는데 영혼을 팔았으니 악마가 준 것이다. 우리가 실수하지 않는 게 자신에게 있게 될 불행으로부터 자신을 구하는 길이다.

Q 인과법을 아는 것은 좋은 자기를 만들 수 있는 유일한 길이기 때문입니까?

승: 사람은 환경의 지배를 받기 때문에 일정 기간은 누구나 시련과 힘듦을 이겨내야 자기가 필요한 환경을 만들 수가 있다. 그런데 환경적응이라는 게 매우 어려운 것이 사람들은 있는 일을 보지 못한다. 대자연 속에 있는 사물을 보면 인과법이 어떤지 간단하게 이해할 수가 있다. 특히 시골에서 농사를 짓게 되면 농사를 통해서 인과법의 참 의미를 알 수가 있는데, 모든 것들은 근본을 가지고 있다.

Q 고타마 붓다가 깨달음을 얻고 나서 49년 동안 사람들 속에서 밝히려 했던 일이 무엇입니까?

승: 인과법과 윤회인데 인과법은 수학에서 계산법을 가르친 것과 같다. 원리는 어떤 일에 의해서 어떤 답이 존재하고 어떤 일에 의해서 어떤 결과가 존재한다. 너희가 세상을 모르고 생활하다가 보면 되는 일이 없고 실패하는 일이 많다. 그래서 붓다는 사람들이 가지고 있는 풀 수 없는 문제의 해답이 어디에 있는지 밝히려고 노력했다. 인과법이라는 것은 문제에 의해서 존재하는 답이 어

떻게 존재하고 답은 어떤 문제로 인해서 존재하는지를 설명한 것이다. 너희가 어떤 말을 들을 때는 문제를 항상 알아봐야 하는데 대학이나 종교에 종사하는 사람들의 말은 문제가 없는 말이 많다.

Q 좋은 행위를 하면 좋은 결과를 얻을 수 있다고 하는데 좋은 행위가 어떤 것입니까?

승: 좋은 행위란 좋은 결과를 얻는 것이다. 어두운 방 안에 밝은 빛이 있으면 일하는 데 능력이 향상될 것이니 사람들을 위해서 불을 밝혀주면 좋은 행위이다. 많은 수확을 얻기를 기대하는 농부에게 방법을 가르쳐 주는 것도 좋은 행위다. 농사꾼이 원하는 좋은 행위는 좋은 열매를 얻는 것이고 그 땅을 통해서 많은 수확을 얻고 싶어 하는 게 소망이다.

Q 세상에서 가장 소중하고 옳은 것이 무엇입니까?

승: 자신을 섬기는 일은 깨달음을 얻는 일이다. 내가 없더라도 너희가 세상에 있는 많은 일에 부딪히면서 진실을 알려고 노력해야 한다. 자기가 하는 일은 옳은 일을 바라서 하는 일인데 나타나지 않았다면 아직 옳은 일이 아니다. 옳고 그름은 항상 결과를 통해서 보는데 많은 사람에게 큰 축복이 되었을 때 옳은 일이다.

Q 사람의 소망을 위해서 제가 알고 있는 지식을 사람들에게 전해주었을 때는 옳은 일입니까?

승: 소망을 얻고자 하는 사람에게 도움을 줬다면 좋은 일이다. 누

가 잘못하고 있는데 그 때문에 사람이 불행하게 될 때 깨우쳐주어서 잘못을 저지르지 않고 다른 불행과 결과가 나타나지 않는 일을 한다면 좋은 행위이다.

Q 친구가 길을 가다가 발을 삐어서 못 걸어갈 때 다리를 치료할 수 있는 병원까지 데려다주는 것도 그 당시의 일로서는 좋은 행위가 되겠네요?

승: 좋은 행위는 현실에서 사람들에게 필요한 일을 하거나 행동하는 것이다. 남을 속이지 않고 있는 그대로 전하는 말이 좋은 말이며 보태거나 거짓을 꾸며서 말을 하는 것은 잘못된 말이고 나쁜 말이다. 욕을 해서 남의 기분을 상하게 했다면 나쁜 말이다. 그런데 칭찬해서 기분을 좋게 했다면 좋은 말이 아니고 상대에게 위안이 된 말을 찾아서 해주었을 뿐이다.

Q 항상 있는 것을 보아야 하는데 자기의 판단이 부족할 때 어떻게 해야 합니까?

승: 항상 역사 속에 있었던 사실을 기억하고 맞춰 보면 된다. 좋은 생명체 속에서 좋은 열매가 열리며 좋은 나무에서 난 열매는 좋은 성질을 가지고 있다. 세상의 모든 생명은 법칙 속에서 나고 죽는 일을 계속하게 된다. 나무의 열매나 사람이나 성질을 알아보는 건 똑같이 항상 자기 속에 자기를 가지고 있다.

Q 좋은 결과를 만들지 못한다면 짝사랑이 될 것이라고 말씀하셨는

데 성인들께서는 모두 좋은 결과를 만들었다고 평가하십니까?

승: 성인이라면 인간 세계에 난 뛰어난 스승들을 말하는데 과거에 있었던 일을 모태로 해서 태어난다. 과거에 있었던 일이 자기를 지배하게 되고 이 세력은 같은 일을 계속 반복함으로 생명을 유지하게 된다. 모든 생명의 세계에서 이런 일은 정해져 있으나 보통 사람들은 업의 활동으로 좋은 일을 하고 싶어도 받아들이지 못한다. 내가 같은 입장에서 17년을 아끼고 사랑한 사람이 나를 음해하고 사람들에게 이간질했다. 아무리 좋은 마음을 가지고 좋은 일을 하고 싶어도 막된 길로 갔을 때 몇 번은 내 일처럼 관심을 가지지만 어떻게 할 수 없는 일도 있다.

Q 망할 사람은 망해야 하기에 막으려 하면 원수지니까 계속 반복하면 그냥 버려두어야 합니까?

승: 살다 보면 나는 상대를 도우려고 했는데 오히려 자기를 의심하고 해치려고 하는 경우가 많다. 이럴 때 좋은 마음을 가진 사람은 가슴이 타니까 업이 타는 것이고 업이 없으면 자기 자신을 구하게 된다. 업이 항상 자기를 불행으로 이끌고 가는 원인이니 영원한 생명을 자기 속에 심어 줄 수 있는 일을 너희가 할 수 있기를 바란다. 그러나 이런 일이 쉽지는 않지만 모든 것이 인과의 법에 존재하게 되는 것은 부정할 수 없는 일이다. 인과법은 수학의 계산처럼 문제를 만들면 많은 문제와 부딪힌다.

Q 세상의 모든 길흉화복의 원인이 자신의 언행에 의해서 생긴다고

하셨는데 어떤 언행을 말씀하신 것입니까?

승: 우리는 어떤 상황에서 말이 얼마나 큰 위력을 발휘하는지 너희는 느낄 수가 있다. 또 살아가면서 자기의 행동이 운명을 개척하는 데 얼마나 큰 역할을 하고 있는지 볼 수가 있다. 아주 평범한 이러한 진리를 깨닫지 못한다면 일생을 힘들게 사는 일들과 부딪히게 될 것이다. 사람의 행동이나 언행도 자신의 근본과 바탕에 있던 일들에 의해서 만들어진다. 삶을 소중하게 살아야 하는 이유는 항상 소중한 사람들로 인하여 자기에게 있었던 일들에 의해서 운명이 만들어지기 때문이다.

Q 사람들은 의지가 약하기 때문에 세상에 부딪히지 못하는 것입니까?

승: 세상의 일을 두려워하지 말고 부딪히면서 살라는 것이고 개척하라는 것이다. 개척자가 될 것인지 남의 뒤에 따라갈 것인지 결정해야 한다. 내가 사람들 앞에서 대접받았던 것은 배운 것도 없이 가진 것도 없었지만 항상 당당하게 살아올 수 있었다. 항상 일하겠다는 각오와 무엇이든 창의를 생각하고 실천하는 의지가 있었기 때문에 지금까지 내가 존재할 수 있었다.

Q 저희도 그런 각오와 정신으로 실천하면 되겠습니까?

승: 행동하지 않는다면 이곳에서 배워도 소용이 없고 자기를 더 망치게 할 수도 있다. 내가 없다면 이 말을 가지고 여기서 배웠다고 하고 그 말을 팔아먹고 살 것이다. 그렇게 자기가 실천해 보지

않은 말을 하고 살다 보면 헛된 삶을 살아서 자기를 버리게 된다.

Q 이런 모든 일이 인과법을 이해해야 가능합니까?

승: 근본이나 사회 환경을 여러 가지로 보아야 한다. 똑같은 종자를 심었는데 환경에 의해서 변할 수 있다고 말했다. 그래서 세상에는 모든 게 법 속에 있고 하나의 뜻에 있다. 인과법은 이런 점에서 자기 속에서 있는 일이 환경을 만들 수도 있고 파괴할 수도 있다. 자기를 좋게 할 수도 있고 나쁘게 할 수도 있다는 것이다.

Q 선생님은 세상에 존재하는 인과의 법칙을 강연하는 깨달은 분입니까?

승: 과거의 부처가 3천 년 전에 세상에 나셔서 깨달음을 얻고 사람들에게 가르친 게 인과법이었다. 깨달은 자는 어떤 말을 할 때 항상 문제를 말속에 남기게 된다. 문제를 보고 천년 후 만 년 후에 또 나와 같은 사람이 태어나면 이러한 경지에 올랐다고 알아보게 되는 것이다.

Q 석가모니께서 가르쳤던 핵심적인 내용의 무엇입니까?

승: 옛날 부처가 인간들을 깨우칠 때 밝히려 했던 내용은 세 가지뿐이었다. 하나는 인과법인데 어떤 문제가 어떤 일을 만드는지 그 일이 어떤 일을 있게 하는지이다. 윤회설은 모든 현상이 어떻게 해서 존재하고 있는지 반복 활동을 통해서 존재한다. 이 활동은 어떻게 이루어져 있으며 어떤 과정을 겪어서 다시 나타나게 하

는 지를 보는 것이다. 세 번째는 왜 업장을 우리는 두려워하고 중요하게 생각해야 하는지 문제를 아는 것이다. 업장이란 자기 속에 있게 되는 습관으로 인하여 자기의식 속에 존재하게 되는 일이다. 한번 자기에게 있게 되는 일은 영원히 자기에게 있게 된다. 쉽게 사라지지 않고 끝없는 활동을 통해서 죽어도 깨닫지 못하면 다시 따라오게 된다.

Q 그렇다면 45년 동안 인간의 사회에 알리려고 했던 내용들이 원칙입니까?

승: 석가모니가 인간의 속에서 설했던 모든 내용은 세상의 일이 어떻게 해서 존재하는지에 대한 원칙을 알리려고 했다. 그래서 비유를 말했는데 수학에서 공식과 같이 어떤 원칙이 어떻게 존재하는가를 알기 위해서 사례로써 문제를 설명했다. 원인이 이럴 때는 결과를 이렇다고 설명했던 게 인과법이다. 이렇게 끝없이 자기 속에 있는 일을 가지고 계속 반복되는 일을 해야 한다.

Q 이렇게 반복되는 일을 계속하게 하는 원인이 활동의 모태가 됩니까?

승: 과거 인연 속에 있었던 일이 모태가 되어서 계속 자기를 존재하게 되고 모태의 활동으로 계속 같은 일을 반복한다는 것이 윤회설이다. 어떤 일이 윤회의 과정에서 어떻게 나타나는지를 사례를 들면 좋은 일도 나쁜 일도 바로 인연 속에 있다.

Q 현세에 있는 일이 내세에 어떤 영향을 미칠 수 있는 것입니까?

승: 인과법과 연계되어 있는데 업장의 세계에 존재하는 일은 인간의 세계에서 애착과 그릇된 한을 사람들이 짓지 않게 하는 길이라고 했다. 석가모니께서는 깨달음을 얻고서 밝은 세상을 사람들에게 찾아주기 위해서 끝없이 노력했다. 그러나 박해만 받고 남으로부터 무시만 받고 손가락질만 받으니까 나중에는 말을 하면 타박을 주고 냉대하는 사람이 많았기 때문에 말을 매우 조심했다.

Q 인과법은 세월이 가도 바뀌지 않는 것입니까?

승: 세상이 생긴 이후로 한 번도 원칙 속에 있는 일이 바뀐 적이 없는 걸 만고불변의 진리라고 말한다. 절대 바뀌지 않아서 원칙 속에 있는 현상은 자기 속에 있는 일을 끝없이 같은 일을 반복하고 있다. 자기와 연결되고 있는 인연을 통해서 좋아지고 나빠지는 일을 윤회하면서 계속 자기를 존재하는 일을 한다. 나는 사람들이 자기 의지로 자기를 구해야 한다는 확고한 신념을 갖고 있기에 인과법을 알리고 있다. 이 시대의 사람들이 현실 속에 있는 일들에 눈을 뜨기를 원하기에 세상이 어떻게 존재 해오는지 설명하는 것이다.

Q 이 세상에 나타난 만물의 근본은 무엇입니까?

승: 세상은 활동의 과정에서 생긴 기운들이 모든 생명체의 근본이 됐다. 만물은 세상을 모태로 해서 태어났기 때문에 세상에 있는 것들은 같은 원칙에 의존하고 있다. 인과의 법을 알게 되면 문

제 속에 있는 일에 대해서 눈을 뜨게 된다. 어떤 일이 어떻게 해서 일어나는지 문제의 세계를 스스로 알아볼 수 있게 된다는 것이다.

Q 선생님은 저희에게 무엇을 가르치는 것입니까?

숭: 나는 항상 생활 속에 있는 문제들을 가지고 너희를 깨우치려고 노력하고 있다. 아직도 내 말을 제대로 알아보는지 알아보지 못하는지 구분에 대해서는 나도 잘 모르고 있다. 너희가 이 시간을 통해서 대화 내용들을 계속 녹음테이프를 통해서 듣게 된다면 조금씩 세상일에 눈을 떠 갈 수가 있을 것이다. 흔히들 공부한다고 앉아서 깨닫겠다고 하는 사람들이 무엇을 두고 길 없는 길이라고 하는지 모르겠다.

Q 깨달음을 향해가는 길이 길 없는 길이라고 합니다.

숭: 깨달음을 길이 없는 길이라고 한다면 사실 종교에서 가르치는 내용들은 길이 없다. 어떻게 세상일을 깨우쳐서 길을 보여줄 수 있는지 문제에 대해서 눈을 뜨는 게 깨달음이다. 눈을 뜨게 되면 문제가 답을 가지고 있는 인과법을 알아보게 된다. 너희가 어떤 일을 당했을 때 어떻게 처신해야 하는지 답이 모두 있다.

Q 실제로 종교에서 길이 없다고 말하는 것은 답은 있는데 문제가 없는 것 같은데요?

숭: 이상적인 말들은 있는데 현실이 빠져 있으니까 거짓을 즐기는 사람들이나 중독된 사람들은 종교에 얽매이게 된다. 그러나 이

곳에서 말하는 대부분은 문제와 답을 인과법을 기준으로 해서 설명한다. 인과법은 석가모니가 가르친 것이지만 세상에 존재하는 자연의 법칙이다.

Q 세상이 존재하기 시작할 때부터 이미 정해져 있었던 것이 인과법입니까?

승: 내가 세상에 와서 인과법을 너희에게 가르치고 있지만 이미 정해져 있는 일을 보고 설명하는 것이다. 이곳에서 하는 말은 너희가 알아보거나 알아보지 못하거나 중요한 게 아니고 길이 있다는 것이다. 그 길이 무엇이냐 하면 법계의 일이라는 건 문제에 의해서 존재한다. 있는 일이 문제에 의해서만 존재하는 것이니 너희는 세상일에 대해서 조금씩 눈을 떠가는 것이다. 인과법을 계속 듣게 되면 본인이 건강한 사고를 갖게 되고 남을 속이지 않고 거짓에 물들지 않고 남의 걸 훔치지 않고도 잘 살아갈 수 있는 자기를 얻을 수 있다.

Q 선생님의 강연내용 중에 인과법에서 설명하신 인연은 무엇입니까?

승: 수학에서는 5 더하기 5가 10이 되는 공식은 원칙이고 원칙에 의해서 문제는 10이라는 답을 가지고 있다. 세상도 이렇게 하는 일 속에 있던 문제가 답을 만든다. 하나의 원칙은 모든 것 속에 존재한다. 나는 깨달음을 얻고 어떤 장소에 갔다가 참 불쾌한 일을 당했는데 삽시간에 사라지기 시작했다. 그때 뇌리에 떠오른 것이

손뼉을 한쪽만 치면 소리가 나지 않지만 마주쳐야 손뼉 소리가 난다. 이런 불쾌함을 느끼게 된 것도 인연이니까 원인이 없는 결과는 없다. 그 인연은 받아들였고 장소에 갔기 때문에 상대와 부딪혔고 만났기 때문에 불쾌한 일도 생길 수 있었다. 있는 일로 인해서 자신에게서 일어나게 되고 자신에게서 존재하게 되는 일을 인연이라고 말한다.

Q 인과의 법이 수학 공식으로 풀 수 있는 것입니까?

승: 수학에서는 예만 들어 설명할 수 있다. 문제를 모르는 사람에게 문제를 풀고 확인하는 방법을 가르쳐 줄 수 있을 뿐이다. 여기서 1+2=3이라고 더하기로만 문제를 풀어서 답을 찾는다고 하더라도 수학의 문제를 조와 경까지 갈려면 1초에 한 문제씩 풀더라도 몇 만 년이 걸리는 시간이 걸릴 것이다. 실제 이 시간을 통해서 모든 인과법을 다 소개할 수는 없다. 그러니까 세상에는 하나의 원칙은 문제 속에 있는 일을 통해서 모든 결과를 존재하게 하는 것이 인과법의 취지이다.

Q 어떻게 해서 원인이 생기고 결과가 왜 존재하는지 하는 것이 인과법 아닙니까?

승: 결과로 자신의 앞날에는 어떤 일이 계속 일어나게 되는 일을 설명할 수 있으나 문제가 없는 상황에서 어떤 세계의 일을 설명하면 어렵다. 우리가 말을 할 때는 문제를 놓고 말해야 확인할 수가 있다. 인과법은 좋은 인연을 만들면 좋은 세상이 있고 자기에게

좋은 일이 있다.

Q 좋은 세상을 만들려면 예를 들어 좋은 사례를 하나 소개해 주세요?

승: 우리가 잘살고 크게 발전하기 위해서는 적이라고 해도 좋은 게 있다면 받아와서 좋은 것을 가질 수가 있었다. 우리의 역사를 보면 지금부터 약 4백 년 전에는 일본이란 나라가 한국이나 비슷했거나 더 살기가 어려웠다. 내란이 많고 부족끼리 전쟁이나 하고 살기가 어려워서 일본에서는 당시 무사 계급이 횡행했다. 무사 계급이란 무술 잘하는 집안 출신을 일컬었는데, 도요토미 히데요시라고 하는 사람이 태어나서 일본을 평정했다. 좋은 제도를 만들고 국가에서 시행하게 하자 안정을 얻었고 끝없는 발전을 계속했으며 일본 사회가 안고 있는 모든 문제를 해결해 왔다.

Q 도요토미 히데요시가 일본 문제를 해결한 것입니까?

승: 오늘의 일본이 존재하는 것은 그가 만들어 놓은 제도와 철학을 장군 통치자가 훼손하지 않고 계승해 왔다. 좋은 점을 계승해 왔기 때문에 오늘날 일본사람들이 세계에서 좋은 기술과 상술이 뛰어나다. 그가 했던 일은 전국을 통일하고 장인을 우대하고 상업을 활성화한 것밖에 없다. 그런데도 중심에 국가 기관이 있던 것이 제도이다. 제도권이 보호하고 장려했기에 그 결과 일본 사회는 4백 년이 지나도 큰 문제 없이 계속 지속되어 왔다.

Q 우리는 그때 일본을 왜놈이나 오랑캐라고 했고 무지하다고 말하
  지 않았습니까?

승: 실제 무지한 것이 현실에 있는 일은 모르고 일본이 어떤 나라
이며 일본 정치가 어떻게 돌아가고 있는지도 몰랐다. 현실을 무시
하고 공자가 어떻고 맹자가 어떠니 하고 한문깨나 배우고 과거제
를 만들고 벼슬아치를 선출한 우리가 더 무지한 사회였다.

Q 그렇게 한문하고 유학해서 선출한 벼슬아치들이 국가와 민족을
  위해서 무엇을 한 게 있다고 보십니까?

승: 당파싸움이나 하고 자기편이 아니면 아무리 뛰어난 인재라
도 물어뜯어서 귀양이나 보내고 했다.

Q 도요토미 히데요시가 똑 부러지게 국가와 민족의 앞날에 후손들
  에게 무엇을 했습니까?

승: 아무것도 없이 배우지도 않고 서럽게 자란 도요토미 히데요
시는 국가와 민족을 위해서 크게 도움을 준 인물이다. 세계정치사
에서 가장 뛰어난 정치인 중 한 사람이다. 조선시대에는 이상적인
학문인 유교를 배웠으나 일본은 현실 속에 있는 일에서 해답을 찾
으려고 했다. 그의 행적을 배우고 현실을 가르쳐야 한국이 잘 살
고 사회가 발전하고 국가가 부강해질 것이다.

Q 우리는 그런 좋은 가르침은 누구도 입 밖에 낼 수 없었습니까?

승: 만약에 그의 정치철학이 좋다고 말하면 한국에서는 친일 분

자로 몰려서 역적이 된다. 아무리 찾아봐도 유교의 사상이 우리 사회에 큰 도움을 안 줬기 때문에 좋다고 칭찬하고 지적할 게 하나도 없는 말뿐이었다. 이런 사례를 잘 이해함으로 이 시간이 너희에게 도움이 될 수 있다. 만일 내 말을 듣지 않고 이 자리에 오지 않았다면 이런 사실을 절대 알 수 없다.

Q 제가 무엇을 얻고자 하면 먼저 무슨 일부터 해야겠습니까?
승: 사과를 얻고자 하는 자들은 먼저 사과 씨를 심으면 땅에서 사과나무가 자라고 사과는 자연적으로 얻게 될 것이다. 너희가 무엇을 원하는 게 있다면 원하는 것을 먼저 어떻게 얻게 할 것인지 얻을 수 있는 원인을 찾아야 한다.

Q 사람이 의지만 있다면 세상에서 무엇이거나 얻을 수 있다는 말씀이죠?
승: 모든 현상계는 기운의 조화이며 그 속에 있던 기운이 나타나서 어떤 현상이든지 나타나게 된다. 태어나는 생명은 토양의 기운과 씨앗이 가지고 있는 기운에 의해서 새로운 생명을 잉태하게 된다.

Q 토양의 기운과 씨앗이 가지고 있는 기운이 합칠 때 씨앗 속에서는 새로운 해답이 나오는 것입니까?
승: 토양의 기운이 3이었고 씨앗의 기운이 5이었을 때 8이란 결과가 나오겠지만 토양이 5이고 씨앗이 5면 10이란 답이 나온다.

그러니까 어떤 원인과 상대가 가지고 있는 원인이 결합 되는 순간에 그 속에 무엇이 있었는지를 계산하면 어떤 현상이 나타날 것인지를 알 수가 있다.

Q 쇠붙이로 금속공학에서는 연금술이나 합금하는 게 발달하고 식물에서는 접목하는 것이 발달하고 씨앗 같으면 개량을 통해서 많은 게 존재했습니다.

승: 어떤 성분과 어떤 성분을 합금했을 때 어떤 성질이 나왔다. 그것이 얼마의 분량을 비례해서 섞었을 때 어떠한 강도와 성질이 거기에서 나타났다. 이같이 토양과 씨앗이 가지고 있는 성질이나 내용이 똑같으니 생명 자체는 고정이라는 게 없고 모든 것은 변화한다. 건물이나 자동차는 고정적인 건물이고 고정자산이다. 하지만 대자연에 존재하는 어떤 물질이나 생명체를 가지고 물질 속에 존재하는 건 전부 변화를 계속하고 있으니까 고정으로 볼 수 없다.

Q 세상에 살면서 고통을 참아서 될 일이 있고 참지 않고 해결될 일이 있는데 마음을 어떻게 다스립니까?

승: 정해져 있는 일을 모르고 행동하면 항상 사람들은 속게 된다. 그래서 속담에도 순리를 거스르면 재앙을 청하게 되니 항상 순리를 따르라 한다. 이 정해져 있는 일을 따라야 하고 거스르면 거스르는 만큼 손해를 본다. 항상 답은 문제가 가지고 있는데 문제를 보지 않는 사람들의 말은 한결같이 똑같이 참고 마음을 다스리라

는 것이다. 마음은 전깃불과 같은데 어떻게 전깃불을 다스릴 수 있겠느냐? 전구 잘못 건드려서 깨버리면 전깃불 안 들어오는데 어리석은 소리를 해대는 것이다.

Q 모든 모태의 비밀은 자기 속에 있던 일로 인해서 생기게 되는 것이 인과법입니까?

僧: 인과법으로 존재하는 모든 일은 인과에 의해서 이루어진다. 이렇게 삶에서 보고 듣고 자기가 간직한 것은 자기 속에서 영원히 영향을 끼치게 되니 있었던 인과에 의해서 만들어지는 것이 없어지지 않는다. 살다가 죽으면 의식은 다시 윤회하고 의식 속에 있기에 끝없는 내세와 연결된다. 한번 잘못 배우고 잘못 살게 된 원인이 끝없이 연결되고 있다.

Q 인간의 무지를 일깨우기 위해서 부처님께서 사람들에게 인과의 법을 가르치고자 했던 것입니까?

僧: 지금까지 말한 것은 있는 일이 길흉화복을 만드는 길이다. 좋은 일을 찾아서 좋은 일을 하면 이름도 필요 없고 사주도 필요 없어 잘되게 되어 있다. 나쁜 사람 만나서 나쁜 사람 사귀게 되면 자꾸 나쁜 문제가 생기게 되는 게 세상일이다. 석가모니께서 일생을 다니면서 그토록 설법을 많이 했던 건 세상일을 알리기 위해서 중생의 세계에 자신을 바치려 했다는 사실이다.

Q 부처님은 있는 일을 사람들에게 알리려고 노력했는데도 아무 말

도 하지 않았다고 했다는 게 무슨 뜻입니까?

승: 일반 사람들은 있는 자기 생각을 말하고 있지만 부처님은 있는 일을 보고 있는 그대로 말했다는 것이다. 이것만 보더라도 부처님의 가르침이 얼마나 중생의 세계에 큰 사랑과 빛이 되었는지 확인할 수가 있다.

Q 제가 근본적으로 알고 싶은 것이 있는데 선생님께서 의도보다 결과가 중요하다고 말씀하셨는데 사실입니까?

승: 네가 아무리 좋은 일을 하고자 해도 좋은 일이 아닌 나쁜 결과가 됐을 때 결과에 따라서 그 일이 좋았는지 나빴는지를 판단할 수 있다. 결과가 좋게 나오면 사람들이 그 일이 나쁘다고 해도 좋은 일이 되는 것이다. 결과가 나빴을 때는 아무리 좋은 의도에서 시작된 것이라 해도 나쁜 일이 되겠다. 의도가 중요한 게 아니고 좋은 결과를 얻는 일을 하는 것이다. 평범한 수준에서 물은 것인데 들을 때는 아무 이상이 없지만 내가 들을 때는 상당히 애매한데 중요한 건 결과이다.

Q 선생님 말씀이 이해가 잘되지 않는 게 결과만 좋으면 과정은 문제가 없다고 들리거든요. 돈을 벌려고 했는데 운이 좋아서 벌었건 자기가 열심히 노력해서 벌었어도 돈을 많이 벌었다면 과정이나 어떤 의도의 내용을 잘 몰라도 결과가 좋은 것 아닙니까?

승: 어떻게 나쁜 과정이 있었는데 거기에서 좋은 결과가 오겠는가? 그러니까 네가 좋은 일을 하겠다는 생각이 중요한 것이 아니

고 좋은 일을 하는 것이 중요하다. 네가 좋은 열매를 찾는 게 중요한 것이 아니라 좋은 열매를 만들어서 결과를 얻는 것이 중요한 것이다.

Q 결과를 얻는 것이 중요하니까 과정이 중요하지 않은 것입니까?

승: 의도라는 것은 생각이 중요한 것인지 결과가 중요한 것인지를 말하는 것이다. 자기가 한 일이 좋은 뜻으로 했는데 좋은 뜻을 갖는 게 중요한 것인지 좋은 결과를 만들어간다는 게 중요한 것인지 묻는다면 좋은 결과를 만드는 것이 중요한 것이다. 좋은 의도를 갖는 것은 시작이고 결과는 결과이니 옳고 그름의 결정은 결과에서 봐야 한다. 올바른 결과가 나타났으면 옳은 일이었고 옳지 않은 결과가 나타났으면 옳지 않았던 일이라고 말할 수 있다. 내가 여기에서 아편을 사람들한테 찔러서 중독되었는데 거기서 좋은 현상이 나타날 턱이 없는 것이다.

Q 제가 그 부분에 이해가 잘되지 않는데요. 결과만 좋으면 과정은 미화되는 것입니까?

승: 나는 과정이 중요하지 않은 것이라고는 말하지 않았다. 의도라는 것은 생각이 중요한 것인지 결과가 중요한 것인지를 말하는 것이다. 내가 한 일이 좋은 뜻으로 했는데 좋은 뜻을 갖는 게 중요한 것인지 좋은 결과를 만드는 게 중요한 것이냐?

Q 우리가 어떤 정치적인 것을 보더라도 그 중간에 과정에서는 몇 사

람의 희생자가 있을 수 있고 희생자들로 봐서는 큰 불행이잖아요?

승: 좋은 원인은 절대로 나쁜 희생을 강요하지 않는다. 좋은 결과가 나타났는데 결과를 위해서 희생이 있었다면 좋은 희생이니까 억지로 생각을 하고 거기다가 말을 맞추면 끝이 없다. 간단한 예로 무엇이 오염이 됐을 때 아는 자가 볼 때는 제대로 약품을 넣으면 해독이 되는데 지혜를 없는 사람은 하지 못한다. 그러니까 어떠한 문제를 생각으로 만들어 놓고 거기 맞추려고 하지 말라! 좋은 결과가 나왔다면 있었던 일은 상쇄되는 게 아니고 모르는 사람들의 눈에 볼 때는 잘못이지만 아는 자가 볼 때는 잘못이 아니었다.

Q 방법이 옳았기 때문에 옳은 결과가 나온 것입니까?

승: 만일에 무지한 자가 나쁜 결과를 보고 자기가 무지하니까 자신을 원망할 수가 있는데 남이 하는 일을 이해하지 못해서 일어나는 현상이다. 농사꾼이 어디서 일했거나 밭에서 추수를 많이 해놨다면 주인은 말을 할 게 없고 석 섬 나오는 논에서 넉 섬이 나왔다면 농사꾼이 놀았어도 나무랄 필요가 없다. 결과 속에 있는 일은 하나도 보지 못하고 단순히 자기 생각에 벗어났다고 매도하고 원인이 잘못이라고 할 수 없다. 모든 있는 진실은 있는 그대로이니 생각으로써 진실을 뒤바꿀 수 있겠느냐?

Q 결국 여러 가지 원인이 많이 있었는데 사람 나름대로 좋았다거나 나빴다거나 말을 하더라도 결과가 좋게 나왔으면 원인이 좋게 작

용했기 때문입니까?

승: 좋은 것은 원인을 가지고 온 근본으로 좋은 게 나타난 것이다. 여기에다 흰 물감에다 검은 물감을 하나 떨어뜨리면 검어져야 진리이다. 그런데 검은 물감을 떨어뜨렸는데도 하얗게 되는 것은 참으로 일반 사람들이 이해할 수 없는 일이 된다. 있는 일은 좋은 결과 속에서 옳고 그름을 알아볼 수가 있다.

Q 결과를 보지 못하는 상태에서는 아무리 나빴더라도 잘못인지 모르지 않습니까?

승: 사람들이 잘못했다고 주장해도 잘못된 결과가 나타날 때 잘못한 것이다. 어리석어서 모르고 하면 좋은 일이라고 생각하고 했는데도 나쁜 결과가 나타나는 건 생각에 의존했기 때문에 착오가 생기는 것이다. 그러니 있는 그대로 보고 있는 그대로 하고 결과를 통해서 자신이 한 일에 대한 책임을 지면 된다.

Q 그러면 좋은 일이라고 했는데 나쁜 결과가 왔을 때 그 사람에 대한 업은 어떻게 될까요?

승: 좋은 일이 나쁜 결과가 있을 때 한이 생겼다면 한은 자기에게 영원히 있다. 자기가 좋은 일이라고 했지만 나쁜 결과가 나왔다면 그 속에 있는 확실한 문제도 모르고 마음대로 짐작과 생각으로 된 결과이다. 내가 방을 고치면서 가게에서 부품을 사서 끼웠더니 공기를 뺀다고 아침에 꽂았는데 저녁에 돌리니까 고장이 나버렸다. 그러니 항상 확인을 해봐야 하는데 깨달은 사람도 세상을 믿다가

보면 속는다. 일꾼들도 일할 데가 더 많고 자꾸 고장이 났다 해야 돈을 번다는 것이다. 어떤 일이든 생각에 의존하지는 말아야 하는데 자기의 기대와 생각과 믿음이 결과와 일치되는 것은 절대 아니다.

Q 자기 맘대로 생각하고 기대하고 판단하지 말라는 것입니까?

승: 사실을 직시하고 살펴보고 사실 속에서 나타나는 현상이 좋으면 좋은 일이 나타났다고 보면 된다. 진정 옳은 일을 하기 위해서 타인을 위해서 할 수 있는 일 중에는 매우 위험한 일도 있을 것이다. 옳은 자가 하는 일은 이해하기가 어려운데 옳은 결과가 나타났다면 옳은 일을 한 것이다. 옳은 결과가 나타나지 못했는데 옳다고 하면 핑계를 대는 것이다.

Q 현재 상황을 잘 판단하는 지혜가 필요한 것이네요?

승: 증거는 현실 속에 다 존재하게 되는데 만일에 올바른 삶을 살았다면 네 의식과 몸이 매우 건강하고 하는 일마다 모두 잘 성사될 것이다. 그 삶은 자기가 한 일은 항상 자기 속에 존재하게 되고 과거의 일은 현재에서 나타난다. 현재는 과거와 지금까지 있었던 모든 네 삶의 결과이다. 그러니 지금까지 현재의 의식과 몸은 살아온 시간 속에 있는 것으로 인하여 만들어진 결과이다. 있는 것만 가지고 평가하고 있는 것을 알면 없는 사실도 보게 되고 알게 된다.

Q 결과보다는 과정을 중요시하겠다는 것은 사실을 보지 않고 원인을 만들지 않은 사람들입니까?

승: 과정을 중요시하겠다는 말은 좋은 원인을 과정에서 제공했다면 좋은 결과가 분명히 나타나게 되어 있다. 자기가 모르는 말을 함부로 하게 되면 남을 속이려 한 것이 아닌데도 모르는 말을 했으니까 남이 속는 건 당연하다. 자동차를 몰고 싶어도 운전 한 번도 안 해 본 사람은 아무거나 몰아보면 마음대로 되지 않는다. 자기가 운전을 배우지 않아서 운전하는 법을 모르면 다른 사람이 몰고 다니던 차도 못 모는 게 당연하다.

Q 세상일을 모르는 상태에서 어떤 일의 진실을 모르고 과정을 중요시할 수 있겠습니까?

승: 그것은 남을 기만하는 것이고 자신이 과정을 중요시하는 데는 어떤 결과가 존재하기 때문에 이 과정을 중요시하는 거라고 책임 있게 말해야 한다. 결과를 중요하게 생각하지 않고 과정에서 좋은 원인이 있었다면 좋은 결과도 분명히 나타나게 되어 있다.

Q 나쁜 원인과 나쁜 과정을 겪었는데 그냥 좋은 결과가 나왔다면 원인이 좋다고 할 수 있는 겁니까?

승: 나쁜 원인을 짓고 나쁜 과정을 겪었는데 어떻게 좋은 결과가 나왔겠느냐? 무지한 자의 격언이 소가 뒷걸음을 치다가 쥐를 잡았는데 그런 일은 참으로 위험한 일이다. 그런 일이 있었다 하더라도 아무것도 모르는 자가 길가에 가서 황금 돌을 하나 주워 왔다.

그런데 누런 돌이 좋아 보이니까 하나 주워서 배고픈 사람들이 그로 인해서 배불리 밥을 먹을 수 있었다면 일시적인 어떤 문제는 해결됐으나 그뿐이다.

Q 그 일이 사람들한테 잘못 전해져 날마다 사람들이 일은 할 생각 안 하고 금덩어리 줍겠다고 길만 헤매고 다니면 어떻게 되겠습니까?

승: 이 또한 세상의 문제이다. 내가 한 일이 좋은 원인도 없었고 좋은 과정도 없었는데 좋은 결과가 나타났다 하면 좋은 결과가 아니다. 오히려 그로 인해서 사람을 더욱 무지하게 만들어 버릴 수도 있고 사람을 고생시킬 수도 있다. 학교에서 배우는 가르침이 유치원에서 배운 것이라 비유했을 때 여기서 배울 수 있는 것은 대학 수준 이상의 가르침이다.

Q 반대의 경우 좋은 원인을 짓고 최선을 다했는데 결과에서 좋은 것을 못 본다면요?

승: 좋은 원인을 짓고 좋은 과정이 있는데 결과에서 왜 좋은 것을 못 보느냐? 진리는 만고불변이고 있는 것 속에 항상 있는데 그것은 진리를 말하는 것이 아니고 이야기를 본 것이다. 좋은 원인이 있고 좋은 과정이 있었는데 좋은 결과가 나타나게 되는 게 진리인데 그 일을 본 사람에게 다시 물어봐라!

Q 사실을 계속 말해줘도 사람들이 믿지 않는데요?

승: 계속 가르쳤는데 사람들이 왜 모르겠느냐? 세상에는 사람을 나쁘게 하는 원인과 좋게 하는 원인이 있다. 좋은 결과를 얻기 위해서 자기에게 어떤 실수가 있었다면 좋은 결과는 다른 사람에게 있어서 정당화될 수는 없다. 내용을 충분히 알고 나서 정당한 방법에 포함되는지 안 되는지 확인해 봐야 한다. 정당한 결과를 얻기 위해서 어떠한 수단이 합리화될 수 있는가?

Q 어떤 수단이라 했는데 좋은 결과가 있었다면 원인도 좋았으니까 좋은 결과가 나타나지 않겠습니까?

승: 수단이라는 게 어떤 일이 있었는지 말하는 것은 사기꾼들은 내가 한 사람을 죽였지만 만 사람을 살렸으니까 좋은 일이 아니냐고 한다. 과연 죽은 사람이 누구이며 산 자가 누구인지 확인해 보고 나서 그가 한 일이 과연 국가나 사회에 이익이 되었는지 개인에게 많은 사람에게 공덕이 되었는지 판단할 수 있다.

Q 어떤 대상을 보지 않고 있는 사실을 보지 않은 상태에서 어떤 일에 대해서 추상적인 말로 해답을 구한다는 것은 매우 위험한 일이겠죠?

승: 위선자들은 항상 좋은 일을 하기 위해서는 어떤 수단이 필요할 때도 있다고 한다. 하지만 어떤 일이 어떻게 있었는지 모르는 상태에서 대답하는 일은 매우 힘들다. 상식적인 수단과 방법을 가리지 않고 옳은 결과를 만들었다면 그 속에 무슨 일이 있었는가?

Q 어떤 일이 있었는데 그 일을 옳다고 정의할 수 있는지 여기에 대해서 확인해야 합니까?

승: 위선자들은 항상 좋은 일을 하면 희생도 좀 있어야 하고 어떤 수단이 필요하다고 말한다. 과연 결과가 어떤 것으로 나왔는지 지난 시절에 이런 말들이 많았으나 그들이 해 놓은 것은 우리 국가의 미래에 엄청난 위험 요소를 만들어 낸 것뿐이다.

Q 조금 전에 말씀하실 때 어떤 일을 하는지가 중요하지 않고 어떤 일을 했는지가 중요하다면 다른 점은 무엇입니까?

승: 어떤 일을 할 것인지가 문제가 아니고 어떤 일을 한 결과가 있느냐 하는 것이다. 그것은 좋은 일을 한다고 해도 좋은 결과를 만들지 못했다면 좋은 일을 하겠다고 했지만 좋은 결과와 닿지 않는 인연이라면 착오에 불과한 것이다. 좋은 일을 했을 때 진정 좋은 의미가 있는 것이며 어떤 일을 한다고 해서 좋은 결과를 만드는 것은 아니다. 좋은 일을 했을 때만 좋은 일을 만든다는 의미가 있고 과정이 중요한 게 아니고 결과가 중요한 것이다.

Q 그걸 잘못 외우고 편견을 가지면 상식 밖의 일이 벌어질 수도 있는데요?

승: 그런데 연기법에는 절대적으로 있는 것에 의해서 있는 일이 나타나게 된다. 있는 일에 의해서 있는 일이 나타나게 되어 있는 것이 맞지 않으면 부작용이 나타난다. 약을 먹었는데 자기 몸에 있는 어떤 기운을 제압하든가 용해할 수 있는 성분을 가지고 있을

때 인연이 닿아서 병을 낫게 해 준다. 약을 한 사람은 얼마의 분량을 먹었는데 병이 분명히 나았으나 다른 사람은 같은 분량을 먹었는데도 완치되지 않았다. 좋은 결과가 나타난 것은 과정에서 결과가 나타나면 좋은 일을 한 것이다.

Q 비도덕적인 행위로 좋은 말을 했다면 어떻게 될까요?

승: 비도덕적인 행위를 했다면 어떻게 좋은 결과가 나타나겠는가? 세상에서 좋은 원인이 없이는 좋은 결과는 절대 나타나지 않는다. 그런데 석가모니는 깨달음을 얻고 세상을 위해서 사람들을 깨우치기 위해 최선을 다했다. 그러나 과정에서 석가모니가 훌륭한 일을 하고 있다고 누가 훈장 주고 표창 준 사람 어디 있느냐? 이상한 사람으로 취급했으니 너희는 과정에 있는 일을 잘못 이해하면 오해하게 한다. 좋은 결과가 나타났을 때는 과정에 있었던 일도 좋았기에 좋은 결과가 나타났다. 좋은 일은 사람의 눈에 따라서 다르게도 보이니 좋은 결과를 만드는 것도 어떤 과정에서 보면 좋지 않게 보일 수도 있다.

Q 사람들이 시각이 각각 다른 것은 무엇 때문입니까?

승: 사람들은 내가 누구인지 알아볼 수가 없고 내가 깨달았다지만 자기들 눈으로 보니까 뭘 깨달았는지 모르겠다고 한다. 그들이 보는 것과 내가 보는 것이 다르기에 나는 그들을 당장 깨닫게 할 수가 없다. 그것은 우리 사이에 너무 큰 벽이 가로놓여 있기에 이러한 현상은 누구도 해결할 수 없다. 그들이 내가 한 말과 행동을

관찰하고 확인하고 뜻을 알 때만 우리 사이를 가르고 있는 높은 장벽의 방해를 물리칠 수 있을 것이다.

Q 어떤 약재에다 비상砒霜을 섞었는데 병을 고쳤다면 과정에 있던 일이 잘된 일인지요?

슴: 병을 고치는 데 약재에 비상이 꼭 필요하다면 비상을 넣어서라도 환자의 병을 고치는 것은 옳은 일이다. 내가 옳은 일을 하는 과정에서 남의 오해나 이런 것을 중요하게 생각하지 말라! 좋은 결과를 만들면 오해가 있었다면 오해가 풀리고 괴로움이 있었다면 괴로움도 전부 해소될 수 있다. 항상 우리가 하는 말의 문제도 세상에 있는 것을 가지고 말하고 있고 세상에 있는 일을 보고 말하고 있다.

Q 과정만 보고 결과를 평가하지 말고 결과를 보고 있던 일을 평가하라는 거죠?

슴: 과정을 중요하게 생각하지 말고 결과를 중요하게 생각하라! 독으로 독을 치료하는 방법이 있다. 어떤 전쟁 마당에서 총상을 입은 환자에게 가장 많이 쓰는 게 아편인데 일반 사람에게 사용하면 중독되어서 큰일 난다. 그러나 총상을 맞아서 신경이 끊어져 나간 사람의 고통은 모르핀만이 막아주고 고통을 잠재워 준다. 과정에서는 짧은 상식으로 결과를 모르는 자로서 의심도 얼마든지 할 수 있다. 과정이 어떤 순간적인 시선을 생각해서 결과를 잘못되게 하지 말라는 뜻으로 말한 것이다.

Q 사람들의 생활을 보면 동기가 불순한데 때로는 결과가 좋을 때도
　있는 것 같은데요?

승: 그것은 있는 일의 그 사례를 봐야 한다. 만일에 동기가 불순
했는데도 좋은 결과를 가져올 수 있는 일은 있을 수 있지만 동기
가 불순했는데 어떻게 좋은 결과가 나타날 수 있겠느냐?

Q 저번에 며느리하고 할머니하고 처음에는 죽이고 싶었는데 결과에
　서 사이가 좋아졌다고 이야기하셨잖아요?

승: 예수도 남의 위에 서고자 하는 자는 먼저 남을 섬기고 대접받
고자 하는 자는 남을 대접하라고 말했다. 나쁜 마음을 가지고 있
어도 깨달으면 어떤 상황에서 좋은 마음을 얻게 된다. 있는 일을
통해서 나쁜 동기로 어떤 일을 하더라도 일 속에서 자기를 깨우칠
수 있을 때 좋은 결과를 얻는 새로운 방향 제시가 존재할 수 있다.
남을 해쳤는데 좋은 일이 나타나는 일은 없다.

Q 어떤 나쁜 일을 하려고 시도했는데 자기의 생각과 판단과 행동을
　바꾸게 해서 좋은 결과를 가지고 온 예가 있다면 어떻습니까?

승: 나쁜 일을 했을 때는 나쁜 결과가 자기에게 분명히 오는 건데
나쁜 일을 생각했다가 어떤 동기에 의해서 좋은 쪽으로 방향이 바
뀌었으면 좋은 일이다. 나쁜 일을 했는데 좋은 일은 있을 수 없다.
수학에서 3-1=2가 되지만 절대적으로 5가 될 수는 없으니까 세상
의 법도 이와 같다. 이것을 하나 빼버리려 했는데 어떤 마음을 먹
고 빼서는 안 될 동기가 발생했을 때 하나 보태버렸더니 4가 되었

다. 나쁜 일을 하고자 했는데 어떤 동기가 자기에게 좋은 일을 하게 했다고 설명을 할 수 있다.

Q 우리는 항상 어떤 일이 변화될 때는 어떤 동기가 있지 않습니까?
승: 어떤 집에 도둑질하려고 갔다가 도둑질을 한 게 아니고 돈을 놓고 나왔다. 도둑놈이 좋은 일을 하려고 한 게 아니고 도둑질을 처음에는 하러 갔는데 보니까 그 집의 생활을 보고 돈을 놓고 오게 된 것일 때는 자기를 변화시키는 동기가 있다. 나쁜 사람이라 해서 꼭 나쁜 짓만 하는 게 아니라 어떤 동기만 있으면 좋아질 수도 있다. 동기가 어떤 일로 인해서 있었는지 그 일이 바로 인연이 되어서 좋은 일을 하게 되는 것이다.

Q 좋은 인연과 나쁜 인연은 어떻게 만나는 것입니까?
승: 좋은 인연은 자기가 좋은 인연을 찾아야 하고 좋은 인연을 찾아서 좋은 사람을 만나면 좋은 인연이 태어난다. 나쁜 사람을 만나면 나쁜 인연이 되는 것이니까 문제의 여자와 만나게 되어서 결혼해서 자식을 낳으면 문제의 여자를 통해서 낳은 자식이 된다. 나쁜 인연은 속아서 자기 성질대로 살면 자연적으로 생기게 되지만 좋은 인연은 스스로 만들고 얻어야 한다.

Q 사기꾼은 말을 만들어서 하니까 훨씬 듣기 수월하지 않습니까?
승: 여기에서 가르치는 것은 원칙이 있고 현실 속에 존재하는 일이었기 때문에 삶에 매우 필요할 수 있고 자기를 깨우치는 데 도

움이 된다. 그런데 책을 보고 들은 말은 그럴싸한데 눈뜬장님이 그린 지도에서 좌표나 기점이 없으면 아무 가치가 없다.

Q 좋은 가르침과 나쁜 가르침의 기준은 진실입니까?

승: 가르침은 항상 어떤 사실을 어떻게 알아볼 수 있는지를 아는 것이다. 가르침이 얼마만큼 사람들에게 도움 줄 수 있는지가 좋은 가르침의 기준이 된다.

Q 성인도 시대에 따라서 살아야 한다는 것은 무슨 뜻인지 사례를 좀 들어서 설명해 주십시오.

승: 성인의 삶도 시대를 역행하게 되면 그 시대의 세력과 부딪히게 된다. 내가 세상의 일에 아무리 밝다고 하지만 이 나라에 사는데 대한민국의 법률과 사회 환경을 피해서 살 수는 없다. 시대 환경을 피해서 살 수는 없으니까 시대에 맞게 살아야 한다는 것을 두고 한 말이다.

Q 자업자득은 스스로 짓고 얻어야 한다는 거죠?

승: 좋은 것을 얻고자 하는 자가 결과를 위해서 일하지 아니하고 역행하는 일을 했을 때 나타나는 일어나는 일이 자업자득이다. 자기가 한 일을 자신이 보게 되고 스스로 얻게 된다는 뜻이다. 아무리 좋은 말을 해도 목적에 이롭지 아니할 때는 그 말은 아무 가치가 없는 위선에 불과한 것이다. 아무리 나쁜 말도 목적을 해치지 아니할 때는 그 말이 듣기가 싫더라도 나쁜 것이 아니다. 자신이

남을 돕고자 하는 자는 자신이 먼저 알아야 하고 자기를 보호하고자 하는 자는 먼저 자기가 배워야 한다.

Q 항상 이 시간을 통해서 인과의 법칙으로 운명이 짓게 된다는 것을 듣기는 하지만 이해하기가 어렵습니다.

숭: 생명을 가진 모든 물질은 법칙으로 존재하고 있다. 그래서 나는 너희가 어떤 일을 할 때 그 일을 조금이라도 관찰하고 판단하고 좋은 방향으로 이끌어 갈 수 있도록 하기 위해 계속해서 말해왔다. 이것은 우리가 무엇을 바라고 있으며 어떤 일을 어떻게 해야 할 것인지를 알기 위해서 이런 일을 계속하고 있다. 토요일만 되면 저녁마다 TV에서 사회 전반에 걸친 현황에 대해서 많은 토론을 하고 있다. 그런데 항상 이 토론 하는 내용을 볼 때마다 안타까운 일은 원인을 제쳐놓은 결과를 사람들이 말하고 있다.

Q 원인이 없는 결과는 어떤 일을 만드는 것입니까?

숭: 이 일이 얼마나 사회에 불행을 가져다주고 있는지 현실에 대해서 한 번 더 확인해 보도록 하겠다. 이쪽으로 가면 서쪽이고 이쪽으로 가면 동쪽인데 어떤 사람이 동쪽으로 가기를 원해서 길을 물었을 때 서쪽을 가리키면 반대편으로 가는 것이다. 엉뚱한 방향으로 가게 된다면 어떠한 결과가 해답을 말하게 될 때는 분명하게 말을 해야 한다. 만일 동쪽으로 가야 할 사람이 남쪽으로 간다면 선택의 잘못으로 인해서 엄청난 시행착오를 겪게 된다.

Q 잘못 배우면 항상 잘못된 일을 사람들에게 전달하게 되는데 바로 배워서 이해하게 되면 사람들에게 자기가 가지고 있는 능력을 전달할 수 있잖아요?

승: 어떤 일을 물었을 때 중요한 일이라고 한다면 나는 이런 사실을 들은 적은 있다고 말해야 한다. 나는 항상 들은 말을 남에게 전할 때도 이 말을 해야 하는지 상당하게 망설이게 됐다. 모든 운명은 인연의 법으로 만드니 스스로 확인해 봐야 할 것이다. 내가 말해서 당신이 원하는 좋은 결과를 얻어 줄 수도 있지만 잘못 안 것일 때 오히려 시행착오를 일으키게 할 수 있는 위험도 가지고 있다고 말해야 한다.

Q 사람들은 불쌍하다고 동정하는 경우가 있는데 옳은 행동입니까?

승: 남을 동정하게 된다면 오히려 동정이 옳은 일인지 그릇된 일인지 모르게 된다. 그들은 자기의 무지로 인해서 묻혀 왔지만 무지를 없애 주었을 때 절대 고마워하지 않고 세상에 은혜를 갚지 않았다. 그렇다면 우리는 항상 죄에 대한 무서움을 사람들에게 알게 하는 것이 좋다. 내가 달마대사와 양나라 무제의 이야기를 했던 것같이 물질을 주는 것은 공덕이 없다고 했다. 사람의 앞길을 밝혀주고 세상을 밝히는 일을 하지 않았을 때 절대로 공덕이 되지 않는다. 가지고 있는 생각과 판단에 의존하지 말고 항상 어떤 사실을 보고 나서 결정하라는 것이다.

Q 만약에 물에 빠진 사람을 건져야 한다면 동정심 때문에 구해야 합

니까?

승: 엊그제 신문을 봤는데, 자기 가족 놔놓고 남 건져주러 물에 들어갔다가 급류에 떠내려가 가족이 불쌍하게 됐는데 아무도 가족을 도와주는 사람이 없다는 것이다. 며칠 전에도 신문에, 대학생들이 수영하다가 허우적거리자 놀러 갔던 사람이 구했다고 했다. 물에 빠진 사람을 병원에 데리고 갈 때 차비를 데리고 간 사람이 냈는데도 병원에서 깨어나더니 인사도 없이 가버렸다는 것이다. 동정심이야말로 자기를 불행하게 만드는 가장 무서운 위험이 될 수도 있다는 사실을 명심해야 한다. 물에 빠져 죽는 일을 보면서도, 사람들은 물에 빠진 자를 보면 그 사람을 구하려고 누구나 쉽게 물에 뛰어든다.

Q 물에 빠진 사람 구했더니 인사도 없이 가는 양심 없는 행동은 본인한테 죄를 짓는 일이겠네요?

승: 항상 내가 긴 시간 너희에게 조금도 멈추지 않고 계속 말할 수 있는 것은 내가 눈을 뜬 자이기 때문이다. 그런데 나는 누구에게 배운 것이 아니고 깨닫고 보니까 세상에 모든 문제와 답이 존재하니 있는 일을 보고 가르쳐 주는 것이다. 내가 모든 존재하는 것을 있는 그대로 보고 하는 말인데 이 자리에 한 말 중에 만들어서 한 말은 한마디도 없다는 사실을 기억해야 한다.

Q 세상에서 훌륭하게 살려면 어떻게 사는 것이 좋겠습니까?

승: 사람들이 세상에서 아무리 훌륭하게 살고 싶어 하지만 모두

훌륭하게 살고 싶은 소망이 있지는 않다. 자기를 섬기며 살아야 하는데 자기가 하는 일에 대해서 모르고는 훌륭하게 살 수는 없다. 나는 항상 이 시간을 통해서 옳고 그름은 결과를 보고 결정해야 한다고 대답한다. 결과를 묻지 않는 자기들이 바라는 것이 옳은 것이라고 주장한다면 상당한 문제를 가지고 있다.

Q 직장에 나가서 열심히 일하는 것도 일종의 자기를 섬기기 위해서 나가서 일하는 것이라고 보아야 합니까?

승: 자기가 살아가는 동안 험한 어떤 상황이 드러나게 될 때의 일을 미리 대비하기 위해 일해야 한다. 자기에게 있을지도 모르는 미래의 어떤 불행한 환경적 요인들을 예방하기 위해서 장사도 하고 사업도 하고 직장에 다닌다. 자신 속에 자기를 가지고 있고 자기에 의해서 자기가 태어나고 만들어진다는 사실이다.

Q 자기의 행동이 나쁜 것을 알고 있을 때와 좋다고 생각했을 때의 인연을 설명해 주세요?

승: 자기와 연결되는 일을 인연이라고 하는데 네가 남에게 속아서 사기를 당했다 하면 악연이고 네가 남을 알게 되어서 이익을 얻었다고 하면 좋은 인연이다. 그러니 인연은 자기 속에 있게 된 것이다. 어디 가서 싸움했고 나쁜 사람을 만났다면 일진이 나빠서 나쁜 사람을 만난 것이고 싸운 것도 인연이다. 네가 그곳에 안 갔으면 나쁜 인연이 생기지 않을 건데 네 발걸음이 잘못되어서 악연을 만나게 된 것이다.

Q 자기와 연결되면서 일어나게 되는 모든 일이 인연으로 일어난다
는 것입니까?

승: 인연은 부모와 자식과의 관계도 인연이고 같은 형제로 살
게 된 건 형제의 인연이 있었기 때문이다. 우리가 한 생애를 비유
하면 꿈만 같다. 좋은 꿈도 꿀 수 있고 나쁜 꿈도 꿀 수 있는 것처
럼 살다가 보면 좋은 길도 있고 나쁜 길도 있다. 성질은 자기 모태
속에서 결정이 되어서 정해지기에 좋은 근본을 가진 사람은 나쁜
데 빠지는 일이 매우 어렵다. 그래서 깨달아야 하고 좋은 인연을
지으라는 것이다. 항상 살아가면서 정을 무서워하고 정에 얽매이
지 말고 옳고 그름에 항상 관심을 가져야 하고 중요하게 생각해야
한다.

Q 좋은 결과를 얻는 인연도 좋은 인연을 만나야 얻는 것이겠죠?

승: 나는 인간의 세계가 오랫동안 꿈꾸어 왔던 영원한 삶의 비밀
을 소개해 왔다. 나는 항상 이 시간 너희에게 세상에 있는 모든 일
은 인연을 만나야 얻게 된다고 했다. 이런 삶이 어떻게 존재하게
되는지는 인연법이 매우 중요하다. 너희가 받아들이기가 힘들고
이해하기가 어려운 것은 자기 속에 지은 인연을 갖고 있기 때문
이다.

Q 항상 자신이 지은 인연에 의해서 자신의 모태가 만들어지는 것입
니까?

승: 삶의 비밀은 모태 속에 있는 것으로 지배받는다는 것이다. 나

는 이런 일을 설명하기 위해서 항상 세상일은 정해져 있다고 주장하고 있다. 이런 일을 쉽게 알리기 위해서 항상 수학에서 덧셈이나 뺄셈할 때 답이 문제에 의해서 정해지는 것을 기억할 것이다. 항상 자기 속에 있는 일이 결과의 세계를 만드는 원인이 된다. 만일에 어떤 사람들이 이러한 원칙을 버리고 무엇을 얻겠다거나 그런 일이 가능하다고 말하면 자기를 속이는 일이며 남을 속이는 일이다.

Q 어쩌다 나쁜 생각을 해도 행위가 없이는 의식을 짓지 않는 것입니까?

승: 생각은 생각에서 끝나는 것이고 행동이 일어나지 않으면 의식은 절대 지어지지 않고 있었던 행동이 그대로 지어진다. 나쁜 의식을 가졌더라도 깨달으면 자기가 손해 보는 것은 하려고 하지 않고 이익이 되는 일을 한다. 낭비벽이 있어도 깨달음을 얻어서 큰 소망을 가지고 낭비를 안 해서 부자가 될 수 있다. 그와 같은 이치로 현상은 행위로 나타나고 나쁜 인연이 닿지 않으면 나쁜 일이 나타나지 않는 것이 인연법이다.

Q 세상일이 어떻게 되어 있는지 관찰하면 결과에서 인연법을 볼 수 있습니까?

승: 동물은 의식이 없으나 결과를 만드는 데는 장애 받지 않는다. 힘이 센 사자는 약한 동물을 사냥해서 살아가고 힘이 없는 짐승은 풀을 선택해서 초식으로 살아간다. 그러니 자기에게 주어진 힘과

인연 속에 존재하는 것으로 운명을 만들며 살아가고 있다. 심지어 풀 한 포기에서 인간에 이르기까지 모든 것은 주어진 인연에 의해서 살아가고 있다.

Q 사람들은 쉽게 죽으면 그만이지라고 말하지만 죽으면 그만이 아니잖아요?

승: 우리는 자연을 통해서 자기의 미래의 일에 대해서 얼마든지 확인할 수 있는 일들이 많다. 하나의 쇠붙이가 풍화작용을 일으켜서 녹이 슬고 전부 없어진다고 세상에서 쇠붙이가 없어지는 것은 아니라 흙 속으로 배어서 들어갔다는 것뿐이다. 그리고 언젠가는 인연이 닿으면 쇠붙이로 돌아오기에 세상에는 끊임없이 쇠붙이가 존재한다. 항상 세상에 있는 모든 현상은 원리에 의해서 존재하고 있으며 원리는 계속 반복된다는 것이다.

Q 원리라고 말씀하신 것은 인연이 있으면 원인이 닿아야 하는 것입니까?

승: 양쪽 손뼉을 치면 소리가 나는데 한쪽 손뼉만 치면 바람 소리만 나니까, 있는 일을 이해함으로써 세상을 매우 편하게 살아갈 수 있다. 인연은 원인이 있어야만 닿을 수 있고 인연이 닿는다는 것은 원인이 존재하고 있는 것과 같다.

Q 옳은 일을 한번 하고 싶었는데 돈이 없었을 때 복권이 당첨되어서 옳은 일을 했다면 결과가 좋은 겁니까?

스승: 자기가 옳은 일을 했다면 마음속에 영원히 옳은 일을 한 걸 기억하게 된다. 만일에 좋은 결과가 나오면 그로 인해서 자기 마음이 떳떳하고 옳은 행위를 했고 결과로 옳은 사람이 그 속에서 나게 됐다면 많은 기쁨과 축복이 되겠다. 하지만 옳은 일을 하겠다고 투자했는데 결과에서 나쁜 현상이 나타나게 된다면 그로 인해서 한을 짓게 된다. 네가 옳은 일을 하고자 할 때는 항상 농사를 지으려면 땅을 보고 짓고 세상일을 보려고 하거든 사람을 보고 옳은 일을 해야 한다.

Q 열심히 농사를 짓는다고 해도 가뭄이 들어서 나쁜 결과를 얻을 수도 있고 우연히 씨 뿌려 놓고 가만히 있는데 비가 와서 토질이 좋아져서 좋은 결과를 얻는다면 좋은 것이 아닙니까?

스승: 어떻게 씨만 뿌려서 가만히 있으면 잘 되는 데가 있으면 나도 좀 소개해 달라! 곡식이 잘 되면 풀도 잘 자랄 것인데 풀도 매주고 해야 한다. 곡식 씨만 뿌려 놓고 풀을 안 뽑아주면 풀이 먼저 크고 곡식은 천천히 크기 때문에 잡초에 치여서 곡식은 말라져 버린다. 왜 너는 아무것도 모르는 소리로 요행을 바라느냐?

Q 부부가 길을 가다가 진흙탕에 함께 빠져 죽게 되었다면 어떻게 살 방법이 있겠습니까?

스승: 만일에 애정만 가지고 구하려고 하면 둘 다 죽을 수도 있다. 먼저 냉정하게 자기가 살아서 진흙탕에 있는 사람을 나중에 구할 수 있다. 둘 다 빠지면 둘 다 죽는 것도 인연법이고 좋은 인연이 현

명한 자 옆에서는 자신과 세상을 지킬 수 있다. 그러나 어리석은 자들의 옆에서는 자기가 가진 재물도 모두 잃게 된다.

Q 세상에 있는 모든 일은 인연을 근거로 해서 생기는 결과물이라면 세상일의 모태는 인연 속에서 지어지는 것입니까?

승: 인연을 추적하다 보면 생명의 비밀도 자연스럽게 풀린다. 생명의 비밀은 세상이 활동하는 과정에서 생긴 에너지가 생성된 기운이 진화한다. 환경 속에 있는 인연을 접하면서 생명체의 모태가 만들어지고 생명이 탄생하게 된다. 한번 탄생한 생명체는 끝없이 자기를 지키려는 애착을 갖게 되는 것이 반복 현상의 원리이다. 많은 사람이 중도에 인간 자체를 상실하게 되는 이유가 무지無智 때문이다. 그래서 자기를 잃게 돼서 다음 생애에 인간 환생이 불가능한 영혼들이 많다.

Q 종교계통에는 성령이나 보살이라고 부르는 죽은 자들을 많이 이용하고 있는데 그런 영혼들은 어떻게 됩니까?

승: 사람들이 그런 말에 속아서 하나님이나 부처가 구해주러 올 거라고 기다리는데 세상에 그런 일은 없다. 세상의 일은 인연법으로 모든 게 지어지게 되어 있기에 항상 자기 속에 있는 일에 대해서 예의 주시해야 한다. 자기 속에 잘못된 일이 자기를 하루아침에 망하게 할 수도 있고 좋은 인연이 닿으면 죽어가는 사람도 다시 소생할 수가 있다. 세상에 있는 모든 일은 자기 속에 있는 일을 모태 삼아서 탄생하는 것이 생명의 비밀이다.

Q 모든 문제나 답도 현실 속에 있다는 사실을 증명할 수 있습니까?

合: 세상의 모든 일은 인연에 의해서 지어지고 있다는 사실을 알린 석가모니 부처는 깨달음을 얻고 나서 45년 동안 떠돌아다녔다는 기록이 있다. 자기 속에 있는 일이 자신을 만들고 세상을 만든다는 것이 인연법이다. 만일에 만족하지 못한 세상일에 대해서 질문하면 어떻게 너희가 원하는 세상이 어디에 있는지 당장 알 수 있다.

Q 선생님은 세상에 존재하는 모든 문제와 답을 모두 알고 있는 것입니까?

合: 세계의 과학자 중에서 미국의 대학에 가장 많이 있다. 과학자들과 대화를 나누는 중에 앞에 있는 사람들이 통역했고 나는 한국어만 하기에 통역이 제대로 했는지 들어서 알겠지만 내가 말했다. 나는 깨달은 자이며 이치로서 세상의 모든 문제를 풀 수 있다. 모태의 비밀이나 운명이나 알고 보면 인연 속에 있던 일들의 과정을 추적하다 보면 전부 생명의 모태가 되고 생명이 부활한다. 그 속에 있던 모태 속에 있는 일에 의해서 운명이 지어진다. 그러니 나는 세상에 존재하는 모든 문제와 답을 모두 알고 있다고 말해주었다.

Q 운명 때문에 여러 가지의 형태의 사람들이 나타나는 것입니까?

合: 어떤 인연이 있어서 생기는지를 보면 가만히 있는데 망하고 흥하고 하는 일은 없다. 지어진 운명의 조종으로 성공하는 사람과 망하는 사람이 나타난다. 한 국가가 망하고 한 가정이 풍비박산이 나는 것도 잘못된 인연에 의해서 이루어지는 것을 보았다.

Q 사람들이 세상을 살아가다 보면 좌우간 우연이라는 게 많지 않습니까?

승: 우연이라 하는 것은 길가에 가다가 금덩어리를 주었다는 사람이나 수표를 주웠다는 이야기는 들었다. 하지만 그 일로 인해서 의식이 좋아지고 몸이 좋아졌다는 것은 못 봤다. 재물이라는 것은 세상에 있다가도 없는데 우리 자신은 의식이 주인이고 몸은 의식을 만들기 위해서 의식을 위하여 존재하는 부속물이다. 네가 몸을 깨끗이 하고 항상 건강하게 하는 것은 너의 의식에 도움을 주기 위해서이다. 의식이 몸을 항상 보살피는 건 몸을 이용해서 자기의 소망을 이루기 위해서 서로 상대적으로 하는 것이다.

Q 우연히 생기는 기적 같은 일도 있지 않습니까?

승: 무지한 자는 생각지 않은 횡재를 하게 되면 기적이라고 하겠으나 지혜 있는 자는 기적이라고 말하지 않는다. 가난한 자가 길을 걸어가다가 떨어져 있는 금덩어리를 주웠다면 그 시간에 지나친 인연이 닿았을 뿐이다.

Q 누가 선생님에게 섭섭한 일을 했을 때 그 사람을 절대 원망 안 하고 나무라지 않을 수 있습니까?

승: 내가 길가에 가다가 아무 잘못이 없는데 뺨을 한 대 맞았다면

나는 뺨 때린 사람을 절대로 원망하지 않는다. 약은 오르지만 조금 가다가 보면 잊어버리고 웃어버린다. 내가 그 시간에 길을 안 갔으면 사람과 부딪치지 않았을 것이고 부딪치지 않았다면 험한 일을 내가 보지 않았을 것이다. 그런데 내가 그 시간에 길을 가서 부딪친 인연으로 험한 일을 당했다. 그래서 나는 사람이 가까이 오면 먼저 인상부터 보고 이상해 보이면 피해야 한다는 지혜를 배웠다.

Q 사람이 살다 보면 악연을 짓는 경우가 있잖아요?
승: 항상 악연을 짓지 않도록 조심하고 악한 사람과 인연을 맺게 되면 그로 인해서 언제인가 안 좋은 일을 당하게 된다. 살다가 보면 세상에서 악연을 짓지 않을 수 없으니 사람을 함부로 믿어서는 안 된다. 착한 사람 열 명은 악한 사람 하나를 당하지 못하기 때문이다.

Q 세상은 뜻 속에 존재하고 뜻이 현상을 만들면 뜻은 어디에서 나타나는 것입니까?
승: 현상계에 있는 일들이 움직이지 않았으면 새로운 뜻이 나타나지 않는다. 있는 것들의 활동으로 온갖 뜻이 나타나게 되고 온갖 현상을 만들고 있다. 지금까지 있는 것들의 활동으로 나타나게 되는 것이 뜻이고 현상계에 있는 일이다. 인과의 법은 있는 것이 만남으로 일어나게 되는 현상이다. 있는 것이 있게 하는 뜻을 불교에서는 법이라고 말하기도 하고 진리라고 한다.

Q 존재하는 모든 것의 내력을 알아야 인과의 법칙이 무엇이라고 설
  명할 수 있겠지요?

승: 인과의 법칙이란 원인과 근본과 바탕과 환경의 일이 모여서
결과를 결정하게 된다. 결과 속에서는 새로운 근본이 나게 되고
같은 과정을 거쳐서 끝없는 변화 속에 좋아지고 나빠지는 일이 존
재한다. 물안경이 뿌옇게 끼었으면 물에 들어가서 봐도 아래가 안
보이고 닦아서 보면 가까이 있는 게 보인다. 세상의 이치를 통해
서 보면 너무나 쉬운 게 진리이니 공식만 알면 쉬운 게 수학이고
공식을 모르면 한없이 어렵다.

Q 원인을 알면 결과를 알 수 있는 것이 공식과 같다는 것입니까?

승: 세상의 일을 보면 항상 답은 정해져 있다. 답을 얻기 위해서
는 문제를 아는 것이 매우 중요하니까 깨달은 자들은 세상에 오면
인과법을 가르친다. 인과법은 어떤 원인이 결과를 만드는지 하는
것인데 그 원인 속에는 문제가 들어있다. 이 시간을 통해서 우리
가 주고받는 말은 세상의 모든 일을 존재하는 공식이다. 이 공식
을 통해서 원칙 위에 세상의 일이 존재하는 것을 알 수 있다.

Q 여래님은 어떻게 인과법을 보고 저희에게 가르치는 것입니까?

승: 나는 거울과 같은 마음을 가지고 거울에 어떤 있는 일을 비
추었을 때 있는 걸 전부 볼 수 있다. 그러나 가만히 앉아서 한자리
에 앉아서 세상을 다 비추어 볼 수는 없다. 산이 가리고 있으면 산
뒤에는 볼 수 없고 벽이 가리고 있으면 방안을 볼 수 없다. 깨달은

자의 의식은 거울과 같으니 있는 일을 볼 수 있다고 설명하는 것이다.

Q 깨달으면 자기의 문제를 스스로 풀 수 있습니까?

승: 세상의 일도 하나의 원칙 속에서는 수학의 공식과 같고 수학 속에 있는 문제와 같다. 그러니 세상은 이러한 하나의 원칙에 의해서 존재하여 있는 것은 계속 반복되기에 자기를 계속 존재하게 한다. 좋아지고 나빠지는 것은 문제 속에 있는 일로 인해서 있게 된다고 말하고 나면 더 이상 말할 것이 없다. 세상 사람들이 자신이 아무것도 보지 못하기에 상대도 그럴 것이라고 믿는다.

Q 여래님이 공식을 계속 말씀하셨는데 사람들은 과학자의 말을 쉽게 믿는 것 같습니다.

승: 과학자들이 어떤 이론을 발표하면 대단하게 여긴다. 과학자가 발견했던 어떤 이론도 알고 보면 전부 존재하는 것이고 하나의 있는 일을 보태니까 어떤 현상이 나타난 것뿐이다. 있는 일을 가지고 어떤 구조만 만들어 놨더니 거기에서 어떤 현상이 나타났다는 것이다. 텔레비전이나 전화기나 오늘날 우리가 사용하는 모든 기기가 있는 것들을 가지고 구조적으로 짜 맞추니 기능이 나타나게 된 것이고 전부 있었던 일이다. 그런데 사람들은 오랫동안 부품이 없으니 그런 구조를 만들지 못했기에 현상이 감추어져 있다가 이제 나타난 것이다.

Q 그런 측면에서 보면 여래님은 비행기를 만들지 않았으나 이치를
　보면 구조 원리의 문제를 아신다는 거죠?

승: 이 세상에 있는 모든 현상에 가서 비추면 문제를 알아낼 수
있다. 어떤 수학의 문제를 하나 풀었다는 게 중요한 게 아니다. 수
학 공식을 제대로 배워서 이해하게 되면 하나만 풀 수 있는 게 아
니고 생각이 안 날 수 있지만 옆에서 지적만 해 주면 전부 문제를
만들어 다 풀 수가 있다. 내가 항상 다른 사람 앞에 당당한 것은 사
람들이 나에게 문제를 물을 때 문제에 대한 정확한 해답을 해 줄
수 있기 때문이다.

Q 여래님의 의식이 거울과 같기에 보여주면 관찰해서 문제를 알고
　사람들에게 가르쳐 주는 것입니까?

승: 지금까지 이 나라에는 한 번도 정신적인 교육이라는 것을 하
면서 문제의 중요성을 가르치지 않았다. 그래서 배워도 눈뜬장님
이 되고 왜 자기가 사는지를 모른다면 아무렇게나 행동하고 자기
생각에 움직이게 된다. 그러나 있는 일을 알면 선한 자로 변하고
자기를 해치거나 남을 사람을 해치는 일을 안 하려고 한다.

Q 저희가 여래님께 어떻게 질문해야 명언을 많이 말씀하실 수 있습
　니까?

승: 그냥 가만히 앉아서 무슨 이야기를 하라면 가능하지 않다. 너
희가 어려운 질문을 많이 하면 문제를 보고 대답하기 때문에 진짜
명언을 말할 수 있고 너희에게 좋은 가르침이 될 수 있다. 실제 세

상에 있는 모든 천재를 10만 명 정도를 여의도 광장에 모아 놓고 그들에게 마이크를 전부 하나씩 차고 질문을 하더라도 나와 논쟁은 안 된다. 그들의 질문은 전부 대답할 수 있고 틀리지 않지만 내가 하는 질문에는 그들은 절대 대답 못 한다. 왜냐하면 세상에는 모든 문제를 가지고 있기에 나는 있는 걸 보고 질문한다. 숫자를 모르는 사람은 수학의 문제도 모르니 있는 문제를 알아보지 못하기에 과학자들이 밝힌 내용들은 세상에 있던 아주 일부분에 영향을 미치고 있다.

Q 여래님께서는 어떤 것을 보시고 문제없는 가르침이라고 하는 지요?

승: 세상에서 경계해야 할 문제는 종교를 두고 말할 때는 문제가 없는 가르침을 전하는 곳이라고 한다. 재미있는 이야기가 있는데 런던 대학에 인도에서 한 아가씨가 유학을 왔었는데 하는 말이 우리 인도의 힌두에는 모든 걸 다 가지고 있다고 했다. 그러니까 교수가 학생한테 힌두에는 모든 것이 있으면 인도에서 배우지 왜 여기에 돈 내고 공부하러 왔느냐고 하니까 여학생이 하는 말이 걸작이다. 힌두에는 모든 해답은 있는데 문제가 없으니까 문제를 배우러 왔다고 했다는 것이다. 문제를 모르면 해답은 필요가 없고 아무것도 몰라도 거짓말쟁이는 얼마든지 그럴싸한 말을 만들어서 할 수 있다. 그 말이 정말 진실인지 거짓인지도 문제를 보고 알아보는 것인데 문제가 없다면 전부 다 거짓이다.

Q 어떤 인연으로 좋은 자기 자신을 얻을 수 있습니까?

승: 좋은 자기를 있게 하는 길은 좋은 인연이 있어야만 진실을 받아들이고 깨달음에 이르게 된다. 그러한 근본과 바탕 속에 있는 일을 알고 말을 하는 것인지 모르고 말을 하는 것인지 확인하는 것이 매우 중요하다.

Q 자기의 의식으로써 나쁜 인연을 물리치고 좋은 인연을 가까이하면 됩니까?

승: 영생을 얻은 사람들 대부분은 똑똑하고 뛰어나다. 똑같은 땅에 같은 열매를 얻어서 심었는데 굵고 씨앗이 여문 것은 싹이 튼튼하고 좋은 열매가 나왔다. 그리고 나쁜 것을 심은 곳에서는 같은 환경과 바탕의 조건을 가지고 있었는데 뒤떨어진 게 나왔다. 차이는 이같이 좋은 인연을 통해서 얻은 결과 속에 남게 된다. 그러나 자신의 좋은 걸 지키지 못하고 망쳐버리면 법으로 영생을 얻었어도 본인이 버리면 없는 것이다.

Q 의식이 어두운 사람은 나쁜 인연을 따라가지만 좋은 의식을 가졌다면 나쁜 인연을 결사적으로 물리치겠지요?

승: 의식이 밝으면 자기가 한 일을 보고 옳지 않다고 생각하면 두려움을 느낀다. 의식이 어두우면 옳지 않은 일을 봐도 옳은 건지 옳지 않은 건지 모르고 이상 속에 빠지는 것이다.

Q 어두운 마음을 가지고 있으면 스스로 어두운 인연을 따라가게 될

까요?

승: 이러한 것은 어떤 상대를 두고 설명할 수가 있고 상대가 없는 것은 법으로 예를 들어 설명한다. 나의 말을 듣고 더욱 알기 위해서는 스스로 관찰이 필요한데 어떤 물질을 가지고 실험해도 충분히 확인할 수가 있다. 자기가 어떤 일을 했을 때 좋은 일이 되고 나쁜 일이 되는지를 모르는 상태에서 일하게 되면 운전을 모르는 사람이 차를 모는 것과 같다. 자동차 원리를 하나도 모르는 사람도 그냥 키를 넣어 시동이 걸려서 밟으니까 차가 달린다. 운전대만 움직이면 되는가 싶어도 그렇게 하다가 큰 재앙을 만들게 된다. 어떤 일이 좋은 일이 되고 나쁜 일이 되는지는 결과를 모르는 속에서 좋은 일 하겠다면 사기꾼한테 속게 된다.

Q 사람이 살아갈 때 좋은 일 하고 싶고 선한 일을 생각하고 있지만 환경에 따라서 행동하지 못하고 생각만 가져도 다음 세상에 유전자가 밝아질 수 있는지요?

승: 모든 결과는 행위로 이루어지게 되고 감정이나 기분만 가지고 좋은 일을 할 수 없다. 사람의 의식이 좋아지고 나빠지는 것은 행위가 있어야 자기 속에 좋은 일을 하고 싶다거나 좋은 일이 무엇인지 알아야 할 수 있다.

Q 자기가 하는 일이 좋은 결과를 만들고 축복이 되었을 때 좋은 일이 되는 것이지요?

승: 사기꾼이 하는 말은 그럴싸하게 사탕처럼 달콤하지만 좋은

스승의 가르침은 보약처럼 쓰다. 사람은 대부분 입 속에서 살살 녹는 사탕을 좋아하고 쓴 보약을 원하지 않는다. 좋은 것과 나쁜 것의 근원이 어디에 있는지를 알아야 좋은 일을 할 수 있다. 좋은 결과를 만드는 일을 좋은 일이라고 하고 축복이 되는 일을 할 수 있다.

Q 있는 일이 만나서 새로운 것이 좋고 나쁜 것을 만드는 것입니까?
승: 좋은 인연을 지으면 좋은 일이 자기에게 있게 되는 것이고 나쁜 인연을 짓게 되면 나쁜 일이 있게 된다. 지금까지 인간 세계를 지배해 왔던 결과를 인과법이라고 한다. 자기가 좋은 것을 지어 놓지도 않고 좋은 일을 원하면 그것을 얻었다 하더라도 자기를 나쁘게 만들어 버린다. 삶을 이해하기 위해서는 있는 일에 대해서 철저히 알고 이해함으로 삶에 도움이 될 수 있다.

Q 만물이 변화를 시작하고 작물이 자랄 때 열리는 과정이 인과의 법칙에 적용되는 것입니까?
승: 작물이 자랄 때 열리는 과정이 인과의 법칙에 적용된다. 작물을 놓고 하나는 가꾸어주고 하나는 가꾸어주지 않을 때 똑같은 바탕이라도 환경이 다를 때 결과는 다르다. 같이 생활하더라도 노력하는 자와 노력하지 않는 자의 차이는 매우 다르게 나타난다. 만물의 이치는 항상 하나의 사물을 보면서 생각해야 한다. 결과가 처음에는 똑같은데 가꾸어준 결과와 가꾸지 않은 결과가 싹과 열매는 같은 곳에서 같은 환경에 적응시켜도 다르다.

Q 인간 역시 삶을 통해서 마음을 만들고 마음에 따라서 새로운 생명
   으로 부활하고 나타난다는 사실이죠?

승: 나는 최근에 이러한 여러 가지의 사실을 이야기하면서 새로
운 일들을 보았다. 살았을 때 사람의 모습을 한 자도 죽었을 때 자
신이 사람이었다는 것을 기억하고 있고 모습은 다른 미물로 변해
있던 사실도 나타난다.

Q 영혼이 사라지면서 가지고 있었던 세상의 모든 기억이 사라졌을
   때 나타난 모습으로 태어납니까?

승: 나는 비로소 과거에 석가여래께서 말씀하신 육도윤회에 대
해서 깊은 뜻을 이해하게 되었다. 사악한 마음을 가진 자는 사악
한 마음을 따라 자기 모습을 만들게 되는 법이다. 오늘날 경계하
고 두려워해야 할 자는 성자의 가르침을 모르면서 성자의 후예인
것처럼 가장하는 사람들이다. 성자가 무엇을 가르쳤는지 하는 것
은 매우 중요한 문제이다.

Q 착하게 살고 사회에 필요한 사람은 빨리 죽고 별 필요 없는 사람
   은 오래 사는 게 왜 그렇습니까?

승: 착한 사람이 왜 빨리 죽는지 살펴보면 영혼이 악한 사람은 애
착이 많기에 병이 들어도 숨이 잘 끊어지지 않는다. 죄를 많이 짓
고 살아서 난봉 피우고 못할 짓 많이 한 사람은 잘 죽지 않는데 순
수하고 성실한 사람들은 애착이 별로 없다. 그런 사람은 자다가
그냥 숨이 끊어지는 수도 있고 어떤 인연을 만나면 애착이 없으니

까 그냥 병이 들어서 빨리 죽는 수가 있다. 나이가 들어서 오래 사는 사람 중에는 애착이 커서 그렇다고 볼 수도 있다. 어떤 사람은 죽기 전에 자식 이름을 부르고 보겠다고 하는데, 애착 때문에 안 죽고 기다리다가 자식이 도착하자 얼굴 보고 죽는 수가 있다.

Q 저희 아버지는 '죽어야 하는데' 하시면서 오래 사시는데, 애착은 없는 것 같고 의지가 강해서가 아닙니까?

승: 애착이 없는 게 아니고 인간답게 살지 못했을 것이고 남에게 피해를 안 줬다 하더라도 절대로 남에게 도움은 되지 못했을 것이다. 좋은 일하는 사람보다 나쁜 일을 하는 사람이 오래 사는 게 애착이 크기 때문이다. 사람의 몸에는 영혼과 육체가 있는데 애착이 영혼을 붙잡고 있다.

Q 자기의 나쁜 습관은 깨달아야 바꿀 수 있습니까?

승: 내 자서전 외로운 투쟁을 보면 시련의 삶 속에서 내가 얼마나 술을 많이 마신 사람이라는 것은 너희는 보았을 것이다. 좌절과 외로움 속에서 술을 많이 마셨는데 내가 해탈하고 깨달음을 얻자 그때부터 누구도 내가 술을 마시는 걸 보지 못했을 것이다. 고기나 술 같은 것은 정신이 완성되면 몸이 거부해 버린다.

Q 제가 술 마시는 건 보지 않았지만 고기 먹는 건 보았잖아요?

승: 내가 비행기 타고 갈 때 배가 고파서 먹었는데 그 때문에 고통을 많이 보았다. 깨달음을 얻고 시간이 가면서 오욕이 끊어지는

데 한 사람이 완성되면 모든 증거가 같이 따라온다. 증거를 모르고 외면하는 건 옳지 않은 일이고 모를 때는 관찰해야 한다. 세상에 나타나고 있는 일들이 어떻게 나타나는지를 깨달은 자는 있는 일을 보고 공식을 가르친다고 했다. 만일 나의 말에 대해서 해석이 부족할 때는 참고로 해서 관찰하라는 것이다.

Q 저희도 노력으로 이해에 도달할 수 있겠습니까?

승: 나는 너희에게 가르치는 자이고 너희는 자신 속에서 이해를 키우는 것은 노력도 필요하다. 내 말을 듣는다 해서 모든 이해까지 따라오는 것은 아니니 이해하는 데는 관찰이 필요하다. 자동차의 교관이 자동차의 구조의 원리를 차를 세워 놓고 설명하면 쉽게 이해하지 못한다. 자동차를 작동해 보고 움직이는 것을 보면 이해하기 쉽다. 내가 너희를 가르친다 해서 나의 말을 듣고 이해에 도달한다고 나는 믿지 않으니까 나의 말을 듣거든 계속 탐구하고 관찰해야 한다. 그러면 법칙의 세계에 있는 비밀과 약속을 알게 되고 남에게 가르칠 수 있다.

Q 좋은 성질이라고 해도 인연을 잘못 맺으면 나빠질 수 있습니까?

승: 참으로 좋은 성질은 나쁜 인연을 만난다 해도 잘 안 변한다. 세상에는 길이 있으니 알면 좋은 길을 얻게 되고 모르면 좋은 길을 버리게 된다.

Q 어떻게 깨달아야 좋은 인연을 가질 수 있습니까?

승: 나고 죽는 모든 것들은 자신에게 있던 인연을 따라서 들고 도 니 이것이 있어서 저것이 있게 되고 저것이 있어서 이것이 있게 된다. 좋은 사람을 만날 수 없던 일은 좋은 가르침이 없기 때문이 며 좋은 세상을 만날 수 없는 것은 좋은 사람이 없기 때문이다.

Q 모든 일은 인연에 의해서 만들어지고 본인이 모르는 상태에서도 인연은 생길 수도 있다고 했잖아요?

승: 본인이 아는 상태에서도 지어질 수가 있다. 더욱 오늘날 말세 에서는 사람들이 당연하게 인생을 버리고 사는 것이 정도처럼 되 어 있는데 인생을 아는 것은 축복은 되지만 실제 의지가 약한 사 람들에게 있어서 많은 고뇌의 대상도 된다. 지금 여기에 온 사람 들도 자기 부모와 자식에게 애착이 있으니 애착이 자녀를 잘못되 고 형제를 잘못되게 한다는 것이다.

Q 부모와 자식의 관계도 인연으로 만난 것입니까?

승: 부모와 자식과는 근본이 다르고 좋은 생각이 있고 좋은 뜻이 있으면 자기나 잘하면 되고 자식에게는 가르치면 된다. 아버지는 이렇게 배웠으니 자식에게 이렇게 하라고 가르치면 되는데 바라 는 것이 잘못이다. 바라지 말고 가르치면 자연적으로 자기가 바라 는 일을 자식이 할 것인데 가르치지 않고 바라니 안 될 일을 요구 하는 것과 같다.

3. 인 생

인류가 존재하는 동안 사람들이 인생에 대한 일들을 알려고 노력했고 종교를 통해서도 깨달으려고 해 보았으나 지금까지 삶의 가르침은 충분히 전해지는 것이 없었다. 그래서 인생을 배우고 가르치는 일은 쉽지 않았고 어떻게 인생을 이해하고 살아야 할 것인지 문제를 가지고 있다. 이 시대에서 보게 되는 도덕성의 실종은 인생에 대한 가르침이 없었던 것에서 비롯된 것이다. 이러한 현상은 인간 세계의 삶을 어렵고 힘들게 만들고 있으며 삶 자체에 대해서 두려움까지 느끼게 하고 있다. 사람들을 만나고 나면 느끼는 불신과 갈등은 인간 세계에 대한 회의심마저도 일어나게 하고 만다. 믿을 사람이 없다는 말을 들을 때마다 왜 인간의 사회가 이렇게 심하게 변해야 했는지에 대해서 자조해보는 사람들이 많다. 인생에 대한 무지가 인간성의 상실을 가져왔고 개인의 양심을 실종시켜 왔으며 정의를 잊어버리게 하고 있다. 더욱 걱정되는 일은 앞으로 우리들의 세계에서 이러한 일들이 끝없이 계속될 것이다. 기쁨이 없는 삶은 물이 없는 사막과 같이 비유한다면 우리의 인생에 대한 올바른 이해를 얻어야 한다. 삶으로 자기를 기쁘게 하는 일이야말로 최고의 가르침이 될 것이다.

Q 우리가 인생을 잊고 사는 것이 진실을 버리고 있기 때문이라고 보십니까?

승: 세상에서 존재해 온 모든 일을 관찰해볼 때 좋고 나쁜 일이 있는 일을 어떻게 하는지에 따라서 다르게 나타나고 있다. 있는 일을 바로 알 때 그 일은 자신과 다른 사람들에게 도움을 주는 교훈이다. 너희가 삶을 통해 인생을 배우는 일은 각자에게 주어진 사명이다. 사명에 충실할 때 인간의 세계는 평화와 행복 그리고 사랑이 존재하게 될 것이다.

Q 무엇을 인생이라고 규정할 수 있습니까?

승: 삶이 인생의 길을 만들어서 너희가 볼 수 없는 것을 보고 어떤 식으로든 설명할 수 있는 이해를 갖게 된다. 있는 일을 계속 듣고 알려고 노력하면 잘못들은 일들이나 보았던 일들을 잊어버리게 될 것이다. 잘못된 생각들이 없어진다면 너희는 있는 일을 제대로 보게 될 것이다. 모든 문제의 해답을 알게 될 때 비로소 스스로 보고 인생을 알 수 있다.

Q 저희가 인생을 모르고 살 때 책임 없이 살게 된다고 볼 수 있습니까?

승: 인생을 알고 나면 자기에게 있는 삶 자체가 자기에게 책임감을 강하게 함으로 열심히 살아갈 수 있다. 그래서 좋은 삶을 자신을 통해서 얻게 된다. 자기에게 좋은 삶이 있다는 것은 자신을 좋은 결정체로 만드는 것이다. 이 결정에는 끝없는 길을 통해서 좋

은 자기를 탄생하게 한다. 여기서 항상 설명하는 것 중에 모든 의식의 근원은 자기 속에 있는 일들이 쌓이고 쌓여서 만들고 존재하게 한다는 것이다.

Q 작은 일도 함부로 무시하면 안 된다는 것이네요?

승: 어떤 일이 자기 속에 들어오면 가만히 잠재해 있는 게 아니고 계속 활동한다. 다시 말하면 누구하고 싸움을 한 번 했다면 그때 발생했던 성질이 계속 자기 속에서 발동하고 강요한다. 신문이나 언론매체를 통해서 보면 사람들이 계속 도박하고 유흥업소를 찾아다니는 건 습성이 박혀 있으니 계속하게 된다. 그것은 과거에 했던 일 때문에 업이 자기 속에서 시키는 일은 하기는 쉬워도 끊기는 참 어렵다. 아편과 같아서 보약은 먹기가 힘들고 마약은 먹으면 끊기가 힘들다.

Q 인생人生은 한문으로 풀어보면 사람이 한평생 사는 것이 되는데요?

승: 사람이 인생을 모른다는 것은 삶을 모른다고 규정해서 말할 수가 있다. 삶 속에 있는 일들을 모르면 어떻게 살아야 하는지 어떠한 일을 있게 하는지를 모른다. 인생을 배운다는 것은 삶을 배우는 것이니 너희는 삶이 어떤 일을 하는지 의문을 가져야 한다.

Q 사람들이 살아가는 게 항상 힘든데 삶은 어떻게 정의해야 합니까?

승: 삶은 미래와의 만남을 준비하는 과정이다. 삶 속에 있는 문

제가 미래의 자기 삶에 영향을 미치고 미래의 자기를 지배하게 된다. 자기가 어떻게 사는지에 따라서 좋은 일을 만날 수 있고 나쁜 일도 만날 수가 있으며 어떤 이상이나 생각만으로 원하는 것을 얻을 수는 없다. 우리 주변에 실제로 이렇게 말하지 않고 모든 문제를 감추어 놓고 보면 누구도 문제가 노출되지 않는다. 그래서 행복하게 사는 것처럼 알지만 문제를 드러내 놓고 보면 사람들은 대부분 너무나 많은 문제에 얽매여 있다. 문제들이 자신을 피로하게 만들고 항상 힘들게 하고 자신을 불행하게 만들고 있다.

Q 이러한 삶에 대한 지식과 깨우침을 배우는 것이 어떤 도움이 되겠습니까?

승: 있는 일이 모든 일을 있게 하는 근원이며 모든 결정체는 근원 속에 있던 일에 의해서 만들어진다. 사람의 의식도 행위의 법칙으로 자기 속에 있었던 행위로 만들어지고 자기를 존재하게 한다. 업이 크면 업에 의해서 자기는 자꾸 나쁜 쪽으로 조정받게 된다. 업이 없는 사람은 있는 일에 의존하는 습성이 높아지니 실패가 적고 하는 일마다 잘 돼서 편안한 삶을 얻을 수 있다.

Q 편안함을 얻는다면 당대에서 끝나는 게 아니고 계속해서 이어질 수 있습니까?

승: 어떤 시스템을 가지고 실험해 보면 된다. 유전자를 변형해서 만든 식품들이 과연 인체에 해로운 것인지 해롭지 않은 것인지 문제에 대해서 많은 이론이 분분하다. 어떤 동물을 통해서 실험한다

고 하는데 주의해야 할 점이 있다. 전갈이나 독사에게 자꾸 물을 먹여서 혀에서 오므려 짜면 독뿐이 나오지 않겠지만 소에게 물을 먹이면 우유가 나온다. 어떤 체내의 성질에 의해서 물질을 변화시키는 척도가 높고 낮을 수도 있다.

$\mathbb{Q}$ 그러면 자연에서 어떤 방법으로 이런 일을 잘 알 수 있습니까?

승: 유전자를 조작하고 증식된 콩을 땅에다 밑거름 넣어서 다시 땅을 조사하면 된다. 땅은 어떤 모양이나 성질로 변했는지 보고 다른 물질을 심었을 때 뽑아서 검사해서 관찰하면 된다. 유전자 조작 식품도 알고 보면 사람이 음식을 섭취했을 때 조작된 식물 속에 있는 기운이 우리 몸으로 섭취된 것이다.

$\mathbb{Q}$ 유전자 조작 식품에 대해서 사람들은 두려움을 갖고 있고 경계심을 갖게 되는 이유는 무엇일까요?

승: 식품을 먹었을 때 우리 몸으로 흡수되는데 그때 몸에서 어떤 영향을 일으키게 되는지를 여러 가지 추측의 논문을 내고 있다. 미국에서 일반 콩을 심고 농약을 살포했더니 완전히 말라비틀어져 버렸는데 유전자를 조작한 콩은 강력한 독성에 영향을 받지 않았다. 우리가 페니실린을 맞을 때 높은 단위를 맞으면 나중에 면역성이 높아져서 낮은 단위를 맞으면 잘 듣지를 않는다. 그와 같이 생명력을 가지고 있는 조작된 식품의 조직이 우리 몸으로 들어왔을 때 우리 몸 체내에 어떤 이상을 일으키지 않는지 걱정들을 한다.

Q 토양을 보면 사람의 몸과 같은 성질을 가지고 있는 것을 알게 되겠네요?

승: 거름을 넣었더니 토양이 점점 알칼리성으로 변했고 기름진 땅으로 변했는데 비료를 주면 산성화된다. 우리 몸도 무엇을 섭취했을 때 어떻게 변한다는 게 나와 있다. 체내의 면역성이 어떤 물질을 먹었더니 높아지고 어떤 물질을 먹었더니 낮아진다.

Q 어떤 일을 하게 되었을 때 어떤 현상이 나타나게 된다는 게 결정되어 있습니까?

승: 삶은 우리의 활동 속에서 있게 되는 모든 것이 결집 되어서 의식체를 만들게 된다. 깨달음이 없이 무지한 사람들의 활동은 의식체의 지배에서 나온다. 무지한 사람에게 아무리 일하라고 해도 있는 일을 알아보지도 않고 모르는 일을 자기 하고 싶은 대로 한다. 이 자체는 의식이 있는 일을 이해하지 못하고 있다는 증거이다.

Q 사람의 의식도 땅과 같은 역할을 한다는 것입니까?

승: 우리 몸과 같이 땅도 있는 일에 의해서 산성화가 되고 알칼리성으로도 토질 자체가 변하는 것처럼 우리의 의식도 있는 일에 의해서 변화한다. 우리가 살아가는 동안 이상을 좇아가게 되면 능력이 있는 자도 뒤떨어진 생활을 하게 된다. 그래서 현실에 대한 이해는 매우 중요한 것이다. 너희는 현실 속의 있는 일이 결국 미래를 열어주는 길이라는 것을 잊어서는 안 된다.

Q 사람이 고통이 있는 것이 원초적인 인간의 잘못에서 고달픈 삶이 지어지는 것입니까?

승: 삶은 누구나 할 것 없이 크고 작고 간에 현상을 통해서 고통을 받기도 하고 기쁨을 맛보기도 하는 세상이 고해苦海이다. 의식은 기운으로 되어 있는데 마음이 있고 행동은 사람이 한다. 씨앗이 열매로 나타나기까지의 과정을 보면 결과 속에는 땅에 있는 토양과 과거 싹으로 뿌리가 돼서 잎을 피우게 했던 근본 생명과 환경이 그대로 입력이 돼 있다. 그래서 씨앗을 또 심으면 싹이 나오고 열매가 열리는 것인데 열매가 열릴 때는 하나의 토양과 환경이 플러스 돼서 결과가 나온다.

Q 인간이 어떠한 삶의 목적을 가져야 가장 바람직하다고 보십니까?

승: 어떤 삶이 바람직하다고 볼 수 없는 것이 내가 설명할 수는 없고 스스로 무엇을 바라는지 자기에게 물어보아야 한다. 네가 여기까지만 보는데 다른 어떤 게 있는지 물으면 모든 가르침의 근본과 바탕은 쉽게 설명할 수가 있다. 어떻게 하면 빨리 자기가 원하는 결과를 얻는 확실한 길을 알기 위해서 배우는 것이다. 사람마다 꿈과 이상은 다르니 내가 이 자리에서 하나는 잘라서 말할수 없다. 거짓말은 백날 들어도 자기의 삶을 헛되게 만드는 것인데 밝은 삶과 한을 짓지 않는 삶이 가장 좋은 삶이라고 설명할 수 있다.

Q 한이 욕망과 무지에 의해서 생기는 것입니까?

승: 한을 짓지 않는 것은 속이지도 말고 원한을 갖게 하지도 말고 남에게 원한을 품지도 않게 하는 것이 좋은 삶이다. 사람이 작은 깨달음이라도 있으면 옳고 그름을 알게 되고 스스로 옳지 않은 일이면 자기가 물러설 수 있으니 같은 장소에서 살인을 당할 것도 면하게 된다.

Q 세상을 살아가면서 구체적으로 어떻게 그릇되지 않게 살 수 있습니까?

승: 너희가 세상에서 바르게 못 사는 것은 항상 세상일이 끝없이 변화하고 있기에 세상이 책하고 틀린다. 그래서 사람들이 답을 얻기가 매우 어려우니 구체적으로 자신이 하는 일에 항상 깨어있는 의식으로 자기가 하는 일을 보라는 것이다. 세상은 하나의 공식 속에 존재하고 있지만 문제는 다르니 잘못한 일이 있으면 잘못을 버리는 게 바르게 사는 길이라는 사실을 알라는 것이다.

Q 세상이 혼란스러워질 거라고 하셨는데 어떻게 하면 안정된 생활을 누릴 수가 있습니까?

승: 사람이 살려고 하면 농사짓는 기술이나 물건을 만드는 기술과 상업하는 기술 세 가지 중 한 가지를 지녀야만 자기 생활하는 데 지장이 없다.

Q 가장 근본적인 방법이라고 생각이 드는데, 장사하는 경우 세상에 혼란스러움이 닥쳐오면 그럴수록 장사 범위를 확장하는 것이 좋

을지, 아니면 축소해야 할까요?

승: 사람을 봐서 평가해야 하는데 의식이 좋은 사람은 문제가 있을 때 성공하면서 큰 두각을 나타나게 되지만 문제가 없을 때는 의식이 좋은 게 안 나타난다. 세상이 잘못되어 갈 때는 잘못된 사람들이 항상 앞에 서 있다. 어떤 혼란의 와중에서 모든 게 멈췄을 때는 의식에 따라서 나타나게 되고 그 차이에 따라서 성패가 결정된다.

Q 실제로 사업하려고 하는데 혼란한 사회가 올수록 모든 것이 멈춰진다는 말은 무슨 뜻입니까?

승: 지금 우리 사회가 잘못된 곳으로 가는 것은 잘못된 힘의 원인이 존재하기 때문이다. 혼란이 오면 잘못된 곳으로 흘러가던 힘이 무너지기 때문에 더 이상의 잘못된 현상들이 힘을 잃게 된다. 식물의 넝쿨이 장애 받으면 잘 크지를 못하지만 죽으면 자유롭게 성장이 좋아지듯이 잘못된 사람들이 사라지면 좋은 의식들이 나타나게 된다는 것이다.

Q 잡초 속에 못 자라다가 잡초를 다 제거해 주면 좋아진다는 뜻입니까?

승: 잡초가 죽으면 곡식이 부담을 덜고 성장이 빨라지는 것과 같다. 그래서 만일에 혼란이 왔을 때 어떤 장사를 하면 좋겠는지 물으면 대답할 수 없는 게 장사를 누가 할 것인지가 문제이다. 그러니 먼저 사람의 의식을 보아야 한다. 만일에 근면하고 검소하고

정직한 사람이라면 의식이 밝은 사람이다. 그런 사람이 한다면 너무 지나친 확장도 없겠지만 하는 게 잘 되고 무조건 경쟁에서 이기게 된다. 그러나 잘못된 시대일 때는 의식이 좋아도 밥은 굶지 않겠지만 두각을 나타내지는 못할 것이다.

Q 인생을 어떻게 살아야 좋은 삶을 볼 수 있습니까?

승: 조금 전에 들은 말만 가지고도 사람들 앞에서 말하면 맞기 때문에 숙연해진다. 인생은 무엇인지 철학자처럼 깊이 생각하면 인생의 목표는 좋은 삶을 개척하고 찾는 것이다. 좋은 삶을 원하지 않는 사람은 없고 좋은 삶을 어떻게 자기 속에 있게 할 것인지가 문제이다.

Q 저희가 좋은 삶을 얻기 위해서 어떻게 개척하고 찾아야 합니까?

승: 좋은 삶을 얻기 위해서는 분별력이 분명해야 한다. 좋고 나쁜 것을 알아야 비로소 우리가 나쁜 일을 안 하게 된다. 있는 일을 바로 알지 못하면 실수하는 일이 많다. 실수를 하게 되는 것은 좋은 그릇을 정성 들여 만들어 깨 버리면 아무 소용도 없다. 분별력이 없다던가 있는 일에 대해서 정확하게 알지 못할 때 실수하게 되는 것은 자기를 위험하게 만들 수도 있다.

Q 좋은 삶을 얻기 위해서 지혜가 필요한 것입니까?

승: 지혜가 필요하고 건강이 필요한데 현실에 대한 개척과 자기가 원하는 것을 얻으려는 노력이 필요하다. 사람들은 제각기 바라

는 게 다를 수는 있으나 항상 행복을 얻는 길은 외롭지 않고 배고 프지 않고 어둡지 않은 생활을 할 수 있다면 행복의 길이라고 말 했다. 지혜와 건강과 노력으로 조금 전에 말한 행복을 자기 속에 받아들이는 일들이 좋은 삶을 만드는 근원이 된다.

Q 왜 인간은 좋은 삶을 받아들이고 좋은 삶을 개척해야 하는지요?
슝: 너희는 하나의 의문을 가져야 할 필요성이 있다. 좋은 삶을 찾아서 노력하고 좋게 살고자 하는 일들을 이해하기 위해서는 삶 의 목적을 설명해야 한다. 인생은 좋은 삶을 개척하고 좋은 삶은 자기를 항상 평화스럽고 행복하게 살게 하는 게 외로움과 배고픔 과 어두운 생활에서 벗어나는 일이다.

Q 행복을 얻고 앞날을 개척하는 일을 다시 한 번 정리해 주십시오.
슝: 인생은 삶을 개척하는 일이지만 삶의 목적도 자기의 앞날을 개척하는 것이다. 자신의 앞날이 만들어지는 행복을 얻는 필요한 조건들을 건강과 지혜라고 가르쳐주었다. 행복이란 외롭지 않고 배고프지 않고 밝은 생활 속에서 행복의 문은 열린다. 이러한 조 건 속에 있는 행복한 삶을 얻었을 때 삶을 축복하는 것이 사랑이 라 했다.

Q 우리는 왜 자연을 사랑해야 하며 축복해야 합니까?
슝: 왜 축복을 만들어야 하고 다른 사람에게 주어야 하는지 너희 는 의문을 가질 수 있는데 하나의 수수께끼를 풀어야 할 것이다.

땅을 계속 사용만 하면 토질은 오랜 세월이 흘러 못 쓰는 산성 땅으로 변화한다. 사랑이라는 것은 땅에 거름을 집어넣는 것과 같은 역할을 하는데 땅에다 거름을 넣는 것은 땅이 망하는 것을 방지시켜 준다. 우리가 사회를 축복하고 사랑을 행동하는 것은 사회를 버리지 않기 위해서 하는 일이다. 땅을 망하지 않게 하는 것은 땅을 가지고 있는 소유주에게 이익을 남기게 된다. 망하지 않는 땅에 계속 좋은 작물을 심으면 좋은 열매를 만들어서 주인에게 돌려준다. 이러한 일들이 생활에서 중요한 역할을 하는 것은 삶 속에서 자기의 앞날의 일들이 결정되기 때문이다.

Q 인간의 삶의 결정에는 어떤 일들이 있습니까?

승: 우리가 삶을 통해서 어떠한 일들을 했는지에 따라서 사람들의 의식 속에는 각각 다른 일들이 존재하게 된다. 의식이 가지고 있는 성질에 의해서 내세가 결정되니 내세는 현재의 자기 속에 있던 일들에 의해서 결정이 되는 것이다.

Q 생명체의 활동은 열매를 만드는데 자기 속에 의식이 만들어지는 과정에서 근본이 있으면 삶의 목적은 정리되는 것입니까?

승: 삶의 목적은 삶을 통해서 좋은 자신을 존재하게 하고 앞날을 내다 볼 수 있고 자신이 세상의 일을 이해하고 좋은 활동을 통해서 좋은 자기를 개척할 수 있다. 깨달음을 통해서 새로운 사실을 알아낼 수가 있고 문제 속에서 자신을 깨고 좋은 발견이 나와야 보람된 시간을 가질 수가 있다.

Q 사람들은 대부분 내세를 믿지 않는 사람이 많은데요?

승: 올해에 농사를 지어 쌀을 다 먹고 나면 쌀은 없어지는데 내년에는 뭘 먹고 사느냐? 내세를 인정하지 않으려 하는 사람은 자기를 포기한 사람들이다. 인생의 목적을 모르고 삶의 목적을 모르는 사람들은 내세를 믿지 않는 게 편한데 믿으면 그때부터 고통이 온다. 왜냐하면 일생에 자신은 자기를 위해서 아무런 한 일이 없으니 죽어서 다시 인간으로 태어나면 문제가 많은 인간으로 나게 될 것이다. 그렇지 아니하면 귀신으로 떠돌아다니다가 정업을 상실해 버리게 되면 짐승이나 미물로 태어날 것인데 그런 사람들이 자신의 내세를 믿는다는 것은 괴로운 일이다.

Q 그들은 내세를 부정함으로 자기가 아무렇게나 살아온 자신을 합리화할 수 있겠네요?

승: 자기에 의해서 저질러진 업보는 절대 그냥 없어지지 않는다. 한번 단감이 환경의 활동으로 돌감으로 변하면 다시 단감으로 되기 위해서는 엄청난 노력과 새로운 인연이 있어야 한다. 그런데 망한 사람들이 좋은 있는 일을 그대로 인정해 버린다면 너무나 괴로운 일이다. 자기가 젊어지고 있는 업보마저도 외면하는 것이 보편적인 사람들의 삶이다. 그러나 내세를 외면하는데 왜 절이나 교회에 가서 기도는 왜 많이 하는지 사람들은 모를 것이다. 그들의 기도는 공덕을 짓지 않고 외상으로 귀신보고 자기를 좋은 데로 데려가 달라고 부탁하는 것과 같다.

Q 인생에서 가장 중요한 일은 자신을 불행하지 않게 하는 삶일까요?

승: 인간의 삶 중에서 가장 중요한 일은 자기를 깨는 일이다. 자기의 무지를 깨므로 좋은 삶의 개척도 나올 수 있고 좋은 삶을 생각할 수도 있으며 자기로부터 있게 되는 모든 재앙으로부터 자신이 피할 수도 있다. 재앙은 자신이 부주의해서 만나게 되는 것이고 자신이 실수해서 만드는 것이다. 자신을 불행하게 하는 일들이 경계 부족이나 현실에 대한 인식 부족이 항상 자신을 속게 하고 잘못되게 만들어 왔다.

Q 어떻게 생활해야 건강한 육체와 정신을 얻게 되는 것입니까?

승: 건강한 육체와 건강한 정신을 갖는다면 자신이 안 가르쳐줘도 생활하는 것은 문제가 없을 것이다. 나는 건강한 정신과 건강한 육체를 가지고 태어난 자라고 항상 이렇게 말할 수 있다. 내 나이 40살까지는 날 도와준 사람이 세상에 한 사람도 없는데 항상 나의 앞에 당한 현실을 다른 사람에게 의지하지 않고 스스로 해결해 왔다.

Q 문제가 현실에 있다면 해답을 현실에서 얻어야 하는 게 건강한 정신입니까?

승: 만일에 배가 고프다면 현실에서 배고픔을 어떻게 면할 것인지 해답을 찾아야 한다. 그래서 나는 배가 고플 때 배고픔을 해결하기 위해서 현실과 부딪쳐서 해답을 찾았다. 내가 외로울 때는 외로움을 이기기 위해서 현실과 부딪쳐서 해결책을 찾아왔다. 나

는 부산에서 학연도 지연도 혈연도 갖고 있지 않았으나 나의 천성
이 순수했고 정신이 밝았다. 그 때문에 결국 나를 한 지역에서 유
지로 만들었고 내가 한 일이었다. 정당에 가서 국회의원 한번 출
마하니까 사람들이 똑똑하고 장래성 있다고 하면서 누구나 친하
게 지내려고 했을 때가 26살 때였으니까 네 나이하고 비슷했겠다.

Q 제 나이는 스물여덟인데 지금 저보다 나이가 조금 적을 때였겠
네요?

승: 그때 지방 유지들은 나와 술 한잔 하고 싶어서 지나가면 나
보고 지금 바쁜지 물었다. 안 바쁘다고 하면 고급술집에도 가보
고, 앉아 있으면 그 양반들이 돈 내는 거고 나는 술만 마셔주면 새
로운 친구가 생기고 지지자가 되었다. 학연과 혈연과 지연이 없을
때 다른 사람이 나를 알게 하는 게 내가 가지고 있는 중요한 문제
였다. 문제를 해결하는 길은 현실에서 자기가 어떠한 입장이며 어
떠한 방법으로 뒤바꿀 수 있는지 판단과 노력이 중요한 역할을 해
왔다는 사실이다.

Q 장사할 때는 돈이 없을 때인데 외상으로 했습니까?

승: 네가 지금 장사한다면 백만 원 빌려 오는 건 문제도 없었겠
다. 하지만 나는 부모도 없고 형제들도 못 사니까 어디 가서 돈 이
야기만 하면 욕 얻어먹을 판이니 내가 모래 장사를 시작할 때 아
예 땅은 계약도 안 했다. 백만 원 필요한데 40만 원 넣고 가서 처
음부터 외상으로 깔아서 펴 놓고 사업을 시작했다. 고발이 들어왔

을 때 내가 가서 젊은 사람이 일하려고 하는데 법도 까다롭다고 했다. 1970년대에 부산에서 물동량을 많이 실어 나르는 최고의 선박회사였는데 흐지부지해 버리고 검찰에서 부르지도 않았다.

Q 선생님께 다시 질문하고 싶은 것이 삶의 과정을 통하여 인생을 만드는 것입니까?

승: 인생이란 말 그대로 사람이 나서 한평생을 통해서 겪게 되는 과정이다. 인생이라 하면 한문으로 날 생生 사람 인人이니까 사람이 나서 갖게 되는 생애가 인생이다. 너희가 들으니까 쉽고 아는 말 같지만 저명한 지식인들이나 종교인들을 찾아가서 인생이 무엇이냐고 질문하면 선뜻 대답하지 못한다. 자아 완성은 삶 속에 있는 일을 알고 좋은 인연을 짓고 받아들임으로써 자신을 진실한 자로 변화시킨다. 인생은 진실을 위해서 필요한데 진실이 이루어지지 않는 상황에서 평화나 행복이나 사랑은 절대로 존재하지 않는다.

Q 세상에서 사랑이나 평화를 부르짖고 행복을 부르짖는 사람들은 인생을 아는 자들이라고 할 수 있습니까?

승: 그들은 있는 일을 모르는 속에서 사람들에게 강요하고 그런 자가 되라고 가르쳤는데 우리가 생각해야 할 가장 무서운 적은 위선이다. 위선은 무지한 사람들의 삶을 짓밟아 버리는 가장 무서운 독이니 주위의 환경과 사람들이 없어도 위선자들과 어울릴 수는 없다.

Q 사람들과 어울릴 수 없는지를 확인하고 도반이나 진실한 사람들이 있는 곳을 찾아야 한다는 거죠?

승: 내가 항상 가르치지만 훌륭한 사람이 되고 남으로부터 인정을 받는 길은 열심히 일하고 속이지 않는 일이 자기를 훌륭하게 사는 길이다. 열심히 일하고 남을 속이지 않아도 미워하고 자기들과 성질이 맞지 않는다고 시비를 걸어온다면 인연은 단절되는 것이 옳지 않겠느냐?

Q 사람들은 왜 인생이 소중한지 알지 못하고 살아가는 걸까요?

승: 인생은 누구에게 있어서도 소중한 것인데 정작 인생에 대해서 제대로 알고 살아가는 사람은 극히 일부분이다. 삶을 알지 못하고 살아가는 의문에 대해서는 두말할 여지가 없는 것이 오늘날 우리 세대에서는 인생에 대해서 가르치는 사람도 없다. 인생에 대해서 특별히 배우려 하는 사람도 없기에 당연히 사람들이 인생을 모르고 살아가게 되었다.

Q 인생은 끝없는 자신을 낳는 길이라고 해야겠네요?

승: 삶은 온갖 일을 자기 속에서 일어나게 하고 삶 속에 있는 일은 끝없는 자신의 미래를 만들고 있다. 인생을 통해서 바라는 최고의 인간으로 날 수도 있고 불행한 자신으로 날 수도 있다. 이런 의미에서 볼 때 인간의 생존에서 인생을 아는 일보다 더 중요한 것은 없다.

Q 사람들에 따라서 인생을 알기가 수월한 입장만은 아니라면 삶이
　왜 중요한 것입니까?

승: 삶은 보람된 일을 위해서 존재하는 것이고 보람된 일을 위해
서는 깨달음이 필요하다. 깨달음이 먼저 자신의 문제를 해결해 줄
것이고 세상의 문제를 해결하게 될 것이다. 어떤 사람이 내가 처
음 깨닫고 나서 내 주위에서 술도 잘 먹고 호걸 같더니 갑자기 미
쳐버렸다는 것이다. 사람이 미쳤다고 말할 때 기준이 있어야 하는
데 의사가 환자를 진단할 때는 기준을 놓고 기준을 벗어나면 도
가 지나쳤다고 하는 것이고 기준을 벗어나지 않았으면 도에 부족
하다고 말한다. 물을 독에 채울 때 한 말짜리 독에 두 말의 물을
부으니까 물이 철철 넘친다. 나는 의사에게 가서 무엇을 기준으
로 미쳤는지 기준을 물을 것이라고 하자 나와는 말로는 안 된다고
했다.

Q 그들의 기준으로 보면 술도 안 먹고 여자들도 싫어하는 모습이 생
　소하게 보였겠네요?

승: 내가 남을 속이지 않으려고 항상 노력하고 있고 남을 해치지
않으려고 노력하고 있다. 내가 다른 사람을 위해서 얼마만큼 내가
하는 일이 남에게 보람을 가져다줄 것인지만 생각했다. 그런데 이
런 사람을 미쳤다 하면 나는 평생 미친놈으로 살겠다고 했다.

Q 술 먹고 쓸데없는 짓 하면 정상이고 거꾸로 남을 속이지 않고 속
　지 않으려고 노력하는 사람은 그들의 시각으로 이상하게 보이

겠죠?

승: 인간의 세계에서 중요한 가르침은 인생을 아는 일이다. 그러나 세상에서는 오래전부터 이런 일을 가르치는 곳이 없었고 이런 일을 특별히 배우려 하는 사람도 없었다. 오랜 세월을 통해서 사람들 속에서는 스스로 인생을 알아보겠다고 노력해 본 사람들도 있었으나 그들이 밝힌 인생의 가르침은 아주 일부분에 지나지 않았다. 그러므로 인간 세계에서는 결국 삶의 의미를 실종하게 된 것이다.

Q 인생이 우리에게 무엇을 얻게 합니까?

승: 인생을 모르고 무지하게 살다 보면 양심이 실종되고 정의가 실종된 어두운 세상에서 경험하게 되는 것은 고통과 갈등뿐이다. 인생의 실종이야말로 인간의 세계에서 가장 무서운 결과를 가져온다. 우리가 인생에 대한 일을 알게 되면 자기가 자신을 구하는 일들을 하게 된다. 진정한 인생을 찾지 못하는 한 사랑은 존재할 수가 없고 있는 일을 모르고 어떤 일을 스스로 하는 것은 매우 위험한 일이다.

Q 사람들은 자기의 삶을 자신에게서 의지하고 찾으려 하지 않고 다른 대상으로부터 얻으려고 노력하고 있는 것 같은데요?

승: 이러한 원인은 매우 나쁜 결과를 가져오고 있다. 인생을 알고 사는 것은 자기를 얻는 길이고 인생을 모르고 사는 일은 자기를 버리고 사는 일이다. 속담에 천하를 다 얻는다 해도 자기를 잃게

되면 아무 소용이 없는 일이라고 했다. 인간의 어리석음으로 인하여 오욕 속에 빠져서 헤매다가 죽게 된다. 그 결과는 결국 자신 속에 있었던 온갖 애착에 의해서 자기의 앞날을 망쳐버리는 배우 불행한 일들을 경험하게 되는 것이다.

Q 어떤 가르침이 우리의 생활에 도움이 되는지요?

승: 좋은 가르침과 나쁜 가르침은 진실과 거짓에 의해서 구분된다. 가르침이 진실하며 있는 일을 그대로 말한 것이라면 매우 좋은 가르침이 될 것이다. 그러나 자신도 모르는 들은 말로써 자기 생각을 보태서 현실에 맞지 않는 말로 전해진다면 그 가르침은 매우 위험하고 잘못된 것이다. 내가 종교인들을 만나서 가장 많이 논쟁의 대상으로 삼는 것은 그들의 가르침 속에 어떤 일이 존재하고 있으며 진실이 얼마나 그 속에 존재하고 있는지 하는 것이다. 실제로 잘못된 사람들은 진실이 밝혀지는 것을 매우 두려워하는데 내가 이 시대에 어려운 일과 부딪히는 것은 모두가 진실에 등을 돌리고 있기 때문이다.

Q 사람들은 왜 진실에 등을 돌리고 싫어합니까?

승: 그것은 나의 잘못이 아니라 그들이 가지고 있는 잘못된 사고思考 때문에 일어나고 있는 현상이다. 우리가 어떤 일을 대할 때 보게 되는 모든 일은 진정한 가르침을 가지고 있다. 그 가르침을 바로 받아들이고 받아들이지 못하는 결정적인 결과는 자신이 가지고 있는 시각의 차이 때문이다.

Q 여래님은 저희를 만났을 때 스스로 깨어서 있는 일을 보라고 하시 잖아요?

승: 나는 너희가 모르고 지나치고 있는 일을 지적해서 깨우쳐주는 자이다. 하지만 너희를 따라다니면서 일일이 있는 일을 보고 가르쳐 줄 수는 없다. 있는 일을 이해하게 되었을 때 자기가 본 것 속에서 큰 가르침을 발견할 수가 있다고 말했다. 나쁜 사람을 만났을 때 나쁜 사람이 얼마나 무서운 것인지를 알게 되고 차를 타러 나갔다가 차를 놓쳤을 때 자기가 부주의했던 점을 깨닫게 된다. 있는 일을 통해서 배울 때 좀 더 나은 삶과 정확하게 일을 알게 된다. 우리가 알아야 할 많은 일 중에서 인생에 관한 일이 가장 큰 숙제이다.

Q 사람들은 힘들게 살면서도 죽지 못한 채 왜 살아야 하는 것입니까?

승: 사람들은 자신들이 왜 사는지 쉽게 대답하지 못하는 것은 인생을 모르기 때문이다. 그렇다면 인생의 무지를 깨닫지 못한 자는 항상 동물과 다를 것이 없고 동물은 본능적이지만 인간은 본능을 감추고 음흉한 마음을 상대에게 숨기고 있다. 자기가 왜 사는지를 모르면 사람들은 대부분 삶 자체가 오욕에 빠져서 삶이 평화를 얻지 못한 채 일생을 마치게 된다.

Q 사람들이 바르게 살기 위한 좋은 길은 무엇입니까?

승: 인생은 아무라도 배울 수 있는 게 아니니 사람들은 도를 찾

는다고 하지만 무지한 자가 어떻게 세상의 일을 스스로 알 수 있다는 것인가! 엊그제 여기 왔던 사람들처럼 그냥 멍청하고 싶은데 안 된다고 했다. 무지는 새로운 불행을 가져올 뿐인데 오늘날 인간의 세계에 진리가 존재하지 않는다면 법이 존재할 필요가 없다. 진리가 존재하지 않는 법은 무엇을 기준으로 해서 정의를 규정할 것인지를 보면 종교는 인간을 무지하게 만들었다.

Q 우리의 주변에서는 진실이 규명되지 않은 온갖 일들이 존재하고 있지 않습니까?

승: 진실이 규명되지 않은 일을 받아들이고 스스로 자신을 버리는 자는 결국 불행한 일들을 경험하게 된다. 나는 세계의 많은 나라들을 여행했지만 정작 어떤 곳에서도 인생을 가르치는 곳은 없었다. 그리고 어떤 곳에서도 인생에 대한 진정한 의미를 찾으려하는 사람들이 없었던 것이 내게는 가장 큰 고통이었다. 삶을 위하는 일은 있는 일을 바로 알고 행하므로 자신이 하는 일이 새로운 자신을 만든다는 진리를 알기 위해서이다.

Q 이곳에서 가르치는 내용을 듣고 우리가 깨달아야 하는 이유는 인생을 바로 알기 위해서입니까?

승: 자기도 모르는 소리를 함부로 사람들에게 하는 것이 남을 망치고 자신을 잘못되게 하는 일이다. 거짓은 사람을 바보로 만들어 삶을 헛살게 되지만 진실은 사람을 똑똑하게 만든다. 공덕 짓고 깨달아서 인생을 알면 결과에서 엄청난 차이가 난다.

Q 인생을 모르고 무지無智하게 살면 어떤 결과를 가져오는 것입니까?

슝: 사람이 겪게 되는 모든 일들은 자신에게 주어진 인연에 의해서 결정된다. 어떤 사람이 좋은 직장에 들어갔다 하더라도 자기가 가지고 있는 역량 때문에 지탱하지 못하고 나오게 된다. 자기 속에 있는 일이 그렇게 만드는데 우리가 항상 중요하게 새겨야 할 말은 원인이 결과를 만든다는 것이다. 오늘날 종교가 사람을 좋게 만드는 기능이 있다면 이미 이 땅에는 밝은 마음을 가지고 살고자 하는 좋은 사람들이 많이 있어야 한다.

Q 어떻게 종교가 세상을 밝게 바꿀 수 있습니까?

슝: 이곳에서 계속 듣고 본 일들을 행하면 평화를 얻는 일을 하게 되고 행복을 있게 할 수가 있다. 이곳에서 배우면 결과가 다른 것이 스스로 사랑을 알게 된다. 삶은 인생의 길이고 인생은 삶을 있게 하는 길이다.

Q 결국 인생을 모르는 사람은 삶 속에 있는 일을 모른다는 말씀이시죠?

슝: 오늘날 사람들이 인생을 잊고 살고 있다. 삶을 중요하게 생각하지 않는다는 것인데 너희는 이런 숙제를 풀기 위해서 이곳에 온 것이다. 그리고 나는 이 숙제를 풀어주기 위해서 끊임없이 세상을 여행하고 있다. 신이 자기를 구해 줄 것이라 믿는다면 매우 위험한 일이다.

Q 세상을 살아가면서 부딪히는 일에서 진실과 위선을 저희가 구분
할 수 없으니 어떻게 살아야 할지요?

승: 어떻게 자신이 살아야 하고 살아갈 수 있는지를 알아내는 일
이야말로 우리 생애에 가장 소중한 일이 될 것이다. 만일 그렇지
못한다면 하나의 흐르는 물처럼 어떤 회로에 의해서 떠돌다가 결
국 멈추게 된다. 아무도 가꾸어주지 않는 나무에서 좋은 열매가
열린다는 보장은 누구도 할 수 없다. 그렇다면 인생을 모르고 살
아가는 것은 아무도 가꾸지 않고 버려진 곳에 있는 나무에서 좋은
열매가 열리는 것과 같다. 그러니 자기의 인생을 모른다는 것은
어떻게 살아야 할지 모른다는 것이다.

Q 우리 사회가 불완전한 것은 사람들이 인생을 모르기에 함부로 날
뛰고 사는 것입니까?

승: 인생을 모르면 사회를 불완전하게 만드는 요인이 된다. 만일
에 사람들이 자기가 한 일이 자기에게 존재하게 되고 그 일로 인
해서 끝없는 세월을 두고 영향을 입게 된다면 쉽게 함부로 아무
일이나 할 수 있는 사람이 되지 못할 것이다.

Q 사람들이 아무 일이나 함부로 하게 된다면 자기 자신에게 어떤 영
향을 주게 됩니까?

승: 자연의 법칙에서는 항상 자기 속에 있는 일은 항상 자신 속에
서 자신의 활동에 영향을 미치게 된다. 우리가 이런 일을 알지 못
한다면 누구도 삶이 스스로에 의해서 좋아진다는 보장은 없다. 깨

달아서 있는 일을 보라고 말하는 것은 있는 일을 바로 알아야 다른 일을 제대로 할 수 있다. 그런 의미에서 인간의 세계에서 깨달음이 강조되고 있다.

Q 지금까지 사람들이 이런 일을 제대로 모르고 살아야 했던 이유는 사람들의 집착이나 욕망 때문입니까?

乘승: 만일 자신 속에 있는 일이 어떠한 결과를 가져오게 되고 어떤 영향을 자기에게 미치게 되는지 모르는 상태에서 살게 되면 일어날 수 있는 일은 실수투성이가 대부분일 것이다. 잘못된 원인 때문에 이러한 일들이 일어날 수밖에 없었는데 인생을 아는 것은 세상을 이해하는 길이며 인생을 바로 알면 세상을 이해할 수가 있다.

Q 인생에 대한 가르침은 매우 중요한 것이겠네요?

乘승: 만일 우리가 인생을 소홀히 생각하고 인생을 아무렇게 생각한다면 자기의 모든 미래를 포기한 것과 같다. 미래를 포기하고 어떻게 복 받기를 원하고 어떻게 잘 살기를 원하는지 알 수가 없다. 만일 어떤 자가 무지한 생각에 옳지 않은 일을 해서 재물을 모았다고 한다면 그 재물은 생각보다도 무지한 사람을 괴롭히게 된다. 재물이 원인이 되어서 온갖 시비와 환란이 끝없이 일어나게 될 수도 있다. 있는 일을 보지 못한 채 짧은 안목에서 잠시의 배고픔이 두려워서 나쁜 생각을 가졌을 때 사람은 누구나 나쁜 일을 만날 수가 있게 된다.

Q 아침에 도를 알면 저녁에 죽어도 좋다는 말은 인생을 말하는 것입니까?

승: 도는 세상의 일이 어떻게 해서 일어나고 있는지 일들을 바로 알게 되면 저녁에 죽어도 좋다고 말할 정도이다. 있는 일의 실체를 바로 알고 있는 일이 어떻게 해서 있게 되는지 바로 깨달아서 알아볼 수만 있다면 죽어도 좋다고 말했다고 한다. 매우 현명한 자의 말이라고 소개할 수가 있으며 세상의 일을 안다면 세상을 얻는 것이고 인생을 아는 것은 나를 얻는 길이다. 인생을 아는 것은 자신을 평화와 행복과 영생과 부활과 극락으로 인도한다.

Q 인생의 도는 자기 속에서 일어나게 되는 모든 원인이 결과를 만들게 된다는 것입니까?

승: 인생을 모른다면 어떻게 살아야 할지 길을 모르는 것인데 소중한 인간의 세계에서 단절되었다는 것이다. 소중한 가르침을 잊어버리고 살아가고 있으니 인간 세계에 온갖 위선과 거짓과 시비와 잡음이 그칠 날이 없으며 목적이 없는 삶은 매우 위험하다.

Q 자기의 삶이 어렵더라도 참고 견디며 살아야 합니까?

승: 나의 앞길이 인생의 과정에 있기에 인생을 포기할 수 없는 것이다. 나는 자연의 가르침의 잡지에 쓸 내용으로 어린 시절의 내 꿈을 글을 쓰고 있다. 그런데 며칠 사이에 어른이 되고 싶었다는 과정에서 이제 60을 바라보는 나이가 되어서 다시 되돌아보았다. 그때가 너무나 순수하고 아름다운 자신을 그 속에서 발견할 수 있

었다. 그리고 나는 지금 어떻게 어렵고 힘든 시절을 스스로 이기면서 견뎌 올 수 있었는지 다시 옛날 꿈으로 되새겨 볼 때가 많다.

Q 우리가 살면서 어떻게 하더라도 좋은 인연을 짓고 깨달으려고 노력해야 하는 것입니까?

숭: 그것은 삶 속에 인생이 걸려 있고 인생 속에 나의 미래가 존재하고 있기 때문이다. 이 순간 우리가 살기가 어렵다고 해서 모든 것을 포기하고 독약을 먹고 죽었다면 미래가 있을 수 없다. 다음에 인간으로 태어나면 더 허약할 것이고 똑같은 짓을 되풀이하게 된다. 이것은 인생의 무지에서 경험하게 되는 불행한 일들이다. 삶의 도는 어떻게 살아야 할 것인지 하는 문제에서 시작되며 인생은 삶으로부터 결실을 얻게 되는 것이다. 만일 우리가 이런 일을 아무렇게나 생각한다면 희망이 없는 삶이며 아무리 돈이 많아도 인생에 큰 영향을 미치지 못할 것이다. 있는 일을 하나라도 바로 알게 되면 인생에 영향을 주지만 기도하고 시주하는 것은 인생의 변화에는 큰 영향을 주지 않는다.

Q 자기를 복되게 하는 삶의 길은 어떤 것입니까?

숭: 자기 속에 있게 될 일들을 좋은 쪽으로 방향을 바꾸어서 있게 하는 일이다. 그런 일을 바로 알아서 자기의 삶에 도움이 되게 하는 게 자기를 섬기는 일이다. 이 시간을 통해서 인생에 대한 이해가 마음에 닿지 않을 것이지만 좋아하거나 부정하거나 상관이 없다. 있는 일에 의해서 나타나게 되는 현상 자체가 진리인데 종교

계통에 가서 인생을 알고 싶다고 알 수 있는 것도 아니다. 인생을 좋게 만들 수 있는 가르침을 얻지 못한다면 어디를 다니면서 시간을 허비한 것은 결국 아무런 도움을 주지 못한 결과를 가져오게 된다.

Q 저희가 살면서 할 일을 자기 속에 모든 결실의 원인이 되는 걸 잊지 않는 일이 중요하겠네요?

승: 항상 있는 일을 관찰하고 있는 일에 비추어서 자기가 하는 일이 어떤 결실을 가져오는 일인지 아는 것이다. 사람이 인생을 알면 어떻게 살아야 하는지 길을 알게 되고 더 바랄 것이 없다. 그냥 열심히 일하고 항상 자기에게 피해가 되지 않는 일을 생각하고 추진하면 잘살게 된다. 지금까지 이런 이치를 상세하게 사람들에게 말하지 않은 것은 인생을 아는 것이 얼마나 큰 축복인지를 모르고 있었기 때문에 과연 밝히는 일이 옳은지 깊이 생각해야 했다.

Q 인생의 도는 저희가 어떻게 살게 하는 숙제입니까?

승: 모두 문제를 가지고 있으면서도 아무도 숙제에 대해서 알아보려고도 하지 않고 풀어보려고도 하지 않는다. 너희는 이 숙제를 남이 가르쳐 주지 않는다면 스스로 풀어야 한다.

Q 여래님께서 애착이 삶에 걸림돌이 될 때가 있다는 말씀은 어떤 뜻을 가르치는 것입니까?

승: 어떤 사람에게 그 말을 했더니 화를 내면서 부모와 자식을 갈

라놓으려 한다고 했다. 나는 항상 모르는 사람에게 강요하지 말고 진정으로 어떤 일을 바란다면 먼저 배워서 깨닫고 가르쳐주라고 말한다. 그래서 사람들이 알면 쉽게 하는데 자녀와 형제나 부모가 서로 애착을 갖지 말라는 것이다. 잘되게 하는 것은 축복이지만 잘못되게 하는 것은 애착이다.

Q 사람들은 애착과 축복을 구분하지 못하고 거꾸로 뒤집어서 알고 있는 사람들이 많은데 애착과 사랑은 무엇이 다릅니까?

승: 무조건 바라고 원하는 것은 애착이라고 하는데 애착은 욕망으로부터 비롯된다고 봐도 되겠고 사랑은 축복으로부터 시작하는 것이다. 자녀를 학교에 보내는 것은 가르칠 수 없는 일들을 배워오기 위해서 깨닫게 해 주고 바르게 사실을 가르치는 게 사랑이다. 자식을 가르치는 것은 배움을 통해서 축복을 얻게 하려는 의도에서 가르치는 것이다. 그런데 자기가 바라는 대로 안 한다고 자식을 공격하는 사람이 있는데 부모를 무시했다는 것이다.

Q 사람들이 자식에게 애정이 있으므로 애착인지 사랑하는 것인지 구분하기 힘든데요?

승: 무지가 존재할 때는 사랑이 안 통하니까 무지를 일깨우는 것은 사랑이다. 인생을 배우면서 가장 중요하게 여겨야 할 것은 사랑인데 사랑과 애착을 구분해서 보아야 하고 이해하는 일이다. 인생을 알려면 깨달음을 위해서 살아가야 하는데 인생에서 가장 큰 공부는 사랑이기 때문이다.

Q 희망은 이루기 위한 것인데 어떻게 만드는 것입니까?

승: 우리가 만들지 않고 가꾸지 않는 일들이 우리의 주변에서 일어나는 일은 극히 드물다. 우리는 희망으로 일하기 위해서 깨달음이 필요했고 배움이 필요한 것이다. 배움의 과정에서 가장 중요하게 여겨지는 것이고 인생을 모른다면 누구도 사랑을 배울 수가 없다. 아무런 공부를 안 해도 인생을 하나 배우면 사람은 훌륭하게 살아갈 수가 있다. 아무리 많은 학력을 소지한다고 해도 인생을 모르는데 어떻게 잘 살아갈 수 있겠느냐?

Q 인생을 배우는 것이 이 시간에 생각할 수 있는 해답입니까?

승: 인생을 제대로 알면 절대 자기의 행동을 아무렇게나 방치하지 않을 것이다. 자기가 하는 일이 자기 속에 있게 되는 모든 원인의 결정체이다. 그러니 너희는 항상 자기의 삶을 소중하게 생각해야 한다. 어떻게 삶을 자신이 좋게 인도하고 끝없는 내세를 향하여 복을 받고 빛날 수 있는 자기로 만들어 가는지 항상 이 신념에서 벗어나서는 안 된다.

Q 인생을 올바르게 살려면 어떻게 해야 합니까?

승: 무엇이 애착이며 무엇이 사랑인지를 구분하도록 노력해야 한다. 어떤 사람이 상당히 많은 돈을 남기고 죽었다고 한다. 자식은 없고, 조카가 와서 통장의 돈을 다 써버리니까 애착 때문에 옆집 여자의 꿈에 나타나서 내 돈 아깝다는 말을 계속하고 있었다고 들었다. 그러니까 귀신이 되어서도 윤회하지 못하고 저세상으로

도 가지 못하는 것이다. 아들이 공부를 일등 해야 한다는 것도 애착이다. 일등 해야 한다면서 일등 하도록 가르치지도 않고 바라기만 하면 애착이다. 이 시간의 과정에서 있었던 일들을 알려고 노력하고 모르는 것은 질문을 만들어서 내용들을 알려고 노력해서 알아야 인생을 바르게 살 수 있다.

Q: 저희가 해야 할 일은 사람들에게 있는 일을 제대로 알려야 하는 것입니까?

승: 좋은 자기를 얻을 수 있는 길을 가르쳐 주고 인간의 무지를 타파하는 게 가장 좋은 교육이다. 이러한 일을 통해서 너희는 축복받을 수 있다.

Q: 사람들을 접하면서 어떻게 양심을 보아야 합니까?

승: 사람의 양심은 있는 일을 통해서 보아야 한다. 있는 일이 사람의 행위에 의식이 존재하게 되는 게 정상이다. 그래야 자기가 보는 이치를 알게 되고 받아들인다.

Q: 저희가 삶 속에서 잊고 있었던 사실을 보고 아는 일이 가능합니까?

승: 너희 속에 있는 거짓이 물러가고 깨어졌을 때 얼마든지 가능하다. 중요한 것은 세상의 이치를 보고 있는 일을 남에게 설명할 수 있다. 어떤 일이 어떤 일을 만드는 과정을 알기 위해서는 계속 있는 일을 듣고 보아야 한다. 먼저 너희가 열심히 내가 하는 일을

보고 말을 듣고 알려고 노력한다면 자기가 아무것도 모른다는 사실을 알게 된다. 1년쯤 지나면 거짓이 없어지면서 실상이 보인다. 항상 살아가면서 중요하게 생각해야 할 일들은 있는 일을 바로 아는 것이고 있는 일을 바로 알기 위해서는 있는 일에 대한 충분한 이해가 자기 속에 있어야 한다. 그래서 이 시간을 통해서 있는 일들이 어떻게 있게 되는지 진실을 이룰 때까지 구해야 한다.

Q 선생님 말씀을 들으면 머리로는 이해가 되는 것 같은데 몸이 말을 잘 듣지 않습니다. 힘든 삶은 누가 대신 살아주면 좋겠다는 생각이 들거든요?

승: 삶을 모르면 인생을 모르는 것이고 인생을 모르는 자는 삶 속에 있는 일을 모른다. 오늘날 가장 중요한 문제는 사람들이 인생을 잊어버리고 삶을 중요하게 생각하지 않는다. 너는 이런 숙제를 풀기 위해서 이곳에 온 것이고 나는 이 숙제를 풀어주기 위해서 끊임없이 세상을 여행하고 있다. 너는 신이 자기를 구해줄 것이라고 믿는다면 매우 위험한 일이니 깨달아야 한다.

Q 저는 직장생활을 하는데 동료나 상사가 환경을 어둡게 할 때 어떤 영향을 받는지요?

승: 환경이 나쁘고 사람들의 무지가 자기에게 나쁜 영향을 미친다고 생각되면 해결점을 찾아야 한다. 해결점이 무엇인지 어떤 점이 좋지 않은지 너의 생각을 묻는다면 대답하기가 참 힘들다. 그러나 있는 일을 구체적으로 묻는다면 매우 쉽게 대답할 수 있다.

과거의 부처도 자기를 받아 주는 곳이 없으니까 세상을 떠돌아다녔다.

Q 제가 스스로 진리를 볼 수 있는 능력을 찾기 위해서는 새로운 인생이 필요할까요?

승: 삶을 함부로 생각하지 말고 계속 알려고 노력하고 사실을 듣고 확인하면 너희 스스로 세상에 있는 모든 가르침을 받아들일 수 있다. 이러한 가르침을 받아들이고 난 이후에 너희는 삶을 통해서 깨달음에 이를 수가 있다. 깨달음의 가장 근본적인 시작은 인생을 바로 아는 데서 출발하며 인생을 모르는 자는 절대로 깨달을 수가 없다. 그러니 너희가 무지할 때 깨달았다는 자를 찾아간다면 사실을 알아볼 수 없다. 그들이 가진 術術 때문에 정신을 어둡게 하고 혼돈되게 하므로 너희에게 나쁜 영향을 미친다.

Q 어두운 세상에서 어떻게 대처해야 할지 암담한데 어떻게 살아야 하겠습니까?

승: 세상에 밝은 말이 없고 어두운 말만 가득 쌓여 있을 때 세상은 어둡기 마련이다. 깨달은 자라고 해도 어두운 세상에서는 차라리 앞을 보지 못하는 사람이 오히려 살기가 더욱 편하다. 깨달은 자가 어두운 세상의 일을 그대로 보고 말하면 보지 못하는 자는 더욱 의심하고 경계하게 되는 법이다. 자신이 세상을 모를 때 하는 일에 더욱 큰 소임을 다해서 그 속에서 보람을 찾으라는 말밖에 할 수가 없다.

Q 사회생활에서 밝게 살려면 어떻게 해야 할까요?

승: 너희가 가지고 있는 어둠 속의 모든 기대를 깨고 사실 속에서 살고자 하는 노력이 커질수록 마음도 밝아진다. 마음이 밝아지면 모든 재앙이 물러나게 된다. 내가 너희를 만나서 가르칠 수 있는 것이 선의 진리를 통해서 인간성 회복과 자기를 되찾는 생활의 지혜이다.

Q 다른 곳에 가면 큰 기대를 주지만 이곳은 사실 재미가 없거든요?

승: 기대를 주어도 안 될 일이 잘되는 것도 아니다. 모든 것은 자신에 의해서 앞길이 열린다는 것을 알면 하늘도 진실한 자를 돕는다. 올바르게 살고 평화와 행복을 얻기를 갈망한다면 너희의 소망은 자신을 통해서 이루어지게 되어 있다. 자신이 어떻게 살아야 할 것인지 이 시대를 통해서 무엇을 얻어야 할 것인지 기대를 항상 잊지 말라! 나는 너희가 시간이 바쁘더라도 깨달음을 얻어서 이웃과 세상을 구하는 일에 도움이 되기를 기대한다.

Q 살면서 허무함을 느낄 때 어떻게 해야 좋은지요?

승: 사람들이 인생에 대한 허무를 느낄 때 의식이 허약해지면 우울증을 느낀다. 그러니 자신이 어디서 기쁨을 얻을 것이고 인생을 즐겁게 살 것인지를 찾으면 된다. 활력이 넘치는 사람은 우울증이나 허무함을 모른다. 즐겁지 못한 사람은 활력을 상실했다는 것인데 활력이 넘치면 가슴은 항상 희망의 불길이 샘솟게 된다. 너희가 허무함을 느꼈다면 허무함을 느끼지 않도록 노력해야 한다. 자

기의 비어있는 가슴에 뜻있는 일과 보람된 일들을 가득 채우면 된다. 자기를 어둡게 살게 하는 것은 자기 자신이 허약하므로 존재하게 되는 것이다.

Q 사람들에게 착하게 살라는 말을 많이 들었었는데 착하다고 하는 게 어떤 것입니까?

승: 남에게 착한 일을 해야 한다고 말을 할 때는 착한 일이 무엇인지부터 가르쳐 주어야 한다. 착한 일은 남을 속이지 않고 남을 해치지 말고 살라는 말도 착한 일이 되겠다. 근면 검소 정직하게 사는 것도 착하게 사는 것이며 열심히 일하고 절약해서 모으는 것도 착한 사람의 행동이다.

Q 그러면 어떻게 해야 착하게 살아갈 수가 있습니까?

승: 깨달으면 착하게 살아갈 수 있으나 어떤 일을 알지 못하는 상태에서는 착하게 살 수 없다. 왜냐하면 자기의 업의 조종으로 움직이니 자기를 감정에 의해서 움직이게 한다. 착하게 살기 위해서는 길을 가르쳐 주어야 하는데 미국이나 서구에는 부모들이 자식에게 거짓말하지 말라고 한다. 자식이 착하게 살기를 원하기 때문에 거짓말하지 말라고 가르치는 것이고 만일에 진실을 가르치지 않으면 거짓말하게 된다.

Q 불의를 보고 참지 않고 잘못된 점을 지적하는 것은 착한 행동입니까?

승: 다른 사람의 잘못을 지적하는 것은 사회 정의적인 측면에서 보면 옳은 일이다. 하지만 자기가 좋은 일을 하려고 했는데도 좋은 결과를 얻지 못하면 잘못된 사랑에 불과하다. 예를 들어서 열 명의 도둑놈이 있는 곳에 가서 도둑놈을 다 죽여야 하는 상황이라면 열 명은 적이 되어 당장 해치려 할 것이다. 과연 자기가 알고 있는 사실을 말할 것인지 말아야 할 것인지 분명히 정의를 내려야 한다. 그것이 사회에 아무런 좋은 영향이 없고 자기 자신을 죽이는 일이라면 성급하게 할 필요가 없다. 환경에 의해서 어쩔 수 없이 입을 다물어야 할 때도 있으니 항상 환경을 보고 사람을 바로 가르쳐야 한다.

Q 잘못된 일은 아무도 있는 일에 정의를 밝히는 사람이 없기에 생기는 것입니까?

승: 잘못을 묵인한다는 것은 어두운 세상을 그대로 받아들이는 것이다. 그러니 밝은 세상을 후손들에게 물려주기 위해서는 이제부터라도 있는 일을 제대로 배워서 사회에 옳고 그름을 규정해 놓고 살아야 한다. 그런데 항상 착한 사람처럼 말하고 온화한 모습을 보이는 것이 착한 사람이 아니다. 늑대가 양의 가죽을 뒤집어 쓰고 있어도 행동이 양이 되는 것은 아니고 늑대는 늑대이다. 우리가 착하게 살아야 하는 것은 자기 자신을 위해서이고 거짓말 안 하고 살면 떳떳하고 항상 당당하다.

Q 거짓말하지 않고 남을 해치지 않고 사는 게 착하게 사는 것이라고

190

이해하면 됩니까?

승: 한국에는 자기 자식보고 공부 열심히 잘해서 1등 하라고 하고 착하게 살라고 하지 않는다. 중요한 것은 아무리 공부를 많이 해도 착한 사람이 되지 못한다면 아무 쓸모가 없다. 거짓말하지 말고 열심히 일하는 사람이 되라는 말은 착한 사람이 되라는 것이다. 착한 사람은 사회에도 좋은 영향을 끼칠 수 있기 때문에 항상 가까이 있는 사람들에게 당부하는 것이다.

Q 사람들은 보통 말할 때 순한 사람을 착하다고 말을 하는데 순응하는 사람이 착하다고 볼 수가 있습니까?

승: 세상일을 모르는 사람은 그렇게 말하지만 난 항상 이 자리에서 착한 일을 한 사람만이 착한 사람이라 말한다. 좋은 일은 좋은 결과가 있는 곳에 좋은 일도 있는 것이다. 아무리 좋은 일을 하려고 해도 실제 좋은 결과를 만들지 못했다면 좋은 일이 아니다.

Q 간단한 예를 들어서 수해가 나면 방송에서 수재민 돕자고 광고하는데 돈을 기부하면 착한 행동입니까?

승: 수해가 나면 신문이나 방송에서는 어디서 돈을 거두어들인다. 하지만 자기가 신문사나 방송국에다가 얼마의 돈을 보내서 냈다고 해도 수재민에게 도움을 주지 않았을 때는 수재민을 도운 게 아니다. 수재민 돕기 운동하는데 속아서 방송국에다가 얼마의 돈을 내는 것일 때는 착한 일이 될 수가 없다. 어리석어 순박한 사람하고 정신적으로 나약한 사람이 남의 말을 듣고 속았다면 그 사람

은 순진한 사람이 아니라 바보이다.

Q 바보와 순수한 사람을 어떻게 구분해야 합니까?
승: 순수한 자는 항상 양심이 있고 용기가 있어서 남을 해치지 않고 남을 보살펴서 순수함이 좋은 점이다. 만일에 양심도 없고 정의감도 없고 용기도 없다면 순수한 사람이 아니다. 있는 의식 활동이 허약한 사람보고 순수하다고 하면 세상을 잘못 보고 잘못 알기 때문이다. 착하다는 것이 항상 결과에서 보아야 하는데 결과에서 나타나지 않고 행동과 말을 통해서 볼 수 없다면 착하다 좋다고 규정할 수 없다. 결과에서 보는 것이 문제의 정의를 푸는 핵심이 된다.

Q 종교의 계율에 있어야 할 말인 것 같은데요?
승: 착하고 양심이 있으면 거짓말 안 하게 되고, 남에게 해치는 행동을 하지 않으면 당당하다. 착하게 살라는 말은 남의 것 훔치지 않고 거짓말하지 않고 종교계통 같은데 착하게 살라는 계율이 길이다. 선행을 통해서 자기를 순수하고 큰 업이 없는 자유로운 자기의 영혼을 만들어 낼 수 있다. 착하게 살면 그로 인해서 남으로부터 항상 신뢰받는 사람이 될 것이다. 살아서는 위선이 승리할 줄 모르지만 죽어서는 모든 일이 드러나는데, 숨기는 사람이 없다면 거짓과 진실은 드러나게 되어 있다.

Q 자신을 착한 사람으로 길들이는 것은 자신을 위한 일이잖아요?

승: 남을 착하게 살게 해주는 것은 매우 좋은 일이다. 네가 먼저 착하게 살아서 무엇이 착한 일인지를 모르는 사람에게 이렇게 사는 것이 착하다고 해야 한다. 책을 읽었으면 응용하고 들었으면 실천해서 착한 생활이라고 하면 다른 사람의 인정을 받게 될 것이다.

Q 지금 종교계통이나 비슷한 곳에는 옳은 것도 없고 그른 것도 없다고 하는데요?

승: 옳은 것도 없고 그른 것도 없으면 가르침이라는 건 아무 필요 없는 것 아니냐? 가르침이라는 것은 항상 옳고 그름을 알기 위해서 배우는 것이고 사랑이라는 것은 좋은 세상을 만들기 위해서 가르침이 필요한 것이다. 옳고 그름이 없다면 좋은 세상은 절대 만들어지지 않는다. 그래서 항상 있는 문제를 사람들에게 알릴 때 자기의 행동에 대해서 왜 자기의 행동이 멈칫거렸는지 왜 주장하는지를 분명히 말해야 한다. 자기가 아무리 좋은 일을 하려고 하고 의도가 좋았다 하더라도 좋은 결과를 못 만들면 잘못된 사랑에 불과한 것이다. 세상을 좋게 하려고 했는데 나쁜 결과를 가져왔으면 불행한 사랑을 하게 된 것이다.

Q 자기 자식을 출세시켜서 한은 풀어지는 게 아니고 배우면 없어진다 했는데 사랑은 배워야 합니까?

승: 사회에 어떤 문제가 있어서 억울한 일을 당하는 건 사회에 정의가 없기 때문이다. 어떤 사회에든지 법률이 있는 것은 사회에

공정성을 유지하기 위해서 자기들은 정의로운 차원에서 법이 필요하다고 말하고 있다. 그러나 정의가 부족한 곳에 가면 항상 핍박받고 빼앗겨서 억울한 사람들이 있는데 해결 방법은 사랑을 가르치면 가능하다.

Q 저희가 이 시간에 배우는 것도 서로 사랑을 함께 나누는 것입니까?

승: 있는 일이 밝혀졌을 때 자기가 이해하지 못하는 모든 것을 새로 받아들일 수 있고 자기가 가지고 있는 모든 응어리 진 것들을 풀어버릴 수가 있다. 이것이 삶에서 중요한 역할을 하기에 이 시간이 마련되고 함께 토론하는 것이다. 세상일을 밝히고 있는 일을 사람들에게 제대로 알리고 충분한 이해를 갖게 된다면 자기에게 있는 모든 일을 스스로 소화할 수가 있다. 그렇지 않을 때는 사람이 자기를 보고 조금만 핍박하면 감정이 생기고 마음에서 풀어지지 않고 자리를 잡으니까 한이 된다. 그러나 있는 일을 조금이라도 깨닫다 보면 한이 문제에서 생기는 것을 알게 된다. 항상 어떤 문제가 사람에게 감정을 갖게 하고 충돌을 일으키게 하니 가장 좋은 가르침은 있는 일을 제대로 가르치는 것이다.

Q 어떻게 애착을 소망으로 바꾸고 한은 사랑으로 바꿀 수 있습니까?

승: 누구를 원망하지 않고 개개인이 잘살고 못사는 것이 하나의 법칙으로 이루어진다. 제대로 일하지 않았을 때는 잘 살지 못하고 잘 살 수 있게 소망을 가지고 일했을 때는 잘살게 된다. 이번 여행

에 기회가 닿는다면 세계적인 철학자나 석학들을 만나서 세상의
문제를 토론할 것이다. 문제를 안다는 것은 세상일을 안다는 것이
고 있는 일 속에 문제가 있어서 온갖 현상을 갖게 했다. 사람들을
일깨워서 세상을 조금이라도 밝히게 하고 생명 속에 축복이라도
주고자 하는 일이 사랑이 되는 것이다.

Q 자기가 무엇 때문에 사는지 무엇을 얻을 것인지 모를 때는 어떻게
　 해야 합니까?

승: 어떤 기업가가 돈을 모아서 재벌이 되어야겠다는 것은 애착
이다. 그러나 재벌이 되므로 사회에 많은 사람에게 일자리를 주어
서 많은 사람에게 도움이 되는 일하겠다는 순수한 소망이 생긴다
면 일을 잘 해낼 수가 있다. 중요한 문제는 자기가 하는 일을 분명
하게 결정하면 소망이고 결정하지 못하고 단순하게 이런 일을 해
야겠다고 한다면 애착이다. 사람들이 돈을 버는 것이 잘못된 것이
아니라 돈을 벌어야 하는 목적이 분명해야 한다.

Q 가족을 부양하기 위해서나 남에게서 궁색한 모습을 보이지 않기
　 위해서 돈을 벌어야 합니까?

승: 그것은 큰 이상과 꿈이 있어서 돈을 벌어야 할 것인지는 개개
인의 목적이 다르다. 목적이 없는 상태에서 단순히 자기의 물건이
나 물질에 대한 집착을 애착이라고 하지만 집착하지 말고 소망으
로 바꾸면 된다. 자기가 왜 그런 일을 해야 하는지 소망을 가졌을
때 얼마든지 사회에 크게 도움을 줄 수가 있다. 단순하게 소망을

이루었을 때는 더 이상 돌아볼 필요가 없다.

Q 여래님이 사람들을 구해야 하고 도움이 되어야 하겠다는 것도 애
　착이고 큰 문제를 가져다줍니까?

승: 나는 항상 내 실수를 그 속에서 보고 내가 아무리 잘해 주려
했다가도 상대가 잘못 받아들이면 서로 오해가 생기게 된다. 상대
가 잘못 받아들였을 때는 나에게도 책임이 있다. 분명히 어떤 문
제가 있을 때는 이런 문제가 있는데 어떻게 하겠는지 물어봐야 한
다. 그런데 사람을 사랑하고 구하려 하다 보면 애착이 생기는데
그로 인해서 실패를 많이 할 수가 있다.

Q 어떤 일을 할 때는 왜 그 일을 해야 하는지에 대한 정의를 내리는
　것이 매우 중요하겠네요?

승: 내가 도와야 하는 데 대한 중요한 정의를 내가 갖고 있지 않
다면 도울 필요가 없다. 솔직히 너희는 경험 안 해봐서 모르겠
만 예전에 불우이웃돕기 운동한다고 거둔 돈이 이웃에게 돌아가
지 않았다. 우리가 어떤 일을 할 때는 왜 자기가 그 일을 하는지 목
적의식을 분명히 해야 하고 어떤 일이 생긴다는 걸 분명히 기억하
고 해야 한다. 이런 문제가 되는 것을 두고 애착이니 집착이나 한
을 만드는 원인이라고 설명하는 것이다.

Q 어떤 일을 할 때 목적의식에 대한 정의가 있어야 한다는 것이죠?
승: 사회가 발전되고 평화스럽고 행복해지는 데는 자기의 역할

이 큰데 아무 일도 안 한다는 것은 자기의 역할을 안 하겠다는 것이다. 세상에서 공덕은 최고의 선행이고 사랑이라고 말하고 있지만 자기의 공덕이 사기꾼에게 주어졌을 때는 오히려 한이 된다. 그래서 어떤 목적의식이 없이 행한 일은 자기를 잘못되게 한다는 결론을 문제에서 보게 되는 것이다.

Q 문제는 항상 답의 근원이라고 봐야 하겠네요?
승: 이런 결론은 하나의 문제에서 잘못된 것이다. 우리는 어떤 일을 할 때 자기가 하는 문제에 대해서 정확하게 이해하고 거기에 대한 정확한 정의가 있어야 한다.

Q 선생님은 깨달음을 얻으신 분이시고 세상에 있는 일을 보신다면 앞으로 어떻게 하실 것입니까?
승: 이런 목적 상황을 이루기 위해 외국으로 나갈 것이고 떠난 사람도 있다. 이런 일을 빨리 이해해야 삶이 좋아질 것이고 나의 깨달음을 통해서 진리 속에 존재하고 있는 모든 일을 밝혀야 한다.

Q 선생님이 외국에 나가서 하시는 일은 어떤 것입니까?
승: 예전에는 남을 깨우치는 일 한다고 했는데 요즘은 사람들을 능력 있는 자로 만들어 준다고 말한다. 있는 일을 알게 되면 온갖 것을 얻는 길이 된다. 사람이 능력만 있다면 돈 버는 것이나 명예나 권력을 얻는 것도 힘든 것이 아니다. 그래서 깨달음이 우리의 생활에서 얼마나 중요한 것인지를 항상 잊지 않아야 한다.

Q 선생님은 초자연적인 힘을 가지고 있습니까?

승: 세상은 원칙에 의해서 존재하는데 원칙 속에 있는 일을 보고 어떤 일이 존재하고 있는지를 알 수가 있다. 나와 같은 능력 있는 자가 되면 세상 사람들이 가진 모든 소망 속에 있는 문제를 풀어 줄 수 있다.

Q 소망을 풀어줄 수 있다면 어떻게 하는지 한 가지 예를 들어서 설명해 주십시오.

승: 먼저 네가 어떤 문제를 내면 문제를 보고 내가 이 자리에서 대답하겠다.

Q 요즘 살아가다 보면 삶의 가르침이 사라졌다는 생각이 들고 삶의 의미가 없는데 어떻게 살아야 하나요?

승: 세상은 수천 년 동안 이어오는 동안에 삶의 가르침이 현대사회에 진입하기 전까지는 그래도 사람이 발을 붙이고 살기 좋은 땅이었다. 나쁜 짓 안 하고 열심히 일하면 삶의 보람을 자기 속에서 찾을 수 있는 사회가 있었다. 그런데 지금은 매우 위험한 것이 잘못된 교육 때문에 거대한 사기가 세계에서 일어나고 있다. 예전에 보리밥 먹고 호롱불 켜놓고 옆집의 사람들하고 조그만 사랑방에 앉아서 막걸리 한잔 주고받으면서 정감이 있고 재미가 있었다. 크게 속이는 사람이 없었고 남을 해치는 사람이 없는 사람들의 눈을 두려워하던 세상이었는데 지금 세상은 그렇지 않다. 그래서 긴장을 풀면 어떤 일이 자기 속에서 일어날지도 모르는 무서운 세상

속에서 우리가 살고 있다. 그러다 보니까 삶의 가르침에 대해서는 누구도 알고 있지 않다.

Q 그러면 세상을 위하여 어떻게 살아가야 하겠습니까?

승: 너희가 있는 일에 대한 이해와 능력이 없으면 세상일을 배울 수가 없다. 세상을 위한 큰 사랑이 자신에게 존재할 때 자기에게 영원한 생명과 축복을 주게 된다. 사랑으로 가슴을 태울 때 자기에게 더 힘이 샘솟는 자기를 만들어서 있는 일에 이해가 밝아지고 의지가 높아진다.

Q 세상에서 살아가는 삶은 고뇌인지 축복인지요?

승: 삶의 모든 실상을 알게 된다면 삶을 축복으로 이끌고 가꿀 수도 있다. 그러나 고통 속에 던질 수도 있으니까 나는 삶이 축복이니 고통이니 말하지 않는다. 삶을 축복으로 만들고 싶은지 고통으로 만들 것인지는 너희에게 주어진 하나의 선택이다.

Q 깨달은 자가 나타나면 세상에서 전륜성왕과 같은 힘을 가진 자가 될 수가 있다는데 어떻게 확인합니까?

승: 내가 어떻게 일해서 다른 사람들보다 2배나 3배의 돈을 벌 수 있었겠느냐? 공사를 하면 맡긴 사람은 너무 쉽게 일해 버리니 도둑맞은 기분이고 일하는 사람은 너무 힘들게 일을 시킨다고 생각한다. 내가 힘의 원천이 있기에 사람들이 움직여주지만 너희가 가서 내가 하는 대로 다른 일꾼들 시켜보면 쉽지 않을 것이다. 내

가 만일 1980년대 한국의 지도자가 되었다면 한국이 삽시간에 세계를 지배하게 되었을 것이고 일본과 비교할 수 없다. 처음에 경제가 부강해지고 사람들의 힘이 사회에 넘치면서 세계를 지배하게 되었을 것이다.

Q 그런 엄청난 힘을 가지셨는데 왜 세상의 일을 하지 못하는 것입니까?

僧: 여래가 세상에 나면 그 힘이 전륜성왕이 되거나 누구도 따르지 못하는 지도자가 된다. 만일에 어떤 전쟁이 일어나서 나에게 백 명만 군대를 모아준다면 삽시간에 몇 만 명을 모아서 세상을 통일해 버린다. 그런데 나는 완전한 깨달음을 얻어서 중생과 길이 다르고 사실 내가 세상의 일을 꿰뚫어 보는데도 여기에 사람들이 오지 않는다.

Q 선생님이 쓰신 메시지를 보았는데 죽음을 위한 삶을 살지 말고 삶을 위한 삶을 살자는 뜻이 무엇인지요?

僧: 이것이 내가 이 시대에서 말하는 핵심 구호이다. 사람을 만나거든 죽음을 위한 삶을 살지 말고 삶을 위한 삶을 살라는 것은 자기 자신이 구세주인데 누구한테 구해달라고 하는 것이냐? 내가 세상일을 똑바로 알고 나 자신을 어떻게 구할 것인지 먼저 그 일을 알고 자신을 구하는 일을 시작해야 구원을 받는 것이다. 어떻게 신을 보고 구해달라고 한다고 구해주겠느냐? 농부가 밭에 나가지 않고 신에게 농사지어달라고 기도하면 어떻게 되겠느냐? 농사를 한 번이라도 사람의 손을 빌리지 않고 지어준다면 사람들이 신으로부터 구원받을 걸 부정하지 않겠다. 그런데 농사도 못 짓는 하느님이 어떻게 영혼을 구하느냐?

Q 자기가 남 앞에 서는 지도자가 되고자 한다면 어떻게 해야 하는지요?

승: 문제를 가지고 그 문제를 풀어서 문제 속에 있는 내용들을 가지고 남 앞에 서야 한다. 영혼은 의식 활동으로 만들어지는 것인데 자기가 짓지 않은 결과가 자신 속에 어떻게 존재할 수 있느냐? 방 안에 누워서 먹지 않는데 배가 부를 수가 없다. 자기가 어떤 일을 해야 할 것인지 배고픈 사람은 어떻게 배고픔을 면할 것인지를 먼저 생각하고 배고픔을 면할 일을 찾아야 할 것이다.

Q 간단하게 정의해서 삶이란 무엇이며 삶의 목적은 무엇입니까?

승: 삶은 생명을 지키고 이어가는 길이다. 삶을 통해서 있게 되는 일에 의해서 미래라는 것이 존재하게 된다. 현실과 미래의 일이 결정되게 되고 원인이 결과를 만들고 있다. 삶은 자신을 있게 하는 길이고 자신은 삶을 위해서 존재하는 것이다. 삶의 목적은 자신을 축복하고 이웃을 축복하기 위해서 사는 것이고 삶 속에 있는 일이 미래에 자신의 운명을 결정한다. 자신이 세상에 존재하게 하는 것은 자기 속에 있는 지어진 인연에 의해서 결정된다. 삶의 목적을 모른다면 생활 속에 있는 일에 대한 가치관을 다르게 정해야 한다. 너희는 항상 배우고 깨닫기 위해 노력해야 할 것이다.

Q 삶의 가치는 무엇이며 어떻게 밝게 살아야 합니까?

승: 삶의 가치는 자기완성에 있고 죽음보다 소중한 것은 진실이다. 죽음은 일시적이지만 진실은 영원하니 삶은 하루를 산다고 해도 소중하게 살아야 한다. 삶은 끝없는 미래의 운명과 연결되고 있다. 삶이란 자기의 앞길을 개척하는 길이며 자신을 불행 속에서 살게 하지 않는 것이 밝은 삶이다.

Q 편하게 살면서도 밝은 삶을 가질 수가 있습니까?

승: 만일에 깨달음이 없는 상태에서 편하게 살겠다는 것은 꿈이다. 자신을 편하게 살려면 정신적 이해가 밝아야 마음이 막힌 곳 없이 편안함을 추구한다. 먼저 깨달음이 있어야 하고 적당한 활동을 통해서 얻을 수 있다. 환자가 병이 들어서 침대에 누워 있으면 힘이 안 들고 편안하지만 건강한 사람은 몇 시간만 누워 있으면 어깨 쑤시고 머리에 스트레스가 온다.

Q 인생은 좋은 삶을 개척하는 길이라면 삶은 좋은 자신의 앞날을 개척하는 길입니까?

승: 인간이 살아야 하는 건 삶 속에 길이 있고 자기의 앞날이 존재하기 때문이다. 한번 생명체로 태어난 것은 소멸하는 일이 극히 드물고 계속 변화를 통해서 윤회한다. 자기가 어떻게 살았는지에 따라서 그 속에 있는 자신의 앞날이 달라진다는 것이다.

Q 자신을 위해 노력한 결과는 항상 자기 속에 있다는 것이죠?

승: 네가 자신을 좋은 곳으로 인도해서 삶을 좋게 했을 때 좋은 삶이 항상 자기에게 있으나 좋은 삶을 외면했을 때 나쁜 삶이 항상 자기에게 있다. 이러한 관계를 간단하게 어떤 씨앗을 놓고 씨앗의 성질을 통해서 얼마든지 추출해서 볼 수 있다. 그래서 이러한 현상을 깨달은 자들은 만법귀일이라고 말했다.

Q 만 가지 법이 하나의 이치 속에 있고 하나의 이치 속에서 만 가지의 뜻이 나게 된다는 거죠?

승: 존재하는 모든 것은 하나의 이치 속에 존재하는 뜻으로 인하여 현상이 나타났다. 그러니까 나무가 열매를 맺는 관계나 인간이 자신의 영혼을 만드는 과정이 같다. 인간은 영적 동물이니 스스로 깨닫는 것이지만 땅은 인간이 가꾸면 나쁜 땅도 좋아질 수 있다. 토양을 변화시켜서 산성화된 땅을 알칼리성으로 만들어서 인간이 원하는 대로 바꿀 수가 있다. 인간도 자신이 가진 문제를 깨달음으로 자신을 좋은 자기로서 내보여 줄 수가 있다.

Q 삶은 자신을 지키고 끝없이 걸어가야 하는데 사람들은 목적지를 모르지 않습니까?

승: 삶이 자신을 지키고 나게 하는 길인 것은 삶은 자기 자신을 망치지 말아야 할 책임이 자기에게 있다. 다른 누구에게 있는 게 아니며 하느님이 인간의 영혼을 만드는 일은 없다. 어떤 사람은 말하기를 하느님이 모든 것을 다 해주고 인간의 정신을 빼 버리면 하느님이 된다고 했다. 눈앞에 볼 수 있는 게 진리인데 내가 문제

를 보고 이치에 맞으면 해답이 맞는 것이고 문제가 틀리면 안 맞는 것이다. 모든 뜻과 현상은 우리의 눈앞에 존재하고 현상은 하나의 뜻을 통해서 나타나고 있다. 그러한 현상이 어떻게 나타나게 되었는지 과정을 상세하게 설명하고 이해할 수 있도록 합당한 증거를 제시하면 내가 증거를 보고 맞는지 틀렸는지 판단할 수 있겠다.

Q 인간이 무지한지 지혜로운지 보려면 의식의 시력을 테스트하면 알 수 있습니까?

승: 의식이 어두우면 있는 일을 보기 어렵고 의식이 밝으면 실상을 바르게 볼 수 있다. 무엇이 자기를 이렇게 살게 했는지 운명의 근원이나 사후세계의 비밀이나 자신이 세상을 살아가면서 만나야 할 변화와 질병을 가장 중요시해야 한다. 그래서 나는 너희에게 삶이 갖는 의미를 모르니 일깨워 주기 위해 힘든 일을 하는 것이다. 의식을 밝게 하기 위해서는 삶을 소중하게 생각해야 한다. 자신이 지키고 이루어야 할 책임이 자신에게 있다는 말을 강조하기 위해서이다.

Q 삶을 어떻게 아는 것이 즐거운 것이고 축복입니까?

승: 내가 어떻게 살면 어떤 결과를 얻을 것이라고 하는 뜻을 알게 되면 자기에게 매우 충실할 수 있다. 도급공사를 주면 한국 사람들이 열심히 일하는 것은 5만 원을 받는다는 약속된 결과 때문이다. 미래의 삶도 이렇게 살면 영생을 얻게 된다는 걸 확실하게 보

장하고 알면 바르게 살아갈 수가 있다. 그리고 남에게 욕먹지 않고 많은 공덕을 쌓아서 영생을 얻을 수 있다.

Q 삶은 자신이 가지고 있는 소망을 찾고 이루는 것이라고 이해하면 됩니까?

승: 삶 속에는 자기가 가지는 소망을 찾는 길도 있고 이루는 것도 있다. 뜻은 존재하는 결과의 원인이니까 삶의 결과를 현실에서 나타내고 자기가 바라는 뜻을 쟁취하기 위해서 사는 것이다.

Q 우리가 산다는 것이 말은 쉽지만 힘든 것 같은데요?

승: 삶이 항상 힘든 것이지만 힘든 과정에서 행복과 평화와 축복을 갈구하는 게 삶이다. 땀과 노력의 축복이 행복과 평화를 자기에게 가져다주는 것이니까 우리가 눈을 뜨고 보면 이러한 일들이 얼마든지 존재한다. 있던 일이나 있는 일을 보고 옳고 그름을 찾아야 할 것이다.

Q 학교에서 학생들을 모아 놓고 선생이 착하게 살아야 한다고 말하는데 애들은 그냥 하는 말로 듣거든요?

승: 어린아이가 성인이 돼서 착하게 사는 일처럼 힘든 일은 없다. 근본 바탕이 없는 가르침이 말로 전해졌기 때문이다. 그들은 자기 속에 있는 축복을 몰랐기 때문에 그러한 결과가 오는 것이다. 현실 속에서 너희가 추구하는 게 무엇인지 얻어지는 내용들에 대하여 말해보라!

Q 저희는 말이 가지고 있는 사실관계를 이해하지 못할 때가 많은데요?

승: 나는 이 점을 확신하는 것이 항상 아름다운 말에 현혹되지 말고 알기 위해서 계속 노력하라는 것이다. 또 말을 들을 때 자기가 충분히 이해될 때까지 질문해서 상대의 진실을 통해서 들은 이야기는 세상의 뜻과 같은지 확인하면서 살아가라고 당부하겠다.

Q 선생님은 언제나 이곳에 오면 저희에게 한결같이 하시는 말씀이, 삶을 소중히 하라고 하시는데요?

승: 삶은 새로운 삶을 낳기에 소중하게 생각하라는 것이다. 이곳은 삶을 알기 위해서 자신의 마음을 밝히고 깨워서 삶이 어떻게 이어지고 있는지 세상의 일을 배우라고 마련한 곳이다. 너희는 이러한 소중한 일들을 알 때 능히 자신을 지킬 수 있다. 또한 앞날에 많은 사람 앞에 나가서 가르칠 수 있는 스승이 될 수 있다.

Q 태어날 때부터 모든 게 주어진 사람은 없는데도 저만 이렇게 사는지 생각할 때도 있거든요. 삶의 목적을 어떻게 정해야 합니까?

승: 삶의 목적은 좋은 삶을 개척하는 것이다. 정신이나 재산 그리고 주변의 환경과 지혜를 모두 가지고 태어나는 사람은 없다. 삶은 매우 소중하지만 어두운 세상에서 사람들을 사랑하고 섬기고 아끼는 일이 얼마나 힘들고 어렵고 절망 속에 빠뜨리게 될지 모른다. 사랑은 상대에 대한 축복을 말할 수 있는데 너희의 삶의 목적이 되어야 할 것이다.

Q 제가 경험한 사실을 알려주는 것이 축복입니까?

승: 너희는 외로운 사람 손 한번 잡고 서로 키스를 한 번 했다면 일시적으로 허전함을 메워줬을 뿐이다. 그건 스트레스 많이 받는 사람에게 조금은 위안이 되겠으나 사랑이라고 할 수 없다. 진정으로 어떤 사람에게 생활에 필요하고 세상에 있는 일을 가르쳐 주는 일은 자신을 끝없이 축복하게 된다. 너희가 알고 있는 진실과 진리를 나눠주면 축복받게 되니 남을 축복하는 자만이 자신이 축복받게 될 것이다. 그 축복을 사랑이라고 한다.

Q 우리가 살면서 경계해야 할 일은 무엇일까요?

승: 살아가면서 경계해야 할 대상은 외부에 있는 게 아니라 자기 자신이다. 항상 자신을 경계해야 하는 것이 이 시간 우리의 화두이다. 자신이 무슨 일을 할지도 모르는데 누가 알 수 있겠는가?

Q 삶을 통하여 환경이 어떤 영향을 주는 것입니까?

승: 사람은 환경 때문에 배가 고프고 돈의 여유가 없으면 보리밥도 맛있다. 생활이 풍족해지고 돈이 생기면 어떻게 쓸 것인지도 왜 일 하는지도 모르기에 만족하지 못하고 살고 있다. 그래서 자기에게 있었던 일이 습관이 되어 생명의 모태가 된다. 모태 속에 있는 일이 계속 자신 속에서 자기의 행동을 통해서 반복하고 자신을 지배하게 된다.

Q 만일에 깨닫지 못한다면 부자로 사는 것보다 가난하게 사는 것이

훨씬 좋다고 말씀하신 뜻이 무엇입니까?

승: 내가 옛날에는 이런 말을 듣고 이해가 안 갔다. 천석꾼은 천 가지 걱정 만석꾼은 만 가지 걱정이 있다. 사실 겪어보지 않은 사람은 모르지만 가난한 사람이 재벌을 보면 걱정 없고 모든 걸 이루었다고 생각한다. 권력자들은 사람이 보는 데서는 점잖고 항상 사람들이 따르고 하는데 그 속을 들여다보면 힘든 삶이다. 열심히 일하고 사는 사람이 제일 행복하다고 하는 것은 노는 날에 하루 쉬면 잠이 쏟아지지만 매일 노는 사람은 누우면 그때부터 허리가 아프고 쉬는 게 아니고 고역이다.

Q 요즘 젊은이들은 목적 없이 유희나 하다가 사라질 것처럼 살고 있는데 삶을 통해서 복된 자기를 찾는 방법이 있습니까?

승: 얼마 전에 미국에서 마이클 잭슨이 오니까 5만 명이 모였다고 한다. 공짜가 아니고 돈을 들여서 노래 몇 곡 듣고 오는데 이렇게 인생을 끝마치고 말 것인가? 남이 좋다니까 자기는 좋은 줄도 모르고 따라가다가 인생을 버리고 말 것인가? 그렇지 아니하면 이 세상의 뜻 속에 있는 비밀을 알고 진리를 통해서 자기가 원하는 것을 자신 속에서 찾을 것인가? 나는 사람들에게 질문하고 싶은 게 바로 숙제라는 것이다.

Q 천태만상이라는 말이 우리 사회에는 예로부터 전해 내려오고 있는데 어떻게 삶을 개척해 나가야 합니까?

승: 온갖 현상들이 존재하는 것이라고 말 할 수 있지만 사람들 속

에는 갖가지 의식들이 존재한다. 의식들이 가지고 있는 사고는 자기 속에 있는 일들에 의해서 하나의 표출이 된다. 지혜를 가진 자는 있는 일을 보고 자기의 의사를 표출한다. 하지만 지혜가 없는 자는 감정에 의지해서 자기 생각을 말하고 있다. 그렇다면 어느 쪽이 인생을 이해하고 개척하겠는가? 분명히 있는 일을 보고 이해하고 있는 일을 바로 받아들이는 쪽에서 인생을 개척하는데 유리한 능력을 발휘하게 된다.

Q 삶이 자기의 앞날을 결정하는 매우 중요한 의미를 지니고 있는데도 방향을 모르니까 흔들리는 것일까요?

승: 어떻게 사는지에 따라서 앞날에 자신이 존재하게 된다. 편안하기를 원해서 부자에게 시집가서 자가용 운전하고 화장이나 열심히 해서 미인처럼 살다가 죽겠다고 생각하면 삶이 어떠할지가 매우 중요하다. 이 시대에 자기가 가지고 있는 걸 다 까먹어 버리면 내세에 와서 부잣집에 태어난다고 해도 재물은 결국 잃어버린다. 정신적인 근본이 부족해서 온갖 고생을 하다가 갈 것이다.

Q 우리 주위에 호의호식하다가 비참하게 사는 사람들은 깨달음이 없기 때문입니까?

승: 내가 알고 있던 사람 중에 6.25사변 때 술을 만들어서 미군부대에 납품해서 많은 돈을 벌어 재벌이 되었던 사람이 있었는데 부동산을 많이 가지고 있었다. 그 아버지는 사실 돈을 쓸 줄 몰랐는데 자식들은 전부 대학을 나와서 유학도 시키고 했다. 나와 가

까이 지내던 막내아들은 사업을 할 줄 모르고 돈 쓰는 것만 배웠기에 술이나 마시고 여자하고 유희나 즐기는 것뿐이 몰랐다. 차가 필요할 때 1960년 때 자동차 공짜로 좀 타고 다니려고 옆에 가서 좀 다독여 주곤 했다. 자기 아버지가 죽자 상당히 많은 유산을 받았는데 그때부터 망하는 생각만 하더라는 것이다. 5년도 안 돼서 많은 재산이 없어지고 지금은 철가방을 들고 다니면서 남의 집에 국수를 배달해야 하니까 아는 사람을 일절 안 만난다고 한다.

Q 자식들에게 돈을 남겨주지 말라는 것입니까?
승: 유산을 주려고 하지 말고 정신을 남겨줘야 한다. 대학 나오고 부잣집 아들이라고 장가는 잘 갔는데 나중에 자기가 망하니까 의처증이 생기게 되고 이혼해서 그냥 혼자 산다. 그런데 아버지가 바람피워서 작은 집을 하나 뒀다는데 그 집에는 아들이 유산도 조금 받았고 학교 선생을 해서 돈을 모아서 부자라고 한다. 중요한 문제는 정신이 자기를 만드는 것이다.

Q 사람들이 잘 살고 못 사는 이유는 무엇입니까?
승: 현명한 판단을 하는 자는 쉽게 안 망하지만 현명하지 못한 사람은 몇 십 억 재산이 있더라도 엉뚱한 짓 하면 순식간에 날아가 버린다는 것을 알아야 한다. 삶을 위해서 깨우침이 필요하고 미래를 존재하게 하는 유일한 길이 되기에 깨우침이 삶의 가장 큰 목표가 되어야 한다.

Q 무엇을 해도 안 되는 사람은 어떻게 해야 합니까?

승: 재물은 인연이 있어야 모이고 팔자라는 게 있다. 여기 오는 사람 중에 내가 상담을 더러 할 때가 있는데 이야기해 주는 게 있다. 세상의 일이란 정해져 있고 이 정해져 있는 일을 혼자서는 못 바꾼다. 하지만 정해져 있는 일을 바로 보고 바로 이해하고 이용할 줄 알아야 하는데 그게 안 되면 사는 게 누구나 힘들어진다. 어떤 사람은 종업원 생활할 때는 인정을 받는 사람이 막상 업주가 되어 남이 하는 대로 자기도 할 수 있다고 계산만 하니까 망하는 것이다.

Q 저희는 앞으로 사회에 적응해서 세상의 일이 어떻게 해서 발생하는지 이해해야 하겠지요?

승: 현실을 살아가는 데 있어서 사람이 다 똑같은 게 아니다. 사람마다 모태가 다를 수가 있고 모태에 있는 게 다르면 성질이 다르고 보는 시각이 다르고 판단이 다르다. 자기가 세상을 바로 알고 바로 이해하고 바로 적응하게 될 때 꿈꿨던 모든 것도 얻을 수 있고 쟁취할 수 있다. 그게 안 되는 상태에서 바라는 건 꿈에 불과한 것이다. 세상의 일이 어떻게 존재하며 발생하는지 이해해야 하고 무슨 일이나 해 보아서 남의 말을 받아들이려 하지 말고 확인하고 결정해야 한다.

Q 우리 사회에서는 선생님이 사람들의 삶을 축복하는 일이 어렵습니까?

승: 이 나라에서는 실제로 진리를 들으려고 오는 자가 없으니 외국에 가서 찾아보자는 계획을 세우고 있다. 내가 이토록 진실의 세계를 인간에게 알리는 게 힘들고 최고의 능력이 있는데도 이토록 절망했는지에 대해서 먼저 이해가 있어야만 한다. 그래야 진리를 받아들이고 나의 말속에 있는 가르침의 뜻을 쉽게 받아들이고 나처럼 세상에서 부족함이 없는 삶을 사는 주인공이 될 수 있다.

Q 좋은 스승의 가르침은 사람들에게 무엇을 줍니까?
승: 나에게 가장 큰 사업은 인간을 깨우쳐서 세상에서 각 개인에게 행복을 얻게 하는 길을 가르쳐 주는 것이다. 그리고 소망을 가진 모든 사람에게 행복을 찾아주고 행복을 있게 하는 게 내 소망이다.

Q 저희가 생활하는 현실 속에서 어떤 소망을 줄 수 있습니까?
승: 내가 사람들을 깨우치는 일을 하기 위해서 사실 사업을 하지 않는다. 그런데 현실에서 생활에 대해서 가르칠 기회를 얻게 되어 실제 집을 하나 짓고 있는데 남들이 짓는 것과 똑같이 짓는다. 같은 설계도에서 똑같은 시설에 같은 재료를 쓴다. 스스로가 살고 필요한 집이기 때문에 부실한 재료를 쓰지 않고 확실한 좋은 재료를 선택해서 지으려고 노력하고 있다. 그런데 내가 아끼는 사람이 건축회사에 다녔었는데 이렇게 지으면 돈이 많이 든다고 내게 많은 것을 알려주려고 했다. 그때 만일 내가 너처럼 이러한 것을 많이 안다면 이 건물을 60평을 앉히는 데는 8천만 원이라는 돈이 필

요하다. 그러나 나는 네가 알고 있는 지식을 하나도 모르기 때문에 3천만 원에서 3천5백만 원 사이에서 지어낼 수 있을 것이다. 반가격에 건물을 지을 수 있다는 것이다. 그리고 너는 나의 곁에서 만일 불편하더라도 2개월이나 3개월 동안 내가 하는 일을 보고 밖에 나가서 네가 알고 있는 상식을 남에게 이야기하면 다른 사람은 너를 보고 달라졌다고 할 것이다. 그러한 사실을 알았을 때 남으로부터 대접받는 것이 아니고 남으로부터 버림을 받는 것이 오늘의 세상일이다.

Q 이런 일이 존재하는 게 사람들의 능력의 부족으로 일어나는 일인지요?

승: 이 사회에 사는 사람들은 모든 일을 할 때 자기에게 의지해서 자기가 모든 것을 하지 않고 남에게 맡겨서 하려고 하므로 생기는 일이다. 자기 자신에게 의지해서 하겠다고 결심만 하면 되는데 자기가 모르기에 진실을 알려고 하지 않고 남의 말을 믿고 의지하기에 존재하는 현상이다. 남의 말을 듣고 남에게 의지하려고 하면 2배의 비용이 들어도 원하는 것을 얻을 수가 없다. 모두 작은 분야에 대한 자기 욕심을 취해야 하니까 욕망을 채워주지 않으면 성질을 부리고 일을 제대로 안 한다. 그들의 양심을 믿으면 재료를 잘못 쓰거나 문제를 남기게 된다.

Q 만약에 영생 수준에 다다랐을 때 삶의 방식을 자기가 택해서 올 수 있다고 하셨는데 바탕도 자기가 선택할 수 있습니까?

승: 너희가 영생 수준에 이르렀다가 나타날 때 기운이 강하면 바탕에 있는 부모의 몸에 병이 있더라도 몸이 너희에게 음성으로만 존재하나 나타나지는 못한다. 약한 것은 강한 것을 지배하지 못하니까 의식이 강하면 몸에 유전적인 질병이 있더라도 의식에 억눌려서 안 나타난다. 모든 것은 상대적이고 강한 것은 약한 것을 지배한다는 것은 뜻의 세계에서 너무나 분명하다.

Q 자기가 가지고 있는 의식이 강하기 때문에 질병이 약해진다고 하면 질병도 의식이 있다는 말씀인가요?

승: 질병은 뜻으로 나타나는데 현상 속에도 몸의 결정체는 정精으로부터 나니까 정 속에도 많은 약속이 존재하고 의식도 의식이 가진 약속이 존재한다. 정精에서 질병의 원인을 가지고 있어도 의식이 좋으면 질병이 나타날 수가 없다. 그러니까 자식을 낳았는데도 나타나는 사람이 있고 안 나타나는 사람이 있다. 그것은 생명의 원인이 가지고 있는 의식의 기운 차이 때문에 오는 것이다.

Q 세상에서 좋은 일을 위해서는 어떻게 해야 합니까?

승: 농사꾼이 되기 위해서는 농사짓는 상식을 제대로 알고 있어야 한다. 농사짓는 일을 제대로 알지 못한다면 좋은 결실을 땅에서 얻을 수가 없다. 그와 같이 깨달음이 없어서 있는 일을 알지 못한다면 어떻게 다른 사람들을 도울 수 있으며 다른 사람들의 삶을 축복해 줄 수가 있겠는가?

Q 선생님이 이 자리를 통해서 저희에게 바람이 있다면 하루빨리 깨
　달음을 얻게 하는 것입니까?

승: 깨달음이 너희에게 나타나서 가까이에 있는 가족이나 친척
과 친구들이나 다른 사람들을 위해서는 있는 일을 빨리 배워라!
그래서 자기의 삶이 다른 사람들에게 축복이 되게 하는 일을 할
수 있기를 바란다.

Q 세상일이나 인간의 삶이 어두운 것은 좋은 가르침이 없기 때문입
　니까?

승: 세상에서 좋은 스승을 만나게 되는 일은 최고의 축복을 얻는
길과 같다. 한번 세상일을 알고 공덕을 짓게 되면 끝없는 길에 빛
이 되어 자신의 길을 밝히게 되고 한번 실수로 업을 짓게 되면 자
신이 지은 어두운 일들을 끝없는 길에서 만나게 된다. 천국과 지
옥의 길이 자신이 지은 삶 속에 있으니 한을 짓는 자는 한 속에 빠
지게 되고 진실을 빛내는 자는 진실로 인하여 더 높은 곳에 이르
게 된다. 그러므로 행복한 삶을 생각하는 사람들은 세상에서 진실
을 소중하게 생각하고 자신 속에 좋은 가르침이 있어야 한다.

Q 현대사회를 보면 사람들이 너무나 많은 스트레스를 받는데 어떻
　게 짜증 내지 않고 살 수 있습니까?

승: 나도 몸 자체는 너희와 구조 자체가 똑같다. 의식 자체도 구
조도 같으니까 나도 스트레스를 받고 환경에서 더위를 느끼고 땀
을 흘리고 한다. 우리 사회에 사는 많은 사람이 의식을 상실해 버

렸기에 자기가 하는 행동에 대해서 어떤 양심의 가책을 느끼지 못
하니까 동물화되어 버렸다. 내 입으로 여래라고 하면서도 사회 일
을 두고 걱정을 하는 것은 나의 힘으로도 이 사회를 구하는 일이
불가능하다고 믿기 때문이다. 지금 우리 사회는 많은 문제를 두고
대책이 없기에 나도 많이 고민하고 있다.

Q 지금 사회에는 현실에 불만을 느껴도 자기의식을 완전히 잃지 않
　고 살아가는 사람들이 있지 않습니까?
승: 나는 이 땅을 사랑하고 이 땅에서 태어났고 평생을 살았기에
국가가 번성하고 활기 있게 살고 좋은 일을 모든 사람이 얻을 수
있기를 기대하지만 내 마음대로 되는 것은 아니다.

Q 인간은 의식 활동을 통해서 자신의 길을 만들고 자신의 길을 존재
　하게 하는 것입니까?
승: 의식 활동 속에서는 온갖 일들이 존재하고 이 일로 인하여 좋
은 길을 선택하는 사람이 있고 나쁜 길을 선택하는 사람도 많다.
세상에는 수많은 길이 있는데 자기의 행동과 행위로 만들어진다.
우리가 영원한 생명을 얻을 수 없는 건 삶이라는 과정에서 존재했
던 일이 자신에게 있게 되는 업의 활동 때문이다.

Q 누구나 완전한 의식을 가질 수 있는 것입니까?
승: 그건 자신이 만들어야 하는 데 완전한 의식을 얻는 길은 네가
기초가 없으니 질문을 보면 참 답답하다. 누구나 완전한 의식을

가질 수 있는지 묻는 게 아니다. 누구나 가질 수 있으면 법이 왜 필요하겠느냐?

Q 완전한 의식을 갖게 된다면 세상일을 환하게 아는 것입니까?

승: 하늘과 땅과 삶과 죽음과 태어남의 모든 비밀을 알고 꿰뚫어 보고 자기 삶을 자신이 풀 수 있다. 그러면 스스로 풀면 되지만 누구나 될 수 있는 게 아니다. 어떻게 인간 완성을 이룰 수 있는지 묻는다면 내가 질문에 대답하기가 너무 쉽다.

Q 질문을 완전하게 할 수 있으면 좋겠지만 아직 부족하기에 배우려고 하는데요?

승: 완전한 인간이 되고 싶으면 하나의 과정을 겪어야 하는데 원인과 과정을 통하지 않고 일어나는 일은 없다. 마술처럼 누구의 음덕에 의해서 마음을 조금 얻어서 되는 것은 없다. 진리의 세계는 진실한 자만 볼 수 있기에 거짓이란 존재할 수 없다.

Q 어떻게 완전한 인간 완성이 가능한 것입니까?

승: 삶의 가장 큰 목적은 인간 완성에 있는 것이고 인간 완성은 곧 바탕과 깨달음과 환경으로써 쉽게 얻을 수 있다. 지금 너희가 해야 할 가장 중요한 일은 생활 속에서 자신을 지키고 나아갈 수 있는 길을 만들어야 한다. 자신을 지키는 방법으로 필요한 것은 좋은 도반과 좋은 생활이 필요하고 좋은 지혜가 필요하다. 깨달음과 도반과 행이 있을 때 자신이 빠르게 현재의 자기로부터 매우

뛰어난 인간 완성이 가능할 것이다. 이러한 근본이 있고 난 후에 비로소 자신을 세상에서 태울 수 있을 것이다.

4. 소 망

사람들이 사는 가장 큰 목적은 자신이 가지고 있는 하나의 소망을 이루고자 하는 것이다. 소망이 자기 생명 속에 있는 일을 제대로 알고 축복해서 끝없는 생명을 통해서 자신을 살아가게 하는 길이다. 이 길을 얻기 위해서는 모두가 깨달음을 중요하게 생각해야하며 깨달음이 없이 소망을 이루는 것이 불가능한 일이다. 사람으로서 가질 수 있는 가장 큰 소망은 삶이며 삶의 소중함은 자신의 길을 개척하는 것이다. 자신의 길이 삶 속에 있기에 미래는 삶 속에 있는 길을 통해서 목적지에 도달할 수 있다. 삶의 가장 큰 소망은 깨달음인데 자기가 원하는 걸 어디에서 어떻게 얻을 것인지 알게 되는 하나의 횃불이 되기 때문이다.

Q 소망을 통해서 정신을 키워갈 수 있는 겁니까?

승: 소망이 있다면 열심히 일하게 되고 일하다 보면 힘든 과정에서 자기의 애를 태울 때도 있다. 세상에서 자기의 소망이 이루어지지 않을 때 가슴 타는 일들이 생기고 자기의 정신을 깨우쳐갈 때 업을 얇아지게 한다.

Q 선생님에게 배우는 것이 소망을 얻는 길입니까?

승: 너희는 자신을 구할 능력이 없고 자기의 불행에서 벗어나 행복하게 살고 싶다는 소망이 있어야 한다. 삶을 통해서 자기를 구원하고 주어진 최고의 사명이 없다면 여기에 올 필요가 없이 주위 분위기에 들떠서 자기를 잃어버리고 살면 된다. 편안하게 사는 것은 자기를 포기하는 것이고 항상 불안하고 비참하게 만드는 길이다. 자신을 통해서 스스로가 구세주임을 깨닫기 위해서 진리를 통한 하나의 길을 찾고자 하는 것이 배움이다. 나는 여래이며 길을 제시하러 온 사람이다. 진리는 자신이 자신에 대한 큰 소망을 가진 인연 있는 자만이 얻을 수 있다.

Q 미래에 대한 희망과 가능성이 있는 젊은 사람이 살아갈 때 모든 일에 애착을 갖지 않으면 발전이 없을 것 같은데요?

승: 어떤 문제에 대해서 애착이 없으면 발전이 없다는 말도 일리가 있다. 하지만 너희는 욕망으로 살지 말고 자기가 무엇 때문에 사는지 무엇을 얻을 것인지 하는 소망을 가지고 살아야 한다.

Q 목적이 분명하지 않은 상태에서 단순히 자기의 어떤 욕망이나 집착을 애착이라고 보아야 합니까?

승: 어떤 물건이나 물질에 대한 집착을 애착이라 한다. 집착하지 말고 하나의 소망으로 바꾸면 되는 것이다. 자기가 왜 그런 일을 해야 하는지 소망을 가졌을 때는 얼마든지 사회에 도움을 줄 수 있다. 그리고 단순하게 소망을 이루었을 때는 더 이상 돌아볼 필요가 없다. 나도 사람들을 깨닫게 하는 일에 대하여 애착하고 있

었는데 사람들에게 도움이 되어야겠다는 것이 나에게 큰 문제를 가져다주었다. 오해가 생기게 되는 일을 생각하지 않고 상대가 잘 못 받아들였을 때 내게 책임이 있다. 사람을 사랑하고 구하려 하 다 보면 애착이 많이 생기는데 그로 인해서 실패를 많이 할 수가 있다. 그러니까 어떤 일을 할 때는 왜 그 일을 해야 하는지에 대한 정의를 내리는 것이 매우 중요하다.

Q 욕망과 소망은 말이 다를 뿐이지 어떤 일이 이루어지기를 바라거 나 무엇을 얻기를 원하는 것은 똑같은 말이지 않습니까?

승: 네가 무엇을 바랄 때 정상적인 일을 통해서 남에게 피해를 주 지 않고 얻을 수 있다면 소망이 되겠다. 분별없이 모든 것을 생각 이 얽매이게 된다면 욕망이 된다. 그러니까 욕망과 소망은 바라는 것은 똑같은 것이니까 같은 동질성은 있으나 욕망과 소망은 다르 다. 하나의 정당한 방법으로 얻는 것을 소망이라 하고 옳지 않은 방법으로써 취하고자 할 때는 욕망이다. 네가 하나의 소망을 위해 서 무엇을 바랐다면 결과를 얻기 위해서 처음부터 모든 것을 알고 행할 것이다. 네가 진정으로 가정에 평화가 도래하고 건강을 있게 해달라고 기도했다면 소망이라고 볼 수 있다.

Q 사람들이 욕심에도 좋은 욕심이 있고 나쁜 욕심이 있다고 말하는 것은 쓰임새가 다른 겁니까?

승: 자기의 것이 아닌 남의 것을 훔치는 것은 나쁘다. 네가 네 밭 에 있는 식물에서 좋은 열매를 얻기 위해서 책을 보고 알맞은 환

경을 만들어 주어서 좋은 열매를 얻은 것은 좋은 욕심이다. 네 밭에서 열심히 일했다면 수확을 많이 얻지 못했다 하더라도 남을 속이지 않고 자기를 통해서 얻으려고 했으니까 좋은 욕망이다. 애착은 욕망이 있기에 사람이 볼 때 항상 주위에 거부감을 주게 된다.

Q 장사하는데 욕망과 소망이 구체적으로 다른 걸 어떻게 구분합니까?

승: 같은 일을 해도 소망을 가졌을 때와 욕망을 가졌을 때는 다르다. 두 가게가 있다면 물건을 하나 파는데도 어느 집이 장사가 잘될지 알 것이다. 욕망은 애착으로부터 오는 것이니 욕망을 가진 사람의 가게에 들어가면 정신이 어둡다. 소망을 가진 사람의 가게에 가면 정신이 밝게 일어나니까 마음이 가벼워서 같은 가격이면 당연히 이곳에서 사게 된다. 모든 생명체는 똑같이 늙고 병들고 죽는다. 소망을 가지고 살면 마음이 가볍고 하는 일이 항상 자기 속에 부담이 적기에 매우 건강해서 병이 잘 오지 않는다. 그런데 욕망과 애착이 큰 사람은 같은 조건 속에서도 정신적인 고통을 많이 받기에 병이 많이 발생한다고 볼 수 있다.

Q 소망과 욕망의 차이가 스스로 하는 행위 때문에 오는 것입니까?

승: 소망은 어떤 일을 통해서 자기가 바라는 것을 얻으려고 열심히 노력할 때는 소망이다. 그러나 욕망은 일의 결과도 모르는 속에서 수단과 방법을 가리지 않고 목적을 성취하려고 한다. 이 시대의 사람들 대부분이 이러한 욕망을 좇아가고 있다. 그래서 오

늘날 사람들은 대부분 권력이나 위선자의 옆에 붙어서 위선자들이 지배하는 사회를 만들어 놓았다. 인간들의 세계에 파라다이스가 쉽게 만들어질 수 없는 이유는 사람들이 가지고 있는 위선적인 행위들 때문이다. 있는 일을 통해서 우리가 스스로 얼마든지 좋은 세상을 만들 수 있다. 있는 일을 가지고 행복하게 살 수 있고 평화를 정착시킬 수 있다. 그런데도 좋은 세상이 없는 것은 온 세상이 위선으로 가득 덮여 있기에 세상은 점점 어둠 속으로 이끌려가고 있다.

Q 오늘의 세상을 있게 한 원동력이 무엇이겠습니까?
승: 오늘의 세상을 있게 한 원동력은 하나는 깨달음으로 많은 발명이 이루어졌고 하나는 인간의 욕망이었다.

Q 인간의 모든 야망은 어리석은 것입니까?
승: 너는 야망이라는 말을 만들어 놓고 어리석은지 아닌지 하나의 말 자체를 가지고 묻지 말라! 나에게는 어떤 야망이 있는데 이일이 어리석은지 아닌지 물어야 한다. 옳은 자는 옳은 것을 성취하는 것으로 야망을 삼을 것이고 그릇된 자는 욕망으로 얻는 것을 야망이라고 생각한다. 야망이 무엇인지를 잣대를 가지고 재보고 이것은 좋고 나쁜 것이라고 대답할 때 여기에 와서 배운 가르침이 너의 삶에 가장 바른 길이 된다. 사람들은 야망이 나쁜 것인지 좋은 것인지 자기 마음대로 판단해서 쉽게 넘어가 버린다. 야망이라는 것은 좋은 사람에게는 좋은 야망이 있을 것이고 나쁜 사람은

나쁜 야망이 있다. 소망이 있는데 원인을 보지 않고 어떻게 그 말을 들어 보지 않고 평가할 수 있겠느냐?

Q 선생님께서는 남자인데 여자에 대한 욕망이라든지 권력욕에 대한 야망이 있습니까?

승: 나는 해탈했기에 의식은 거울과 같으니까 자신이 혼자서는 물욕이나 명예욕이나 권력욕을 크게 느끼지 않는다. 세상일을 할 때 항상 욕망은 나를 속게 만드는데 경험해보면 부질없는 것이다. 나 혼자 있을 때 찾아오는 사람도 없으면 할 일이 없어서 아무것도 느끼지 못하는데 너희가 있기에 이렇게 떠들 수 있다. 나는 무엇을 아는지 하나도 모르는데 너희가 물으면 내 의식에 비친 질문을 보고 모든 걸 다 알게 되니 답할 수 있다.

Q 의식이 거울과 같다고 하셨는데 어떤 사람이 앞에 와서 욕망이 끓으면 어떻게 됩니까?

승: 내 가슴도 부글부글 같이 끓어서 정신이 어두운 자가 오면 내 정신도 어두워져서 모르는 사람한테는 절대 속지 않는다. 만일에 내가 사람들을 동정하게 되면 나에게는 괴로움이 되지만 남에게는 폐를 절대 끼치지 않는다. 그러니 내 의식은 98%의 진실을 전하지만 아직도 나의 속에는 인간에 대한 사랑으로 가득 차 있다. 이 사랑이 나를 한 번씩 속게 할 수도 있고 위험하다는 것인데 완전함을 방해한다. 그런데 너희는 사랑을 통해서 최상에 이를 수 있다.

Q 실제 오욕을 전혀 느끼지 않는다면 살아 있다는 것을 어떻게 느낍
   니까?

승: 내 주위에 있는 사람들이 고통을 받을 때 나는 많은 사람과
의식이 연결된다. 그때 마음들이 흔들리면 나도 의식이 약해지면
서 그들에게 의식이 빼앗기기에 내 의식이 약해지면 정신이 흐려
질 때 나도 상당히 위험하다. 유혹이 존재하면 그 유혹에 빠질 수
있다는 사실을 부인하지는 않는다. 그러나 혼자 있을 때 자신이
어떤 욕망을 일으키는 일은 해탈解脫한 이후에 발생하지 못했는데
항상 상대적이다. 나는 생각을 하지 않으니까 있는 그대로 느낄
뿐이다. 구들장에 앉아 있었더니 장작불을 세게 넣고 지금 엉덩이
가 뜨거운지 물으면 구들장이 뜨거워지면 내 엉덩이도 뜨거워질
것이다.

Q 그러면 선생님이 다른 사람과 다른 점이 무엇입니까?

승: 다른 사람은 어떤 것을 볼 때 옳고 그름을 보지 못한다. 나는
만일에 경우 내가 위험에 빠진다면 중생을 구하기 위해서 위험에
빠지는 것이지만 스스로 위험에 빠지는 일은 절대 없다.

Q 저희는 사실 어떻게 행하는 것이 사랑이 되는지 모르는데 어떨 때
   중생을 구하는 것입니까?

승: 예를 들어 냇물이 흐르고 있는데 사람이 빠져서 허우적거리
고 죽어가는데 길을 가다가 봤다면 그가 죽을 것이 안타까워 사람
을 구하게 될 때 옷이 물에 젖을 수 있다. 네가 진정으로 사람들에

게 나쁜 소리를 듣지 않겠다면 남을 구하지도 말아야 한다. 그런데 자신에게 흠을 남기게 될 수 있는 것을 감수하고 물에 빠진 자를 구하려 하다가 너도 물에 빠져 죽을 수 있다는 사실을 알아야 한다. 우리는 이런 사실을 날마다 보면서도 쉽게 잊어버리는데 알고 보면 깨달은 자의 말은 있는 그대로를 말하는 것이다.

Q 선생님께서는 삶의 가장 큰 함정이 애착과 욕망이라고 하시는데, 우리가 살아갈 때는 보통 욕망이 사회를 발전시키는 원동력이 될 수 있는 것이기 때문에 나쁘다고는 볼 수 없는 것 아닌가요?

숭: 욕망이 사회를 발전시키는 원인이 되는 것이 아니지만 직장에서 자기의 직위를 높이고 수입을 높여주는 원인이 되겠다. 사무실에서 계급이 능력으로 올라간다면 욕망이 아니고 당연히 올라간 것이다. 규정을 위반해서 올라가려고 뇌물을 쓰고 하면 욕심이 과한 것이다. 그 욕망이 몇 푼의 돈을 주고 자기가 비용을 쓴 것이 뇌물을 쓴 것보다 이익되니까 뇌물로 진급하려 하는 것이다. 그러나 자신의 근본 속에는 이익을 얻기 위해서 행동했던 나쁜 습관들이 의식 속에 잠재하게 된다. 그리고 잠재하고 있는 의식이 어떠한 환경으로 인하여 부딪히게 되면 계속 발동한다.

Q 옳지 못한 하나의 행위가 나쁜 결과를 자기 자신 속에 만들게 된다는 것입니까?

숭: 옳지 못한 하나의 행위로 인해서 일시적으로 이익을 본 것 같지만 비밀은 존재하지 않는다. 자기의 행동이 의식 속에 입력되기

에 다른 일을 통해서도 그러한 행동이 나타나므로 자신을 망칠 수 있는 것이다.

Q 일반 사람들이 세상에 살면서 흔히 말하는 양심과 선생님이 가르치는 양심은 같은 것입니까?

승: 일반 대중과 나의 양심이 다르다. 나는 내가 한 일 중에 항상 잘한 일은 잊어버려도 잘못한 일은 틀림없이 안다. 그런데 일반인의 양심은 잘한 것은 잘 기억하지만 잘못한 일은 잊어버리는 차이가 있다. 너희가 주의해서 관찰해야 하는 것은 먼저 자기의 잘못을 보는 양심이겠다. 그런데 오늘날의 사람들의 대다수는 나의 말이 뜻을 통해서 하는 말이니까 부정하지는 못하는데 현실에 맞지 않는다고 한다. 이러한 양심은 생활을 통해서 나타나게 되고 깨달음으로 너희의 진실이 성장 되어서 시각이 눈을 뜨게 되고 양심이 커진다. 너희의 마음에 진실이 밝아지기 전에는 양심이 커질 수가 없다.

Q 인간에게 기본 양심이라는 게 어떤 것입니까?

승: 양심은 사람들의 행동을 통해서 볼 수 있다. 사람이 진실이 밝아지면 양심이 밝아지지만 거짓된 삶을 살면 양심도 어둡게 된다. 양심이라는 말은 존재하나 양심 있게 행동하면 양심 있는 것이고 안 하면 없는 것이다.

Q 사람은 누구나 양심을 가질 수도 있고 버릴 수도 있습니까?

승: 양심 없게 행동하는 사람들을 많이 보아 왔는데 양심이 없기에 양심 없는 행동을 하게 된다. 우리는 어떤 대상이 없이 추상적인 대답을 할 수 없으나 행동을 보고 알 수 있다.

Q 예를 들어 어떤 도둑이 전당포에서 사람을 죽이고 돈을 훔쳤는데 허겁지겁 나오다가 어린아이가 파란불에 길을 건너는데 자동차가 달려오는 것을 보고서 위험한 상황에서 아이를 구했다면 양심 있는 행동입니까?

승: 그 질문은 너의 상상인지 실제 본 이야기인지에 따라서 대답은 다르다. 상상이야 무엇이나 만들 수 있고 상상은 물과 기름도 융화되겠지만 실상에서는 안 된다는 걸 너희는 알 것이다. 그러니까 상상은 양심 없는 사람도 양심 있는 일을 한다고 하고 양심 있는 사람도 양심 없는 짓을 할 때가 있다. 상상은 콩을 심었는데 팥이 나고 자기가 무지개를 타고 하늘에 가서 신들을 만나는 상상을 할 수 있다. 그러니 네가 상상을 묻는 것인지 본 것인지에 따라서 대답이 다르다. 네가 그런 일을 보았다면 놀라운 일이다. 만일에 남을 위해서 자기를 희생할 정도의 의식을 가진 자는 전당포에서 사람을 죽여서 돈을 빼앗지 않을 것이다.

Q 인간으로 태어난 사람은 기본 양심이 있으니까 인간으로 오지 않았겠습니까?

승: 사람이 남의 물건을 훔쳤을 때 가슴이 조금 두근두근하는 사람은 양심이 조금 있으니 그래도 두근거리는 것이다. 바늘 도둑이

소도둑 된다는 말이 있듯이 그런 죄를 계속 반복해서 지으면 오히려 신이 나게 되고 양심이 완전히 망해서 악을 저지르면 희열을 느낀다. 그러나 양심 있는 사람은 두려움을 느끼는데 우리는 이런 일을 통해서 양심 있는 사람인지 아닌지를 볼 수 있다.

Q 양심이 없는 사람을 깨우쳐 줄 방법이 있습니까?

승: 방법은 수준에 맞게 깨우쳐야 하는데 가난한 사람을 위해서는 먼저 일을 가르쳐 주어야 한다. 가난한 사람을 평생 도와서 먹여 살릴 수는 없으니까 먹고 살도록 일을 가르쳐 주면 스스로 일해서 살 것이다. 일을 배우지도 않고 안 하려는 사람은 당연히 굶어 죽어야 세상을 위해서 좋은 일이다. 그러니 가난한 자를 보거든 돈을 주려 하지 말고 일을 가르치는 것이 좋은 일이다.

Q 자비심이 자기의 양심이라고 볼 수 있습니까?

승: 진실이 없는 자가 자기를 깨지 아니하면 양심을 지키기가 힘들고 세상을 잘못 보고 판단하면 결과는 잘못될 것이다. 사기꾼에게 속고 아무리 자비심 때문이라고 해도 그로 인해서 오히려 한이 되어서 자기를 망치게 된다. 어리석게 사기꾼의 말을 믿게 되고 속으면 상대는 과장해서 연극을 한다. 진실에 대하여 마음이 밝지 않아서 밝은 생활을 얻지 못하면 절대로 밝은 양심은 오지 않으며 생길 수가 없다.

Q 오욕 짓는 행동 자체가 나쁘다고 판단하는 것을 선생님은 결과로

서 보시는 것입니까?

스승: 오욕을 어떻게 지어서 어떤 결과가 나왔는지 모르는데 어떻게 대답하겠으며 사람을 사귈 때는 먼저 그 사람의 양심과 그의 용기를 보아야 한다. 양심과 용기가 있는 사람이라면 학벌이고 재산이고 볼 필요가 없이 친구나 애인을 삼아도 괜찮다. 억만금이 있어도 양심과 용기가 없는 사람은 항상 남의 짐만 되고 아무리 좋은 가문의 아들이라도 남의 속이나 썩히고 문제나 만든다면 자신의 마음에 한만 짓게 된다. 사람을 사귀게 될 때는 먼저 그의 행동 속에 존재하는 양심과 정의와 용기를 관찰하고 얼마나 자기의 일을 열심히 하며 바르게 살며 어떤 근본을 가졌는지 보아야 한다.

Q 양심 있고 인간적인 사람이 되기 위해서 어떻게 해야 합니까?
스승: 사람의 양심이 있다거나 없다는 기준을 일상적인 행동으로는 관찰하기 힘든데 모든 생명을 축복할 수 있고 사랑할 수 있는 게 양심이다. 남에게 피해를 주지 말고 자기가 해야 할 일을 절대 외면하지 말며 책임을 지는 사람이 되라는 것이다. 그리고 인간적인 사람이라면 사회와 세상을 보살필 줄 아는 사람이다.

Q 인간적인 사람을 인격자라고 할 수 있습니까?
스승: 인격도 양심에 의해 만들어지며 학교 교육과 수양을 통해서도 얻어질 수 있다. 인격자는 어떤 일이나 쓸데없는 일을 하지 않고 양심 있게 보이고 인간적인 사람은 인격자처럼 보인다. 그런

의미에서 인격자는 어떤 모범적인 모습을 가진 사람이다.

Q 양심으로 채워진 사람이 인격이 있는 사람입니까?

승: 우리는 어떤 교육을 통해서 또는 수양으로 인격 완성이 가능하고 양심적으로 살아갈 수 있다. 내가 말했듯이 진리를 알면 남을 속이지 않는다. 참된 교육만 배울 수 있다면 있는 일에 대해서 지식을 얼마든지 습득할 수 있으니 인격자가 만들어진다. 학문이 인격 완성의 길이라는 것은 이런 의미이다.

Q 만일에 우리가 만나는 사람들이 양심이 없다면 무엇에 의지하고
　살아야 합니까?

승: 실제로 자기의 잊어버린 양심을 찾고 세상일에 대하여 눈을 뜨고 밝게 살려는 사람이 드물다. 자기가 가진 위선을 감추고 남보다 수단과 방법을 가리지 않고 잘못된 현실에 편승해서 어떻게 치부할 수 있는지 꿈꾸는 사람들이다. 그들의 대다수는 자기 잘못을 신에게 용서를 빌고 있다. 피해자에게 가서 직접 용서를 비는 게 조금이라도 양심 있는 행동인데 남에게 피해를 주고 신에게 용서를 빈다면 신에 대한 대단한 모욕이 될 것이다.

Q 지금 이곳에서 하는 일이 사람의 양심과 정의를 훈련시키는 것이
　라고 볼 수 있습니까?

승: 세상에서 어떤 일을 해도 이곳에서 있는 일을 배우고 조금만 시달리면 대단한 훈련이 된다. 양심과 용기만 있으면 어느 곳에서

나 어떤 일도 할 수 있다. 이곳에서 자기를 훈련하고 서로 마음에 맞는 사람은 친구로서 의지하여 자기를 강하게 해야 양심과 용기를 얻게 된다.

Q 자기 구원은 자기를 태우지 않으면 안 됩니까?

승: 양심이 없는 자가 어떻게 남을 사랑할 수 있느냐? 속이지 않는 것도 남의 불행을 외면하지 않는 것도 양심이니까 축복을 전하는 것이 사랑이다. 자기 자신의 업業이 타는 일이 없이는 절대적으로 자기 구원은 불가능하다. 결국 생활이 무능하면 아무리 바르게 살려고 해도 바르게 살 수가 없다. 남에게 의지하다 보면 그릇된 자의 도움을 거절할 힘이 없으니 그로 인해서 결국 자기를 망치게 된다. 그러니까 자기를 구하려면 스스로 강해져서 힘을 갖게 되면 자기 의지를 펼 수 있다. 스스로 일어나지 못한다면 아무리 올바른 마음이 있더라도 의지를 펼 곳이 없고 옳은 자기를 만들지 못한다. 옳고 그름을 알고 진정 남을 사랑하게 될 때 양심의 불로 자기의 가슴을 태울 수 있다.

Q 저희의 양심은 어디에서 찾을 수 있으며 자신을 어떻게 관리하고 보살펴야 합니까?

승: 양심은 말과 행동 속에서 나타나기 때문에 사람의 말과 행동을 들어 보고 나서 그 사람은 양심이 있다거나 없다고 말할 수가 있다. 양심이 이렇게 생겼다고 보여주지는 못하나 양심은 이런 것이라고 가르쳐 줄 수 있다. 우리가 해야 할 일을 남의 돈을 받고 일

하면서 충분하게 일하지 않고 게으름을 피웠다면 양심이 없는 사람이다. 우리가 남의 물건을 가져와서 언제 갚는다고 약속해놓고 이행하지 않는 것도 양심이 부족하기에 생기는 일이다. 양심 있는 사람이 되려면 자기가 노력해야 한다. 남을 속이지 않고 해치지 않고 남을 기만하지 않고 자기가 해야 할 정당한 일을 외면하지 않는 일을 양심이라고 말한다.

Q 선생님은 이 자리를 통해서 지금까지 사람들에게 있는 일을 가르쳐 왔는데 사실을 배우는 것은 양심을 찾는 길입니까?

승: 있는 일을 모르면 어진 사람도 거짓을 말하게 되고 양심이 없는 일들을 하게 된다. 그래서 인과법에는 잘못하면 잘못된 결과를 얻고 잘하면 잘된 결과를 얻는다고 했다. 인과법을 배우는 것은 우리의 양심을 자신에 의해서 찾기를 원하고 있기 때문이다. 우리가 양심을 얻기 위해서는 열심히 일하고 남을 기만하지 않고 절약해 쓰고 정직하게 살자는 것이다. 그렇게 산다면 우리는 결코 우리 생을 통해서 남을 크게 속이거나 큰 피해를 주거나 거짓을 크게 하지 않아도 살아갈 수 있게 된다. 양심 있는 사람은 항상 근면하고 검소하고 정직한 생활로부터 만들어지는 것이다. 그리고 자기가 바로 떳떳한 삶을 가졌을 때 우리는 사회에서 정의를 바라게 되고 또 밝은 세상을 만들어 갈 수 있는 밑거름이 될 수 있다.

Q 양심 있는 사람이 밝은 사회를 만드는 것입니까?

승: 사람 속에 양심이 있고 정의가 있는 세상을 만드는 것이 천

국으로 가는 여정이다. 끝없는 앞날을 우리 손에 의해서 밝은 사회를 만들어야 건강하고 활동적인 능력 있는 인간이 된다. 우리의 삶 속에서 천국을 만들고자 하는 노력으로 깨달음을 얻는 것이다.

Q 양심과 정의正義의 기준은 어디에 둬야 합니까?

答: 양심과 정의의 기준은 남을 속이지 않고 해치지 않고 남으로부터 원한을 만들지 않는 것이고 용기라는 것은 결국 옳은 일을 외면하지 않는 것이다. 어떤 자가 도둑놈과 싸우면 칼을 든 도둑이 사람을 해할 때 양민의 편을 들어 주는 게 정의이다. 정의는 말 그대로 하면 불의의 편에 서지 않는 것이고 불의를 거부하는 것이다. 양심과 용기만 있으면 남을 속이지 않고 세상에서 무엇이든지 이룰 수가 있으며 훌륭한 사람이 될 수도 있다. 그래서 이러한 시간이 너희에게 중요하다는 것이고 양심과 용기가 있으면 항상 정의로운 자의 옆에 설 수가 있다.

Q 양심과 용기가 왜 좋은 것이라고 할 수 있습니까?

答: 가장 좋은 마음이란 사실을 바로 보는 것이다. 너희에게 분별심이 있어서 좋은 것은 좋게 보이고 나쁜 것은 나쁘게 보이면 좋은 것이다. 까만 게 까맣게 보이고 흰 게 흰 것으로만 보일 때 좋은 마음을 가진 자의 보증이다. 악을 용서하는 게 좋은 마음이 아니며 선을 억누르는 건 좋은 마음이 아니다. 그래서 이 세상에서 가장 좋은 가르침이란 양심과 용기라고 말하는 것이다.

Q 요즘 세상에 양심 하나로 어떻게 사느냐고 하는 사람들이 많은 데요?

승: 사람들은 양심이라는 말을 함부로 떠들면서도 양심이 어떤 것인지를 모르고 용기라는 말을 하면서도 용기가 어떤 것인지를 모르고 살아가고 있다. 양심은 자신의 참된 마음을 지켜 줄 것이고 용기는 자신이 해야 할 일을 스스로 일으키게 할 것이다. 이런 것을 가르치지 않았기 때문에 사람들의 정신이 방황하고 사회가 혼란스럽고 말이 많고 시비가 많은 것이다. 만일에 정부나 사회가 이러한 양심과 용기를 자라는 아이들에게 가르쳐 놓는다면 그들의 세계야말로 세상에서 가장 빛나는 세상이 될 것이다. 그리고 부유하고 또한 행복한 인간의 진정한 천국이 될 것이다.

Q 선생님의 양심은 어떤 것이며 어떻게 볼 수 있습니까?

승: 나는 화전민의 아들로 태어났다. 너희에게 이런 것을 보이기 위해서 일찍 부모가 죽어서 길거리를 혼자 헤매면서 소년 시절에 자신을 내가 책임지고 성장해 왔다. 하지만 아직까지 남을 크게 속였다든가 남을 해쳤다든가 남을 억울하게 만든 일 없이 잘 살아가고 있다. 그러나 무지한 자들은 이러한 좋은 가르침은 통하지 않고 그릇된 바탕이 없는 이야기만 잘 받아들이고 진정한 가르침이 통하지 않는다. 나는 깨달음을 얻고 이 땅에 사는 사람들을 위하여 최선을 다하려고 노력했다. 그러나 내가 사람들에게 알려주고 싶은 게 무지한 자가 크게 설치는 곳에서 사실 깨달은 자는 할 일이 없었다. 또한 그릇된 자들이 판을 치는 세상에서는 옳은 일

만 하고 살기에는 너무 큰 애환을 보고 사는 것도 나의 양심 때문이다.

Q 옳고 그름이라는 판단 없이 정의를 부르짖는 행동이 용기라고 부를 수 있는지요? 그냥 의지만으로 행동한다면 용기라고 볼 수 없지 않습니까?

승: 사람이 잘못된 일에 나서서 위세를 부리는 것을 만용이라고 한다. 그래서 같은 일을 두고도 용기 있는 사람이라고 평할 때가 있고 위세나 만용을 부리고 있는 사람이라고 표현할 수도 있다.

Q 제 생각에 위세라는 말보다는 만용인 것 같은데요?

승: 우리는 어떤 사실을 두고 볼 때 사실 속에 있는 일을 가지고 각기 다르게 표현할 때가 있다. 같은 일을 해도 어떤 상황에 따라서는 용기라고 평할 때도 있고 만용을 부린다고 평할 때가 있게 된다. 그러니까 너희도 진정 자신이 하는 일이 남의 어려움을 해결하고 자기의 문제를 해결하는 일이면 용기가 되겠지만 어떤 위세를 부리는 행동을 보일 때는 만용이라고 평해 왔다.

Q 옳고 그름에 대하여 바르게 알아야 바른 판단이 되고 진정한 용기가 나올 수 있잖아요?

승: 옳고 그름을 모른다면 용기 자체도 만용이 되고 만다. 그러니까 너희가 잘못 듣고 배우면 누구나 잘못 생각하고 이해할 수 있는 것은 누구에게나 있는 일이다. 오염된 땅에 곡식을 심었더니

씨앗이 싹이 났는데 비실비실하고 열매가 부실한 건 누구의 잘못인가? 씨앗에는 아무 잘못이 없고 환경이 가진 문제로 인하여 그렇게 변한 것이다. 씨앗은 바탕을 잘못 만난 결과 때문에 잘못된 현상들이 있게 되었다. 있는 일을 배우고 남에게 가르치는 것은 바로 옳고 그른 일을 세상에서 밝히는 일이다.

Q 사람들은 옳고 그른 일을 알고 나쁜 일을 하기 힘들잖아요?

승: 있는 것을 보게 되어 있는 일을 알게 되면 잘못된 일을 하는 것이 힘들다. 나는 깨달음을 얻기 전에 승려들이 가진 계율을 지키려면 너무나 힘든 일이었는데 깨달음을 얻고 나서 반대로 계율을 어기고 사는 일이 너무나 힘들어진다. 알고 모를 때의 차이니까 알고 자기를 나쁜 곳에 버리는 일은 너무 힘들고 모르고 자기를 좋은 곳으로 인도하는 일도 너무 어려운 게 세상에 있는 일이다.

Q 자기가 정의파라고 생각하는 사람들이 다수에게 핍박받는 소수는 항상 억울하다고 생각하는 것은 생각의 오류를 가지고 있는 것입니까?

승: 그것이 바로 무지無智라는 것인데 무지로써 정의를 실천할 수는 없다. 세상에서 중요시하는 것은 자신이 해야 할 일과 목적과 사명에 대해서 분명히 해야 한다. 그런데 자신이 참교육을 모르면서도 참교육을 부르짖으면 결국 문제는 시비뿐이다. 어떤 상대의 싸움에 편승할 때 정의를 내세우나 정의는 사실에 근거해서

존재해야 하고 정의를 외칠 때는 목적이 뚜렷해야 한다. 그동안 이 나라에는 올바른 교육이 없었고 올바른 뜻을 이해하고 받아들이는 자가 없었으니까 시비와 소란은 많이 있어도 해결책은 없었다는 것이다.

Q 인간의 사회에서 가장 소중한 것은 정의입니까?

승: 정의는 옳은 것을 밝히고 옳은 것을 따르고 옳은 것을 구하는 일이다. 정의가 없는 사회는 결국 멸망한다. 한국 사회의 가장 큰 불행은 그동안 이 나라에 정의가 존재하지 않았고 힘을 가진 자들의 소유물이 되었다는 사실이다. 그들은 정의라는 이름으로 불의를 마음껏 행사했고 불의는 양심을 죽이는 일을 했다. 양심이 죽으면 정의는 따라서 죽는데 양심과 정의는 연결되어 있으며 공생 공존한다. 우리 사회가 도덕을 가르치고 아무리 노력해도 인간의 양심과 정의가 인간 사회에서 살아나지 않는다면 죽은 사회이다. 인간의 행동 기준은 있는 일을 알 때 옳고 그름도 바로 판단할 수가 있다. 양심과 정의가 없는 사회에서는 감정에 의해서 모든 일이 좌우된다.

Q 있는 일의 현상인 세상의 일을 바로 보지 못하는 상태에는 아무리 노력해도 정의는 얻을 수 없는 것입니까?

승: 우리가 아무것도 모르고 나무에다 기름을 뿌려버렸다면 그때부터는 바탕에 있는 기운들이 메말라버리기 때문에 땅에 나무는 죽기 시작한다. 나무를 다시 살리기를 원한다면 땅이 중화되게

해서 원래의 상태로 돌려주려면 오랜 시간이 걸린다. 어떤 사람이 와서 아편이 좋은 것이라고 해서 아편을 계속 복용했는데 중독 증세가 일어나기 시작했다면 아편을 먹어서는 안 된다.

Q 위선자들은 아편을 먹어서는 안 된다는 구호를 외치잖아요?
승: 그러나 보지 않은 상태에서는 아편을 찾고 아편을 요구하게 된다면 아편값이 올라간다. 잘못되는 일을 고치겠다면 마음으로 고쳐지는 것이 아니다. 자기가 중독되어 몸속에 있는 아편의 기운을 죽이든가 빼내야 한다. 아편이 자기 몸속에 있는 기운과 싸우기 때문에 엄청난 고통을 이기려 하는 용기가 필요하다.

Q 밝은 사회를 만드는 데는 개혁이 필요하겠습니까?
승: 밝은 사회를 만들기 위해서는 정의를 가르쳐야 한다. 정의가 대통령의 힘보다 강해야 누구나 사회 정의에 억눌려서 부정과 부패를 안 한다. 정의가 없는 사회에서 어떻게 힘을 무시하고 올바르게 살아가겠느냐? 요즘 너희도 청문회를 보고 알겠지만 무슨 일인지 사건은 분명히 발생했는데 책임질 사람이 없다. 일개 비서관의 전화 한 통에 은행장이 수천억의 돈을 대출했다는 일은 있을 수 없는 일이니까 상식적으로 생각해도 거짓말이다. 정의가 부족한 사회에서는 모든 것을 권력이 좌우했고 제도나 법률이 아무 소용이 없다.

Q 이러한 현상의 결과는 무엇이며 왜 사람들이 해서는 안 될 일을

하게 되는 것입니까?

승: 그러한 현상은 양심이 부족한 나쁜 자들이 세상을 지배하기에 일어나는 것이다. 부정과 부패가 만연한 사회는 정의가 부족해서 생긴다. 사람들이 옳은 일을 받아들이지 않고 그릇된 일을 받아들이는 건 양심의 부족에서 오는 현상이다. 이 사회에는 양심과 정의가 전혀 없는 상태에 있는데 어두운 사회에서 빛이 없는 굴속에 사는 것과 같은 현상에서 어떤 제도가 필요하겠느냐?

Q 차라리 법이나 제도를 없애버리면 걸리는 게 없으니까 제멋대로 사는 게 낫겠네요?

승: 캄캄한 곳에 어떤 장치를 해 놓으면 사람들은 그 장치를 이용하는 게 아니라 오히려 장치에 걸려서 피해를 보는 일이 많이 생기게 된다. 그래서 나의 진단으로는 오늘날 우리 사회의 정치 발전은 있는 제도를 없애고 사람들의 의식 속에 양심과 정의를 가르치는 것이 한국 사회의 정치나 경제 그리고 교육이나 모든 분야의 발전을 가져온다고 말하는 것이다.

Q 우리 인간이 해야 할 일은 무엇이며 하지 말아야 할 일은 무엇입니까?

승: 양심은 옳고 그릇됨을 알아서 해야 할 일은 하고 하지 말아야 할 일은 안 하는 것이다. 누가 나에게 영국의 문법책을 보고 양심이 무엇인지 물었는데 영국 사전에는 양심은 옳고 그릇됨을 아는 것이라 했다. 너희가 알아야 하는 것이 옳고 그릇됨을 안다고 해

240

서 양심이 될 수 있는 것이 아니다. 양심을 얻기 위해서는 옳고 그른 일을 아는 것이 필수적이지만 아무리 알아도 행동하지 않으면 양심이라고 할 수 있겠느냐? 그래서 옳고 그른 일을 알고 옳은 일을 행하는 것을 보고 양심을 평가할 수 있다. 정의의 편에 서기 위해서는 성급하게 행동하지 말고 항상 있는 일을 주시하고 있는 일을 확인한 이후에 자기의 행동을 결정해야 한다.

Q 일상생활 속에서 사람들을 접하면서 양심을 보기가 어려운데 사람의 양심을 어디에서 보아야 합니까?

승: 사람의 행동 속에 있던 일을 보고 양심을 볼 수 있는데 자기의 감정이 절대 개입되어서는 안 된다. 정의로운 행동은 약한 자를 도와주는 것이 아니라 있는 일을 밝히는 것이다. 그렇다면 여기에 대해서 기준을 놓고 보아야 할 것이다. 예를 들어 어떤 덩치 큰 사람에게 왜소한 사람이 쫓긴다면 우리는 먼저 왜소한 사람을 어떻게 도울 것인지를 생각하기 전에 왜 그가 쫓기고 있는지 문제를 알아야 한다. 왜소한 사람이 남의 물건을 훔쳐서 달아나는지도 우리는 확인하기 전에는 모른다.

Q 일반사람들이 깨달음이 없이 어떻게 양심과 정의를 자기 속에 이루어 낼 수 있겠습니까?

승: 가르침을 통해서 양심과 정의에 대하여 소중함을 알게 되면 사람들은 자기의 마음속에 담게 된다. 그리고 가르침을 통해서 자기를 변화시키니까 누구나 정직하고 양심 있는 사람이 될 수 있으

나 무지에서 깨어날 때만이 가능하다.

Q 무지한 사람들의 꾸며진 말에 의해서 세상이 다스려지게 될 때 세
　상은 어떤 현상들이 나타나게 될까요?

승: 진실이 드러나지 않는 세상에는 억울한 자들을 만들어내게
된다. 사회가 법이 있는데도 억울한 자가 만들어진다는 것은 우리
사회에 정의가 사라진 것에서 기인한다. 우리 사회에서 가장 크고
소중한 사랑은 자신의 양심을 보호하는 것이고 세상을 위한 큰 사
랑은 정의를 밝히는 것이다. 정의를 밝히면 진리를 밝히는 것이고
밝은 세상이 존재하게 하는 것이 가장 큰 사랑이다. 그런데 우리
사회에는 이런 일에 귀를 기울이고 관심을 가지는 사람이 없으니
까 가장 좋은 상을 받고 칭찬받는 사람들 대부분은 위선에 의해서
만들어진다는 것이다.

Q 선생님의 가르침이 결국은 양심과 정의라고 하시는데 저의 경험
　을 통해서 실감하는 것은 실제로 사회가 사람을 평가하는 기준이
　사람의 능력이 아니라 학벌이나 명성을 보는 것 같습니다. 그 부
　분을 성취하기 위해서 노력이 필요한데 양심과 정의로는 달성하
　기 힘들다고 생각하는데요?

승: 인간이 세상을 살아갈 때 사회 유지나 자신을 지키는데 가장
좋은 가르침이 양심과 정의이다. 나도 자식들을 키우는데 나의 마
음먹기에 따라서 출세시키는 것은 어려운 문제가 아니다. 나는 세
상에 있는 문제를 알아보니까 오늘과 같은 세상에서 국회의원 되

는 것은 어떻게 전략을 세우고 움직이는지에 따라서 쉬운 문제이다. 그런데 나는 자식에게 가르치는 것은 거짓말하지 말고 열심히 일해서 남에게 신뢰를 주고 신뢰를 바탕으로 해서 살면 삶이 편안할 것이라고 말한다. 사람은 자기가 가지고 태어난 재목이 있는데 엉뚱한 자리에 있으면 억지로 감당하지 못하고 사회 혼란을 부추기게 될 수 있다.

Q 자기 자신을 어떻게 성공시킬 수 있겠습니까?

스승: 성공이 필요한 사람은 자기 개혁을 하는 것인데 깨달으면 성공할 수 있다. 자기 자신과 싸워야 하는데 거짓 속에 살면 평생 잘못된 자신 속에서 살아야 한다. 나는 날마다 사람들을 찾아다니면서 사람들의 의식을 깨우쳐서 양심과 정의를 알아볼 수 있도록 해준다. 반복해서 말하고 있지만 양심은 자기의 마음을 밝히는 길이다. 내가 거짓말을 안 했을 때 밝은 마음이 나에게 있는 것이고 세상일을 조금은 알아보아야 거짓을 말하지 않게 된다. 그리고 정의는 세상을 밝히는 길이다. 밝은 세상에서 밝은 마음을 가지고 사는 것보다 큰 축복은 없다. 나의 가르침 중 가장 기본적인 것은 양심과 용기로부터 출발한다. 남을 속이지 않고 남의 불행을 외면하지 않고 살므로 좋은 자신을 그 속에서 발견하려고 노력하는 것이다.

Q 양심적으로 살면 무엇을 얻을 수 있습니까?

스승: 양심을 알면 자기는 항상 떳떳하게 남들 앞에서 살 수 있고

어떤 직업에서 일하더라도 밝고 당당하게 살 수 있다. 정의를 가르치면 사회에서 악이 발을 붙이지 못하니까 억울한 자가 없고 모든 법이 공평해지면 좋은 사회가 된다. 그리고 기능인을 우대하고 상업을 활성화하고 양심을 가르치고 정의를 가르치면 그 사회가 엄청난 힘이 가득 차게 되고 발전하게 되어 있다.

Q 국민이 힘을 창출해 낼 수 있겠지만 어떤 정권도 어떤 사회에서도 이런 사실을 가르치지 않았잖아요?

승: 지금 한국에서 위기는 기술자나 기능인이 소외되는 교육이다. 사람들이 좋은 물건을 만들고 기능인이 되려는 꿈을 가지고 있을 때 상업이 활성화되고 국력이 신장 될 것이다. 그런데 거꾸로 사회를 경영하고 있기에 양심 없는 사람이 생기고 사회에 정의가 없는 것이다.

Q 인간 사회에서 왜 정의를 가르쳐야 하는 것입니까?

승: 정의는 인간 사회의 빛이라고 말했다. 정의가 존재함으로 해서 인간을 악으로부터 지킬 수 있고 구할 수가 있다. 인간 사회가 정의로 인해서 변하게 되는데 정의가 있는 곳에는 불의와 부정과 불법이 존재하지 않는다. 반대로 정의가 없는 곳은 부정과 불법이 팽배하게 되어 그 사회가 멸망하고 만다.

Q 우리나라가 오랫동안 나약한 민족으로서 살아왔던 것은 우리 사회에 정의를 크게 일으켜 세우지 못했기 때문이라고 볼 수 있습

니까?

승: 인간 사회는 인간의 활동으로 부흥할 수 있다. 어둠 속에서는 활동이 위축되게 되어 있는데 어떻게 부가 이루어질 수 있으며 어떻게 큰 힘이 창출될 수가 있겠느냐? 우리의 역사 속에서는 수백 번의 외침을 당했다는 기록들이 있다. 그 외침은 나약했기 때문에 당한 것이고 만일에 힘을 가지고 있었다면 당하지 않아도 될 일들이었다. 우리의 선조들은 바로 이 점을 등한시했었다. 공자나 맹자를 말하면서 소중한 것들은 전부 다 빼어버리고 윤리는 가르치면서도 도덕은 제대로 가르치지 않았기 때문에 위선자를 만들어냈다. 정의가 없는데 어떻게 도덕이 있으며 도덕이 없는데 어떻게 윤리가 설 수 있겠는가?

Q 정의가 인간 사회를 유지하는 일이 이처럼 소중한 역할을 하게 되는 것입니까?

승: 내가 항상 말했듯이 정의 하나만 있으면 법은 없어도 된다. 정의가 없는데 법은 있어서 무엇을 할 것인가? 있는 일을 제대로 밝힐 수 없다면 그 법이 그렇게 중요하지 않다. 세상에 달도 없고 별도 없는 캄캄한 어둠 속에서는 아무것도 보이지 않는다. 그때 아무것도 볼 수 없고 상대가 한 일에 대해서 옳고 그름을 말할 수 없으니 이치에 맞지 않는 말을 하게 된다. 정의가 존재하지 않는 사회에서는 도덕이 상실된다는 것은 언제나 있었던 일이다. 법이 하나도 없어도 정의가 있다면 그 사회에는 사람들이 경우를 중요시하기 때문에 사기 협잡 부정부패가 하나도 일어나지 않는다.

그러나 아무리 많은 법이 있어도 정의가 없는 사회는 말했듯이 부정부패와 탐관오리들이 득세해서 사기와 협잡이나 거짓이 판을 치게 된다는 것이다. 그러니 정의를 보기가 어려운데 어떻게 옳은 사람이 일을 큰일을 할 수 있겠느냐?

Q 우리 사회에서는 정의가 살아 있어야 올바르게 살고자 하는 사람들의 희망이겠네요?

승: 그릇된 자들이 세상에 많으면 그릇된 생각을 가지고 세상을 망쳐버린다. 이런 예는 과거나 현재와 미래의 어떤 사회에서도 쉽게 볼 수가 있는 현상이다. 우리 사회의 가장 큰 불행은 사람들이 아직도 정의에 대한 충분한 이해가 갖추어져 있지 않고 도덕을 제대로 이해하지 못하고 있다는 것이다.

Q 요즘에 양심이 밥 먹여 주느냐는 말을 종종 듣게 되는데요. 어두운 곳에서 있는 일을 모른다면 어떻게 올바른 삶을 자신에게서 기대할 수가 있겠습니까?

승: 이 땅에 정의가 없다면 능력 가진 자들은 할 일이 없게 된다. 정의가 없는 사회에서는 옳고 그름이 사라지게 되고 움직이는 주체는 힘을 가진 자가 된다. 정의가 바로 선 곳에는 통치자도 국민의 눈치를 봐야 한다. 그러나 정의가 사라진 사회에서는 통치자가 국민의 눈치를 볼 필요가 없다. 법은 하나의 진실을 밝히고 진리를 밝히는 일을 하는 것이 아니고 통치자의 통치 수단으로 변해버린다. 그러니까 법과 제도만 만들면 무엇이든지 행사할 수 있다.

그런 세계에서는 능력이 없는 자들이 권력에 빌붙어서 크게 득세하게 되어서 세상이 망해 버린다는 것이다.

Q 사회가 존속하기 위해서 가장 중요하고 필요한 것이 정의라고 보아야 합니까?

승: 정의가 빠져버리면 우리가 원하는 어떤 것도 이루어질 수 없다. 자동차를 움직일 때 동력을 전달하는 장치를 빼버리면 자동차는 있더라도 제구실은 할 수가 없는 것과 같다. 정의는 국가사회에 큰 힘을 만들어내고 하나의 원동력이 되는 근본이다. 만일 우리가 정의를 잊어버리고 산다면 자신이 옳게 살겠다는 모든 희망을 포기해야 한다. 정의가 없는 사회에서 무슨 교육이 제대로 될 것이며 기업이 제대로 될 수가 있겠느냐? 있는 일을 제대로 이해하지 못하는 상태에서 대학 졸업장이 평가를 많이 받았다 해도 있는 일을 하나도 모르는데 어디에 써먹을 수 있겠느냐? 만일 정의를 빛에 비유한다면 정의가 실종되어 버리면 빛이 어둠이 된다. 어둠 속에서 무엇을 볼 수 있고 무엇을 배울 수 있겠는가? 그것은 하나의 꿈속의 일들을 항상 간직하게 되어서 결과를 볼 수 없다.

Q 불의를 보고 참지 않고 잘못된 점을 지적하는 것도 착한 행동입니까?

승: 내가 가르칠 때는 다른 사람의 잘못을 지적하는 것은 사회 정의적인 측면에서 보면 옳은 일이다. 하지만 내가 좋은 일을 하려고 했는데도 좋은 결과를 맺지 못하면 잘못된 사랑에 불과한 것이

다. 그것이 사회에 아무런 좋은 영향이 없고 자기 자신을 죽이는 일이라면 성규하게 할 필요가 없다. 환경에 의해서 어쩔 수 없이 입을 다물어야 할 때도 있지만 그런 환경에서도 사람을 바로 가르쳐야 한다는 것이다. 오늘날 이러한 잘못된 일이 생기고 있는 건 아무도 있는 일에 대한 정의를 밝히는 사람이 없기에 잘못된 일이 생긴다. 바로 이런 것을 묵인한다는 것은 어두운 세상을 그대로 받아들이는 것이다. 우리가 밝은 세상을 후손들에게 물려주기 위해서는 이제부터라도 우리는 있는 일을 제대로 배워서 사회에 옳고 그름을 규정해 놓고 분명한 세상을 만들어야 한다.

Q 정의가 없는 사회의 어둠 속에 많은 제도를 만들어내면 어떻게 되겠습니까?

승: 캄캄한 방안에 많은 물건을 쌓아두면 오히려 살아가는 사람은 더 많은 위험과 불편을 느끼게 된다. 그러니까 정의가 없는 사회에서도 제도와 법률 자체가 하나의 부담이 될 수 있다. 그래서 이런 일을 두고 순리를 역행하는 사회는 멸망한다고 옛날부터 전해지는 말이니 인간 사회의 순리는 정의를 세우는 것이 가장 중요하다.

Q 우리 사회의 개혁이 올바른 궤도에 진입하려면 가장 중요한 것은 무엇입니까?

승: 우리가 사회를 신뢰할 때 그 사회는 하나로 뭉치게 되고 엄청난 힘을 사람들이 만들어내게 된다. 그래서 모든 것을 인간의 지

혜로 해결해 나갈 수가 있다. 그러나 사회에 정의가 없다면 불신이 팽배하고 힘이 창출되지 않으므로 그 사회는 무너지게 된다. 정의가 법 위에 있을 때는 국가사회의 발전은 물론이고 그 속에서 믿음과 엄청난 힘이 창출되므로 부의 창조가 가능하다.

Q 정의가 법 아래에 있을 때는 어떤 결과가 나타나겠습니까?

승: 모든 권력이 가장 큰 조직을 가진 한곳으로 모인다면 결국 한 사람의 손에서 권력이 나오면서 봉건제도로 돌아간다. 그러면 결국 어둠 속에서는 있는 것을 볼 수 없는 것처럼 있는 일을 밝힐 수가 없다. 그러면 불신과 부정과 갈등이 그 사회에 팽배해서 망하게 되고 거짓이 승리하게 된다. 지금 우리 사회에서 받아들여야 할 가장 중요한 것은 민족의 미래를 열어가는 데 첫 번째 할 일이 정의를 법 위에 세우는 것이다.

Q 제 소원은 밝은 마음을 가져서 성실히 살고 싶은데 과거의 삶을 돌이켜보면 위선과 욕망이 잠재된 마음이 가득 찬 상태로 살고 있습니다. 바른 이치를 깨닫는다면 저희도 밝은 마음을 가지고 살 수 있겠습니까?

승: 자신의 밝은 삶을 얻는다는 것은 근면과 검소함과 정직함으로 교훈적인 삶을 보여 줄 수 있다. 남에게 천대받지 않고 부족함이 없는 삶을 얻고 밝은 마음을 보고자 한다면 내가 말한 대로 그냥 흘려버리지 말고 행동에 옮겨보면 빠르게 나타날 것이다.

Q 어떻게 사는 게 삶을 소중하게 생각하는 것입니까?

승: 너희가 가지고 있는 욕심으로는 밝은 삶이 이루어지지 않으니 있는 일에 관심을 가지고 노력해 달라는 것이다. 네가 열심히 일하는 건 좋아지라고 하는 것이니까 남에게 의지하지 말라! 깨닫지 못하면 항상 하는 짓이 잘못된 욕심에 붙잡혀서 판단하니 손해보는 일을 하게 되는데 원인이 안 좋으면 결과가 안 좋다. 비가 아무리 와도 모래밭에 고이는 빗물은 금방 말라버리듯이 수월하게 돈을 번 사람의 재물은 빨리 망하는 경우가 많다. 그런데 진정으로 땀 흘려 모은 재물은 굳은 땅에 물이 고이듯이 잘 빠져나가지 않는다. 내가 너희에게 근면과 검소함과 정직함으로 살라는 것이 생활 속에서 행복을 얻고 영원한 생명의 길이기 때문이다.

Q 근면함과 검소한 생활을 즐기는 것이 바른 삶을 위해서입니까?

승: 탐욕을 잊으려면 쪼들리지 않아야 삶을 통해서 조금이라도 올바른 일을 할 수 있기에 자기의 생활에 필요하다. 불행하지 않게 사는 것이 행복이듯이 바른 삶은 그릇되지 않게 사는 것이다.

Q 사람이 어떻게 그릇되지 않게 살 수 있습니까?

승: 아무리 뛰어난 자도 세상과 운이 맞지 않으면 서로 앙숙이 된다. 애정이 크게 존재하는 곳에는 옳음과 그릇됨을 구분하는 것이 힘이 드니까 행복을 기대하기보다 더 큰 불행을 보게 되는 경우가 많다. 오로지 옳고 그름을 통해서만이 삶 속에 오는 불행을 서로 해결할 수 있을 것이다. 부부나 가정생활에서도 서로가 가져야 할

한계가 있고 의무가 있는데 부부 사이의 약속이고 법이다. 이러한 법이 존재하지 아니하면 의무가 없으니 옳고 그름의 기준으로 자기의 행복을 지켜야 한다. 행복이 어떠한 정에 연연해서는 절대 지켜지지 않는다. 서로가 의무를 통해서 가정에 행복을 얻는 것처럼 옳음과 그름으로 사는 세계가 가장 밝은 사회이다.

Q 일반 사람들의 행복과 여래님의 가르침을 통해서 얻게 되는 행복은 어떤 차이가 있습니까?

승: 자신 속에 좋은 일을 있게 하면 영원한 끝없는 행복이 된다. 하지만 대학에 합격해서 행복하다고 말한 사람이나 남편을 잘 만나서 행복하다고 하는 사람의 행복은 일시적이다. 남편이 죽어 버리면 행복은 사라져 버릴 것이고 좋은 대학에 합격한 아들이 대학에 가서 문제아가 된다면 오히려 걱정으로 변한다. 이곳에서 깨달음으로 얻게 되는 행복은 영원하겠지만 욕망의 방법을 통해서 얻는 것은 일시적인 행복이다. 얼마나 가는지 두고 보면 되는 것이지만 깨닫는 것은 영원한 축복이다. 좋은 농사짓는 법을 알게 되면 농사일을 통해서 다른 사람보다 잘살고 항상 다른 사람들을 도와줄 수 있고 가르쳐 줄 수 있다. 그리고 잘 지은 농사를 통해서 항상 보람을 얻게 되는 것이 바로 지혜다. 너희가 이곳에 와서 진실을 안다는 것은 가장 큰 깨달음의 길이고 또 하나의 축복이니 영원한 행복이다.

Q 영원한 행복을 얻기 위해서 이 자리에 와야 하는 것입니까?

승: 세상에는 행복이 존재하는 곳이 따로 없고 또한 불행이 존재하는 곳도 없다. 다만 무지와 깨달음이 존재함으로 인간이 가지고 있는 사고와 의식 속에 존재하는 판단으로 좋은 세상이 날 수도 있고 나쁜 세상이 날 수도 있다. 그러니까 행복은 깨달음과 노력으로 얻어지고 불행은 무지와 나태로 존재하게 된다.

Q 이 시대를 어떻게 살아야 하는지 삶은 어떠한 결과에 도달하게 되는지요?

승: 삶은 누구에게나 소중한 것이기에 생명체들은 때에 따라서 공격할 때도 있고 어떤 곳에는 공격받는 일도 있다. 사람도 이와 같은 현실을 때에 따라서는 피할 수가 없고 당하는 일들이 더러는 있다. 그래서 인간의 세계에서는 많은 현행법을 만들어서 사회의 평화와 질서를 유지하기 위해서 법을 사람들에게 지킬 것을 요구한다. 그러나 어떤 곳에서는 법이 안 통하는 곳도 있기 마련이다.

Q 현재 일본 사회는 부유하게 살고 있는데 일본사람의 의식에는 어떠한 것이 있습니까?

승: 좋은 사회에서 왕성한 힘을 갖게 되는 것은 자신들 속에 존재하는 인연의 법칙 때문이다. 일본이 오늘날 발전하는 게 근면과 검소함에서 이루어졌다고 믿고 있고 세계 사람들도 그렇고 믿고 있다. 그런데 근면과 검소함의 바탕에는 거짓을 미워하고 경계하는 정직이라는 마음들이 그 속에 있었다. 만일에 한국 사람에게 정직을 가르치게 되고 정직한 생활을 받아들이고 진실에 대해서

그 속에 있는 일에 눈을 뜨게 된다면 한국이 세계의 최고 강국이 될 수 있다고 확신한다.

Q 오늘날 한국의 문제는 정직성의 결여로 인하여 가장 큰 문제가 존재하고 있는 것입니까?

승: 사람들에게 정직을 가르쳤을 때 우리 사회가 삽시간에 일본을 앞선다는 이론에 대한 진실을 말하겠다. 만일에 생활 속에서 거짓말을 하지 않고 항상 잘못된 걸 사람들에게 알리고 자신이 떳떳하게 살아보면 마음이 밝으며 부담이 없다. 무엇이 걸리는 게 없으니까 일할 때도 제대로 한다는 것이다. 그러나 거짓말을 하고 마음에 많이 쌓아놓고 살 때는 사물을 보면 정신이 어두워진다. 그들은 거짓에 대해서 매우 경계하고 있고 한국 사람들은 거짓을 경계하지 않고 받아들인다는 차이뿐이다.

Q 우리는 삶의 의미도 모르고 삶이 소중한 줄 모르고 산 것입니까?

승: 삶이 소중한 것은 삶 속에는 앞으로 끝없이 존재하는 모든 세계가 삶으로 인하여 존재하게 된다는 사실이다. 행복과 불행은 사람의 판단과 노력으로 존재할 수도 있으며 존재하지 않을 수도 있다. 이 말은 세상의 모든 일은 뜻이 지어져서 나타나는 현상이며 뜻은 인간의 판단과 노력으로 지어질 수 있다. 사람들은 쉽게 자신이 필요한 일을 자신이 성취하려고 노력하지 않고 종교나 다른 곳에 의지해서 이루려 하는 일들이 많은데 매우 어리석은 생각이다.

Q 이곳에서 선생님의 말씀을 열심히 들어서 자기 속에 받아들이게
　되면 좋은 자기로 바꾸어 질 수 있습니까?

승: 사람들은 행복을 찾으려 하지 않고 마음의 평화를 쌓아서 이
루려 하지 않고 엉뚱한 곳에서 얻어지기를 바라고 있으니까 세상
은 지옥 같다. 아무리 많은 재물과 권력을 갖는다고 하더라도 항
상 불안할 뿐인 것은 무지 때문이다. 너희가 세상일에 대해서 작
은 깨달음이라도 갖게 된다면 지게를 지고 산골에서 살더라도 마
음의 평화를 가지고 살 수 있다. 일은 힘들어도 항상 화목하고 마
음에 부담 없이 근심과 걱정이 없는 삶을 살아갈 수 있다. 구원의
길은 깨닫는 것이고 깨달은 자의 곁에 오는 것은 자기를 구원하는
길이다. 있는 일들을 판단하고 문제를 확인하고 풀어보는 노력이
끝없이 자란다면 너희는 세상을 통해서 가장 큰 복을 얻는 사람들
이 된다.

Q 사람들이 자기의 행복을 삶에서 얻기를 원하는데 어디에 있으며
　어떻게 얻을 수 있는지요?

승: 나는 그동안 세계에서 유명한 사람을 많이 만났으나 그들은
행복이 어디에 있는지 자기의 행복을 어떻게 얻을 것인지 아는 자
가 없었다. 그리고 이런 일에 대해서 알고자 하는 사람도 없고 배
우고자 하는 사람도 없었다. 나는 실제로 세상에 와서 내 꿈은 세
상에 극락을 만드는 일이었다. 그런데 그렇게 원하는 사람들과 인
연이 닿지 않으니까 알아도 가르칠 수가 없고 아는 게 있어도 줄
수가 없었다. 그래서 나는 세상에서 내 꿈을 세상에서 이룰 수가

없었다.

Q 옛날 속담에도 인연 없는 중생은 부처도 못 구원한다고 하지 않았
  습니까?

승: 내가 깨달음을 얻고 나서 사람들에게 가장 먼저 전하는 교훈
을 하나 남겼다. 근면과 검소와 정직이 행복을 얻는 길이다. 행복
은 외롭지 않고 배고프지 않으며 근심 걱정이 없는 삶을 두고 행
복이라고 말한다. 만일에 삶이 너무 외로워도 행복하다고 볼 수
없고 너무 쪼들리고 배가 고파도 행복할 수 없다. 모든 사람은 행
복을 원하면서도 행복을 어디에서 어떻게 얻을 것인지 알고자 하
는 사람이 없다. 그래서 인간의 세계가 극락정토가 될 수가 없었
다. 세상에는 모든 일이 정해져 있으며 정해져 있는 일을 바로 알
고자 하는 것이 배움이다. 어떤 일이 어떻게 정해져 있는지를 알
때 우리는 불행을 피하고 자기가 원하는 좋은 삶을 얻을 수 있다.
이런 걸 알아보지 못할 때 사람들은 실수하게 되고 스스로 자기가
한 일을 통해서 불행을 맞이하게 된다.

Q 행복을 이루고자 하면 어떤 조건이 충족되었을 때 마음속에 나타
  나는 것입니까?

승: 가장 좋은 삶은 자기를 위해서 사는 것이고 남을 속이지 않고
속지 않고 사는 일이다. 속지 않는다면 원한 생길 일도 없고 애착
을 가질 필요가 없고 남을 속이지 않는다면 남에게 손가락질 받을
일도 없고 시비할 일이 없다. 내가 알고 있는 삶의 지혜 중에 근면

함과 검소함과 정직함이 가장 좋은 지혜이다. 세 가지 조건이 이루어졌을 때 인간은 행복을 맛볼 수 있다. 생활 속에서 꼭 잊지 말아야 할 일은 이러한 가르침이 행복한 삶을 자기에게 제공해 주는 근원이 될 수 있는 것을 의미한다.

Q 사람들은 돈만 있으면 행복해질 줄 알고 있지만 막상 돈이 생겼을 때가 없을 때보다 삶이 즐겁지 않다고 말하는 사람이 많다고 하던데요?

승: 복권에 당첨되고 삶이 불행해졌다는 사람들이 많은데 생활이 문란해지고 불안하게 살게 되었다는 것이다. 몇 십 년 함께 살던 부부가 이혼하고 돈이 화근이 되어서 집안에 분란이 생겨서 부모와 형제간에 남처럼 사는 사람이 많다고 전해진다. 돈이 많으므로 행복해진다는 건 신뢰할 수 없으니 돈으로 행복을 살 수 없다는 사실을 깨달아야 한다. 그래서 나는 항상 스스로 땀 흘려서 벌지 않은 돈은 가치가 없는 것이라고 말하는 것이다.

Q 우리가 살아가기 위해서는 돈을 벌어야 하는데 선생님은 어떻게 사셨어요?

승: 돈을 벌 수 있는 길은 타고난 근본이 좋아서 사실을 잘 보고 일하기 때문에 하는 일마다 그냥 잘 된다. 그리고 자기가 하는 일에 정성을 쏟고 신경을 많이 쓰고 노력해서 성공하는 것이다. 내 인생은 세 가지 무에서 시작했다. 무학無學과 무연고無緣故 그리고 무식無識이 내가 결혼할 때까지 따라다니는 상품이었다. 학벌이

없으니 어디 가서 취직할 데가 없고 무연고이니 보증서 줄 사람이 없었다. 누가 추천해 줄 사람이 없으니 남의 덕을 볼 기회가 단 한 번도 없었으니 나의 인생에서 항상 자신을 스스로 이끌어야 했다. 그래서 나는 서기나 계장이나 과장은 한 번도 못 해 보았으나 사장이나 회장 그리고 위원장은 서른 몇 번 해 보았다. 우체국 배달도 한번 해 보고 싶었으나 한문을 읽을 수 없으니 못했다. 나는 그러한 인생을 살았으나 나 자신에게 항상 충실하게 살았다는 것에 자부심이 있다.

Q 선생님은 깨달음을 얻고 사람들의 삶을 돕기 위해서 처음으로 가르침을 전한 내용이 무엇입니까?

승: 너희가 많이 들어서 재미없을지 모르겠지만 열심히 일하고 절약해 쓰면 돈이 생겨서 직장이나 일을 놓지 않아도 된다. 그리고 정직함은 항상 떳떳하게 살 수 있는 길이다. 사람들은 말 한마디 잘못해서 온갖 재앙이 휩싸이는 일들이 많다. 그래서 나는 이런 일을 보고 근면과 검소와 정직함을 말해왔다.

Q 많은 가르침 중에서 세 가지가 우리의 생활에서 매우 중요한 것입니까?

승: 열심히 일하면 항상 자기 직장의 일터를 남에게 빼앗기거나 불신받아서 해고되는 일이 없을 것이다. 검소하게 살면서 번 돈을 저축하면 항상 배고픔을 면할 수 있다. 정직하게 살면 떳떳해서 마음에 걸리는 게 하나도 없이 결국 당당한 사람이 될 수 있는 것

이다. 그래서 세 가지가 얼마나 인간의 생활에서 중요한지를 설명하려고 했다. 세 가지 가르침만 있으면 국가도 개인도 모두 잘살게 되는데 세 가지를 무시하기 때문에 사람들은 배고픔과 불안과 온갖 실책들이 터져 나오게 된다.

Q 근면과 검소와 정직함의 조건으로 행복을 얻을 수 있다고 하지만 부자로 태어나면 근심 걱정 없이 살 수 있잖아요?

승: 행복의 조건은 배고프지 않고 외롭지 않고 근심 걱정이 없는 삶이지만 행복을 얻기 위해서는 무엇보다도 중요한 것이 가르침이다. 과연 돈 많은 세계적인 갑부들이 행복하고 만일에 돈이 행복을 살 수 있다면 왜 내가 부자가 안 되었겠느냐? 나는 여러 차례에 부자가 될 수 있는 기회가 있었지만 거부했다. 밥 세 그릇 먹고 다리 뻗고 누울 수 있는 방 하나만 있고 마음 편하면 행복이다. 배 안 고프고 근심 걱정 없고 마음 편하면 되는데 왜 빈손으로 왔다가 큰 재물을 얻어서 근심 걱정을 안고 살아야 하느냐는 것이다.

Q 행복의 기준을 가르침으로 정해야 하나요?

승: 조그마한 그릇에 물을 채우면 넘쳐 버리겠지만 드럼통에다 한 말을 부어도 안 찰 것이다. 그러니까 축복이나 행복의 기준은 상대의 그릇을 보고 축복받는 사람이라고 평가할 수 있다. 하지만 어떤 수학의 공식처럼 기준이 나와 있는 게 아니니 깨우쳐서 몸과 의식이 건강하면 이미 자기에게 축복이 있는 것이다.

Q 제가 아는 사람이 굉장한 부자인데 몇 십억의 돈이 있는데도 자기
   는 재물이 더 있어야 한다고 말하던데요?

승: 그것은 마음이 가난하니까 욕심이 끝이 없는 것이다. 옛말에
도 가마 타면 말 타고 싶고 말 타면 마부 데리고 싶다는 말이 있다.
그러니까 자꾸 위를 쳐다보면 항상 자기가 밑에 있다고 생각하니
까 부족한 것이다.

Q 기준은 금액을 갖고는 정할 수 없다는 것입니까?

승: 재물은 마음먹기에 따라 조금 부족한 것 같아도 아래를 보면
되는데 자기가 위에 있는데도 왜 위를 보고 사느냐는 것이다. 재
물이 많으면 도둑 걱정도 해야 하고 괴롭히는 사람도 많다. 적당
하게 밥 먹고 열심히 일하고 살면 그 일에 신경 쓰니까 자기의 의
식을 항상 건강하게 살수 밖에 없다. 사용하는 칼은 녹이 슬지 않
으나 부엌에서 습기 묻어서 꽂아놓은 칼은 오래되면 녹이 슬고 못
쓰게 된다. 항상 열심히 일하고 일가친척이 찾아오면 말 한마디라
도 반가워하는 생활 속에 있는 간단한 일들이 정신을 건강하게 한
다. 생활을 통해서 자기를 깨달음의 세계에 이를 수 있다.

Q 어떻게 사는 것이 진정한 부부의 사랑이라고 할 수 있으며 가정의
   행복입니까?

승: 서로에게 근심이나 걱정이 되는 일을 만들지 않고 서로 외롭
지 않도록 돌보고 지켜주고 서로를 기쁘게 해주면 된다. 사랑이
가정의 행복을 창조하고 있으니까 조금만 신경을 쓰면 얼마든지

서로가 화목하고 행복한 가정을 만들어 갈 수가 있다. 그런데 사람들은 사소하고 간단한 일을 알려고 노력하지 않기 때문에 안다는 게 매우 힘들다.

Q 어떻게 사랑하고 행복을 자신들 속에 정착시키고 좋은 가정을 이룰 수 있습니까?

승: 결혼하는 건 두 사람이 만나서 좋은 가정을 이루고 사랑하고 행복하기 위해서이다. 사랑은 까다로운 조건이 개입하는 것도 아니고 큰 밑천이 필요한 것도 아니다. 부부의 사랑은 서로 외롭게 버려두지 않고 괴롭히지 않고 근심 걱정 안 끼치는 일을 하는 것이다.

Q 미래에 대한 재앙에서 벗어나기 위해서는 어떻게 살아야 합니까?

승: 질병이 없고 배고프지 않고 외롭지 않은 삶을 살면서 미래에 대한 불행이 없는 삶을 산다면 행복한 삶이다. 우리가 살아가면서 미래는 얻어지게 되는데 현실에서 어떤 일이 있었는지에 따라서 자신에게 있게 되는 미래는 다르다. 자기가 아무리 잘했다 하더라도 큰 재앙이 와서 덮어 버렸을 때는 꼼짝없이 죽게 된다. 항상 이곳에 와서 배우는 것은 세상에서는 온갖 일이 일어날 수 있으니까 자신에게서도 존재할 수 있는 일을 예방하기 위해서이다. 길흉화복의 원인은 있는 일 속에 있으니 있는 일을 모르는 상태에서는 재앙은 생기게 되어 있다. 불행이 없는 삶을 얻고 행복한 삶을 얻기 위해서는 이곳에 와서 진리를 배워야 한다.

Q 절대로 한번 태어난 생명은 쉽게 없어지지 않으면 어떻게 자기 자신을 구할 수 있습니까?

승: 예수의 말도 자신을 통하지 않고는 누구도 자기를 구할 수 없다고 했다. 그 말을 기독교 믿는다는 사람들은 예수를 통하지 않으면 누구도 자기를 구할 수 없다고 다르게 해석해서 응용하고 있다. 자신이라는 말은 자기를 말하는 것이니까 모든 구원의 길은 자신 속에 있는 것이며 성공과 실패의 길도 자신 속에 있는 것이다. 업이 크고 과거에 문란하게 생활했으면 현세에 와서도 버릇이 다시 살아나게 된다. 인간의 의식은 기운으로 되어 있기에 어떤 약품을 가지고 의식이 붙어 있는 나쁜 기운을 정화할 수는 없다.

Q 만일에 사람도 자기의 정을 이용해서 생명체를 만들고 부활시킬 수가 있습니까?

승: 지금까지 유전공학이 발달했으나 인류가 생긴 이후에 한 번도 이루어진 적이 없었다. 하나의 물질로 된 것은 다른 물질을 주입하고 변화가 일어나는지 관찰해서 변화가 일어나면 유전공학이다. 대학에서 가르치는 것은 용어들이 너무 많으나 내용 면에서는 절대 다르지 않다. 자기 속에 있었던 하나하나의 일들이 자기를 존재하게 하는 영원한 길이다. 생명이 없어졌다고 해도 없어진 게 아니라 진화해서 다른 곳에 옮겨 간 것뿐이다. 사람도 허공에 있는 순수한 에너지를 몸에 모으면 자기의 정을 이용해서 생명체로 부활시킬 수가 있다. 인간으로 태어난 것은 매우 다행이며 축복으로 생각하고 자기가 어떻게 자기를 돌볼 수 있는지 이런 일을 항

상 잊지 말아야 할 것이다.

Q 왜 중생은 성인을 만나도 따르기 어렵습니까?
승: 사람들의 의식 속에는 과거의 일에 붙잡혀서 지은 인연을 버릴 수 없기에 성인을 따를 수가 없는 것이다. 성인을 따르면 자신을 구원할 수가 있고 재앙과 불행에서 벗어나서 자기를 크게 축복할 수가 있다. 성인이 세상에 와도 실제로 사람들 속에 서지 못하고 돌아간다. 중생은 자기 자신을 버리기 힘들고 성인을 만나도 따르기가 어려우니 죄는 죄로 인하여 망하게 된다.

Q 이 시대에 가장 불행한 일은 자신들보다 많이 아는 지혜로운 자를 거부하는 것이 문제네요?
승: 무지한 자들은 결코 깨달은 자를 자기들 속에 오게 하지 않는다. 어둠은 빛이 들어오면 깨지게 되니 위선자들은 자기들이 살기 위해서 빛을 없애려고 한다. 나는 깨달음을 얻기 전에는 나의 양심과 용기가 국가에 쓸 일이 없었는데 깨닫고 나니까 나의 지혜가 쓸모가 없었다. 지금 이 나라는 매우 어려운 환경에 처해 있는데 세상을 보려고 하면 신문에 중요한 부분을 빼놓고 껍데기만 있었고 알맹이 없는 일만 계속하고 있다.

Q 선생님은 왜 세상에 나그네처럼 떠돌아다니십니까?
승: 내가 세상에서 가장 뛰어난 자로 변한 것은 한 사람의 뛰어난 자가 세상에 올 때는 임무가 있어서 왔다. 내가 이 세상에 태어나

262

서 최고에 이르렀다고 하는 것은 하루아침에 아무 이유 없이 최고에 오를 수는 없는 것이다. 내가 최상에 오를 수 있었고 오늘날 최고라고 말하는 데는 그 말 속에 진실이 존재하고 있다. 진실한 자가 세상에 나타나야 했던 것은 이 세상과 밀접한 관계가 있었기 때문이다. 종교에 가면 영원한 생명을 얻는다고 말은 하지만 그들은 영생을 얻는 길을 모르며 세상에서 인간이 영생을 얻는 법을 아는 자는 나 외에는 아무도 없다.

Q 현대 종교에서는 영생의 세계가 어디에 있고 어떤 일이 존재하는지 설명할 사람이 없는 것입니까?

승: 내가 세상에 온 것은 특별한 사명이 있어서 왔다고 했다. 과거의 많은 예언 속에 남긴 말 중에 예수가 말했던 사람도 석가모니가 말한 사람도 분명히 나였을 것이다. 그리고 모든 종교계통에서 말하고 있는 사람도 나를 가리키고 있다. 만일에 나보다 뛰어난 자가 세상에 태어나는 일은 절대적으로 없을 것으로 믿는 것은 나는 나 자신을 잘 알기 때문이다.

Q 어떻게 영원한 생명을 얻을 수 있겠습니까?

승: 영생의 비밀 중에 가장 중요한 핵심적인 것은 자기 속에 있는 거짓을 버려야 하는데 거짓을 가지고는 절대 영생할 수 없다. 거짓을 믿게 되면 세상일을 모르는데도 그대로 받아들이고 자기가 시키는 대로 행하게 된다. 거짓을 버리는 길을 진실한 자를 만나서 그의 삶을 보고 배우면 거짓이 적어져서 있는 일이 눈에 보

이기 시작한다. 사람들이 듣게 되는 많은 가르침 중에서 깨달음을 얻는 원인이 좋은 인연을 짓지 않으면 좋은 결과를 얻을 수 없다고 했다. 좋은 인연을 찾기 위해서는 세상일에 눈을 떠야 한다.

Q 세상일에 눈을 뜬다는 것은 무슨 뜻입니까?

슝: 예를 들어 부산에서 육상으로 서울까지 가기 위해서는 지도만 있으면 물어서 가겠는데 지도를 보는 방법을 알아야 묻는 것이 가능하다. 아무리 지도를 잘 그려놓아도 출발점에서 목적지까지의 길을 알아야 한다. 항해사들이 항해할 때 가장 먼저 좌표를 배우는데 어느 기점에서 몇 도로 전진하면 어느 지점이 나온다는 걸 보고 항해하는 것이다. 그와 같이 인생의 길에서는 인연 속에 어떤 일이 있는지 인연법에 눈을 떠야 하고 영생을 얻기 위해서는 좋은 인연을 따라가야 한다. 좋은 인연도 짓지 않고 길도 없는 길을 가겠다고 하는 것은 날개도 없는 곰이 하늘을 날겠다는 꿈과 같은 것이다.

Q 저희가 옳고 그릇됨을 볼 수 없기에 좋은 인연을 만나기가 어렵잖아요?

슝: 의식의 눈이 어두운 사람이 지도자가 되고 선생이 되면 옳고 그릇됨을 잊어버리고 이야기만 가지고 떠들게 된다. 그래서 세상은 갈수록 어두울 것이고 많은 스트레스와 사회적 혼란을 피할 수 없는 숙명적인 일이 되어가고 있다. 그리고 인간은 자신들의 세계를 지킬 수가 없어서 세상을 파괴 시킬 것이다. 너희는 앞으로 늙

어 죽을 때쯤 인류에는 종말이라고 불리는 변화기가 틀림없이 오게 될 것이다.

Q 선생님 말씀은 잘 들었는데 방금 이야기는 세상에 많은 사람이 이미 말하고 갔는데요?

승: 나는 이 세상에서 내가 원한다면 무엇이든지 얻을 수 있는데 가장 힘든 일을 하는 것은 내가 약속 속에 존재하는 사람이기 때문이었다. 또한 이 일이 새로운 인류를 위해서 매우 소중한 일이기에 하는 것인데 말세의 현상에 대해서도 분명히 말할 자도 없다. 그리고 말세 이후에 나타날 일도 모르고 어떻게 자신들의 이야기에 대해서 입증할 수 있는 분명한 자료를 제시한 자도 없었다. 그러니까 항상 추상적인 이야기들은 많이 했으나 실제적인 말을 한 사람도 한 명도 없다.

Q 이곳에 와서 선생님께 배우지 않아도 변화기에 자신을 구할 수가 있습니까?

승: 내가 가르쳐 준 그대로만 길을 가면 목적지에 도달할 수 있다. 이것을 행하기 위해서는 여럿이 도반이 되어 연구하고 토론해서 계속 탐구할 때만이 목적을 달성할 수 있다. 깨달음을 얻었다는 나조차도 사람들이 믿지 않을 때 마음을 풀 곳이 없어서 쩔쩔매고 있다. 남을 구하고 축복하겠다는 좋은 마음을 얻기 전에는 너무나 큰 장벽이 많다. 너희는 이웃과 가족을 섬김으로 자신의 마음속에 공덕심을 찾는다면 능히 모든 어려움을 이기고 소망하

는 목적을 달성할 수 있다. 너희를 이해하고 도와줄 사람이 나타나지 않는다면 스스로 남을 축복하는 일을 하기가 얼마나 힘들다는 걸 알아야 한다. 그래서 자신을 지켜줄 환경을 만들어야 한다. 이 말의 뜻은 주위에 있는 사람들에게 감동을 주고 진정으로 깨달음을 주어서 너희 곁에 함께 해야 한다는 것이다.

Q 선생님은 과거 수천 년 전에 세상에 태어났을 때도 세상에서 큰 대접을 받지 못했습니까?

숭: 나는 전생에도 유명한 사람이었으나 현세에 한국 땅에 태어나서 깨달음을 얻고 나자 형편없는 사람이 되었다. 지금까지 알던 모든 사람이 벽을 쌓았고 집에 찾아오는 사람도 없다. 어디를 찾아가도 깨닫기 전에 다정했던 사람들도 겨우 인사 정도나 할 정도로 모두 담을 쌓았다. 그래서 나는 세상을 보고 매우 무거운 마음으로 살아가고 있다. 그런데 내가 외국으로 전법 여행 가서 만나는 사람들은 왜 한국에서 가르치지 않고 말도 통하지 않는 외국에서 가르치려고 하느냐고 묻는다. 그렇게 묻는 것은 내가 세상에 오게 된 동기를 모르기 때문이다.

Q 선생님이 이 시대에 나타날 것이라는 기록이 있습니까?

숭: 나는 종교에 있는 경전을 한 번도 읽어 본 적이 없는 사람인데 과거에 보살의 경지에 올랐던 사람이라면 나에 대하여 알아보았을 것이다. 기록에는 분명히 나와 있을 것이지만 누가 온다고 지적하지 않고 가장 진실한 자가 와서 세상을 구할 것이라고 적혀

있을 것이다.

Q 사람들을 깨우치고 세상을 구하는 일이 이렇게 힘든데도 이 일을
해야 하는지요?

승: 나 자신도 이 세상에 온 메시아라는 사실을 실제로 몰랐었다.
그런데 내가 깨달음을 얻고 하늘로부터 가슴 속에서 전달되는 사
실을 통하여 메시아라는 사실을 알게 되었으나 말할 곳이 없었다.
오늘날 성자를 파는 자들은 전부 거짓 속에 사는 위선자들이었다.
그들에게 나의 능력을 줄 터이니 네가 세상을 구하겠는지 물으면
모두 거절했다. 그들은 세상을 구하는 길도 모르고 구하자고 하면
나의 말을 거부한다. 그런데도 어두운 세상을 보고 좌절하고 절망
을 하면 하루만 앉아 있어도 마음이 천근처럼 무거워진다. 내가
『나그네』 책에 시를 썼듯이, 나는 짐을 지고 온 나그네다. 나의 삶
을 통해서 짐을 그 주인들에게 주어야 하기에 주인을 찾는 자다.
그래서 이 세상을 헤매야 하니 만일에 내가 세상에서 사람들의 앞
길을 생각하고 내가 편안함만을 생각하고 그들을 잊어버린다면
내 양심에 너무나 큰 부담이 될 것이다. 또한 내 마음에 씻지 못할
한을 남기는 일이기 때문에 사람을 찾아서 인류를 구원하기 위해
서 나의 모든 정신과 노력을 이 세상에 바치고 있는 것이다.

Q 진실한 자는 이 세상에 와서 무엇을 전하게 되는 것입니까?

승: 진실한 자는 인간을 바로 깨우쳐서 잃어버린 바른 마음을 찾
아주는 것이다. 바른 마음으로 진실이 밝아지면 세상에서 분명히

옳고 그릇됨을 알게 되고 검은 것은 검게 흰 것은 희게 진실을 보게 될 수가 있다. 이 진실성 회복이 이 시대에 구원의 약속이다. 거짓을 진실처럼 아름답게 말하는 위선자들은 세상에 위선을 만들고 사람들에게 기대를 줄지는 모르지만 길이 없는 길이다.

Q 선생님이 어떻게 저희를 가르쳐서 결과가 나타나게 됩니까?
승: 어떠한 일이 어떻게 일어나는지 사실을 가르칠 때는 바탕과 환경과 근본에 의해서 결과가 나타나는 것을 가르쳐 준다면 너희는 그 말을 통해서 깨우치게 된다. 그러면 누구나 진실성 회복을 하게 되며 살아있는 동안에 자기의 정신적 건강과 육체적인 건강을 가져온다. 너희의 진실이 커지면 커질수록 밝아지면 밝아질수록 마음은 항상 평화스럽다. 또한 사람들을 그릇됨으로부터 구원해주는 것이 내가 세상을 떠돌면서 사람들에게 전해야 하는 이 시대에 사명이다.

Q 문제를 알아보지 못한 상태에서 수학 선생의 말을 들으면 그게 그것처럼 들리듯이 선생님의 말씀은 같은 말만 계속하고 있는 것 같은데요?
승: 내가 같은 말을 계속하고 있어도 실제로 우리가 문제를 알아보기 시작하면 문제가 날마다 다르다는 것을 알 수가 있다. 그런데 문제를 모르고 들으면 똑같은 말로 들린다. 그래서 전에 내 말을 많이 듣던 사람들도 날마다 같은 말만 하고 있다고 한다. 내가 하는 말을 문제를 모르고 들으니까 날마다 같은 소리로 들릴 뿐이

다. 영어를 배우지 못한 사람이 옆에 어떤 외국인이 와서 계속 영어를 해대면 다 같은 말이다. 그러니까 현실에서 너희가 이런 점을 이해하려고 노력할 때 비로소 세상의 일에 대해서 눈을 뜨게 되고 의식 속에 양심과 용기와 밝은 빛이 생긴다. 그래서 끝없는 공덕행을 통해서 완전한 해탈을 하고 부처에 이를 수 있다.

Q 보통 사람들은 자기가 살아온 습관이 있고 환경이 있고 쌓아온 지식이 있는데, 자기 나름의 생각이 선생님이 말씀하시는 가르침으로 인해서 편견이 깨어져야 수용이 되겠네요?

승: 식물은 땅을 바탕으로 나지만 인간의 바탕은 정신이고 깨달음이다. 나는 세상에서 최고의 깨달은 자이며 좋은 바탕을 가졌으니까 씨앗을 좋은 땅에 심으면 나쁜 내용물이 죽어가고 자꾸 변해서 좋아진다. 그와 같이 나의 말을 듣고 사는 모습을 보고 느끼고 깨닫게 되면 너희의 의식과 모든 행동이 점점 좋아진다. 자신이 가지고 있는 나쁜 성질들이 죽어 버리고 자꾸 좋게 변해서 최상의 인간으로 달라진다. 나의 말을 계속 들으면 자기의 일에 열정적이고 할 일을 남에게 미루지 않고 스스로 하게 된다. 그러면 자기의 삶은 모든 문제가 해결돼 버리고 양심과 용기가 커진다. 그렇게 변해서 과거에 할 수 없었던 일을 능히 하게 되고 일을 하는 것이 수월해진다.

Q 좋은 기능을 가지고 현실을 잘 이해하는 사람이 좋은 스승입니까?

승: 우리 사회에서 이런 좋은 스승은 지금 어디에서도 대접받지

못하고 있다. 그래서 사회에 불안한 일들이 쉽게 해소될 수 없는 이유가 교육정책과 잘못된 언론 때문에 사람들의 의식을 점점 어둡게 만들고 있다. 또 어두운 의식을 가진 사람들의 실수 때문에 IMF가 왔고 우리 사회나 국가가 잘못되어 가고 있다는 사실을 누구도 부정할 수 없다.

Q 잘못되어가는 일을 종교에서는 기도를 열심히 하고 있는데 기도를 통해서 하루아침에 풀리겠습니까?

승: 어떤 믿음이 모든 것을 해결해주는 것은 아니다. 깨달음이 없는 믿음이 무슨 소용이 있겠느냐? 바위가 금이 될 것이라고 아무리 믿은 들 금이 될 수 있는 요소를 가지고 있지 않고 그 속에 금맥이 있지 않다면 어떻게 금이 그 바위에서 나오겠느냐? 그러니까 믿음이라는 것은 어떤 과정에서 신뢰하고 믿는 것도 중요한 과정이 되겠지만 어떤 믿음만으로 모든 것이 이루어지는 것이 아니다. 우리가 있는 일을 잘 알고 있는 일을 잘하게 될 때 비로소 우리 사회는 희망이 넘치게 되고 그 희망은 국가를 부흥하게 할 수 있다.

Q 개인의 운명이 시시각각으로 변할 수 있습니까?

승: 국가의 운명이 변하니까 개인의 운명이 변한다. 내가 있는 일이라고 하는 것은 내가 저지른 일도 있는 일이지만 나에게 생기게 되는 일도 있는 일이다. 내가 원하지 않는 일도 살아가다가 보면 내가 활동하던 것은 인연에 의해서 자신에게 생기게 되면 그로 인해서 삶이 불행해진다. 중요한 문제는 국가의 운명은 개개인의

정신 속에서 있는 것이고 개인의 운명은 사회의 어떤 제도나 환경에 의해서 변화할 수가 있다. 만일 우리가 있는 일을 이해하지 못하고 있는 일을 제대로 받아들이지 않으면 되는 일은 아무것도 없다. 우리가 잘살기 위해서는 있는 일에 대한 이해가 무엇보다도 급선무이다.

Q 어떤 일이 사람들에게 진정한 봉사가 됩니까?

答승: 네가 밭에서 농사짓는 일을 한다면 땅에 거름을 집어넣는 것이 봉사이다. 그리고 땅에다 씨를 뿌리면 좋은 열매가 열리니까 축복이 된다. 좋은 열매를 얻을 수 있으니 거름을 땅에 넣는 것이 봉사이고 축복이 나온다.

Q 우리를 축복하고 자기를 빛내게 할 바탕이 있어야 하는데 어떻게 축복을 스스로 얻어 올 수 있습니까?

答승: 너희는 있는 일을 잘 알아야 비로소 축복된 일을 할 수 있으나 모르고 실수하면 재앙을 가져올 수 있다. 자기를 축복하는 일은 자기가 깨닫는 일이고 남을 축복하는 일은 남을 깨우치는 일이다. 그런데 너희가 깨달았을 때 남을 깨우치지 않는다면 농사짓는 법은 알았으나 농사를 짓지 않는 결과가 된다. 먼저 자신이 어떠한 문제를 탐구하고 배워서 깨달으면 다른 사람에게 전하려고 노력해야 한다. 그런데 전하는 것이 말처럼 쉽지 않고 사람들이 거부하는 게 진리이다. 너희가 있는 일을 배워서 알고 사람들에게 말하면 너희는 알고 말하고 있지만 상대는 모르기에 전하기가 힘이 드니까 속이 탄다. 정말 힘든 일이지만 알고 보면 가슴속이 타야만 의식 속에 있는 업장이 녹는다고 모든 부처는 말할 것이다.

Q 깨닫기 위해 열심히 노력해서 정신이 맑아지고 순수한 영혼을 갖게 되면 좋은 건강을 얻을 수 있는지요?

승: 자기 스스로 노력하고 의식이 좋아지면 좋은 건강을 유지할 수 있다. 그러한 능력은 의지가 강해야 하는데 실제로 나타나는 확률은 낮다. 자기가 할 일은 오직 세상에 있는 진리를 밝혀서 자신이 복을 만들고 길을 개척해야 한다. 나는 깨달음을 얻고 처음 세상에 나왔을 때 친척과 이웃과 친구를 모두 잃었으며 너무나 외롭게 혼자서 세상을 헤맨 후에야 너희를 만날 수 있었다. 너희는 나에게는 너무나 소중한 사람들인데 이제는 너희가 나를 지켜주어야 한다. 나는 감정이 없으니까 어떤 사물을 보고 이해를 따질 때는 매우 밝은 시각을 가지지만 사람들이 욕을 하면 왜 욕을 하는지도 모르고 듣고 있다. 너희가 양심과 용기 있는 사람으로 변해야 내가 할 수 없는 일은 너희가 하고 너희가 할 수 없는 일은 내가 하는 것이 매우 중요한 일이다.

Q 선생님은 깨달음의 경지에 이르기까지 어떻게 공부하고 어떠한 계단을 거쳐서 현재에 이르렀는지요?

승: 나를 이해하기 위해서는 나의 자서전 외로운 투쟁을 읽어보면 매우 도움이 될 것이다. 깨달음의 빛을 얻으려면 아무라도 갈수 있는 것이 아니고 깨달음의 길을 아는 자를 만나야 길을 갈수

있다. 석가모니 이후에 누구도 해탈하고 깨달음에 이르렀다는 증거를 보지 못했다. 왜냐하면 수학에서 5 더하기 5는 백 년 전에도 10이었고 천 년 후에도 답이 10이 되므로 어떤 일에서나 똑같은 문제가 똑같은 답을 가지고 있다는 걸 인정해야 한다.

Q 여래님께서 진리를 말하는 자는 저주를 받는다는 말을 하늘로부터 들었다고 하셨는데 그때 하늘이라는 것은 무엇을 의미하는 것인지 말씀해 주십시오.

승: 의식의 세계가 지구에만 있는 것이 아니고 먼 공간의 세계에도 존재했다. 그런데 어느 날 나는 앉아 있는데 엄청난 감동이 내 몸속에서 일어나고 있었다. 이것은 쉽게 입으로 표현하기가 어려웠는데 감동이 일어나면서 가슴속에 울리고 있는 소리는 진리를 알면 외롭고 진리를 말하면 저주받는다. 이 두 마디의 말을 남기고 감동이 사라져 버리고 모든 게 끊어졌다. 나는 비로소 깨달음을 얻고 나서 세상일을 보기 시작하자 사람들이 나를 외면해 버리고 말았다. 그리고 진리를 말할 때마다 문제가 계속 일어났는데 이제는 나도 상당히 노련해진 것이다. 만일에 진리를 말하지 않으면 세상을 축복할 수 없고 진리를 알지 못하면 내가 세상에 태어나서 특별히 일할 필요가 없다. 그때의 진언이 시간이 가도 인류의 세계에서 많은 사람의 입을 통해 전해질 것이다. 진리를 밝히는 자가 혼자의 고생으로 끝났으나 다음에는 고생스러운 일이 되지 않기를 바라는 마음으로 이 말을 『나그네』 책에도 써 놓았고 밝힌 것이다.

Q 진리를 통하여 세상의 모든 일을 밝힐 수 있습니까?

승: 자연의 법이 진리이니 우리는 자연을 통해서 배우고 깨닫는 일을 소홀히 해서는 안 될 것이다. 그리고 완전한 깨달음을 얻는 사람이 주기적인 세월에만 태어날 수 있기에 세상에는 3천 년이나 5천 년에 한 번의 기회가 있다.

Q 자기의 의식 속에 거짓이 사라져야 진실을 볼 수 있고 점점 뛰어난 사람으로 변하는 것입니까?

승: 진실성이 없는 사람의 지식은 아무것도 밝힐 수 없다. 사회에서 가장 중요한 인과의 법을 가르쳐서 깨닫게 하고 널리 알려서 교육할 때도 근본과 바탕에 있는 일을 가르쳐야 한다. 사업을 할 때도 있는 일을 정확하게 판단하게 되면 손실을 줄이고 이익을 얻어 올 수 있다.

Q 사람들은 돈을 주고 공부하는데, 깨달은 자가 왔다면 그 가르침은 세상에서 교육을 통해서는 듣고 보지 못한 가장 큰 가르침인데 왜 깨달은 자의 말을 거부하는지요?

승: 대학 교육은 학자들이 가설을 만들어 놓고 추적해서 가능성을 찾아내는 것이다. 의식의 눈뜬장님이 문제를 확인하기 위해서 많은 방법으로 알아볼 수 있는 실험으로 진실이 드러난다. 가설을 통해서 교육받게 되면 오직 하나의 전문 분야의 일을 알아내기 위해서 자기의 진실을 포기하고 단체의 주장을 따라야 한다. 그래서 대학의 교육은 진리를 받아들이지 않고 이상을 토대로 한 결과를

찾고 있기에 깨달은 자가 있는 것을 있는 그대로 하는 말을 받아들이는 것이 힘들다.

Q 이러한 결과는 삶을 모르기에 생기는 무지의 현상이라고 보아야 합니까?

승: 모임에서 강연을 한번 하겠다고 전단을 만들어서 만 장을 뿌려 본 적이 있는데 한 사람이 왔다. 진리를 오래 들으면 자신이 새롭게 태어나는데 너희는 진리를 듣는 일이 얼마나 귀하고 힘들다는 사실을 알아야 한다. 너희가 진리를 들으므로 좋은 삶을 받아들이고 좋은 자기를 만들어서 좋은 영혼으로 다시 태어난다는 사실을 알게 되면 바르게 살게 된다. 오늘 처음으로 온 두 사람이 열심히 듣고 있는데 너희가 나를 다시 만나지 못한다 해도 삶과 죽음을 통하여 앞날에 큰 자랑이 될 것이다.

Q 저는 세상이 어떻게 운영되는지를 알고 싶은데요?

승: 세상은 하나의 원칙에 의존하고 있고 자기 속에 있는 일을 반복하는 활동을 통해서 계속 존재하고 있다. 이러한 반복 현상을 알아보기 위해서는 모태 속에 있는 일들을 알아야 한다. 지금까지 인간의 세계에 태어난 어떤 사람도 이 부분에 접근할 수 없었기에 내가 아무리 설명을 잘한다고 하더라도 금방 이해하기 어려울 것이다. 세상이 가지고 있는 원칙은 자기 속에 있는 문제를 이용해서 모든 것들을 끝없이 반복하게 하므로 세상이 영원히 존재하는 역할을 하고 있다. 이러한 일은 저 시계의 바늘이 같은 원형을

돌고 있는 것처럼 같은 일이라고 생각하면 되고 시계의 역할은 주기적으로 똑같은 일을 한다. 그러나 시계에 문제가 생기면 시계는 천천히 갈 수도 있고 빨리 갈 수도 있는데 모든 물질은 자기 페이스를 지키려는 애착이 있기에 변화된 행동을 쉽게 보이지 않는다.

Q 저희가 존재해야 할 삶의 의미나 목적을 달성하기 위해 어떠한 일을 해야 합니까?

승: 옳은 일이 너희에게 계속 올바르게 살아가게 하는 하나의 청량제 역할을 하게 되어 목적을 이루게 될 것이다. 장사를 한다고 해도 신용을 얻으면 부자는 자연적으로 되게 되어 있다. 괜히 보이지 않는 힘을 빌려서 부자가 되려고 하지 말고 자신의 노력으로 이루어지는 것은 망하지 않는다. 그리고 재물을 항상 소중하게 생각하라는 것은 재물을 가질 때 소원을 가져서 좋은 결과를 얻었으면 좋겠다는 꿈을 가져야 한다. 드넓은 세상에서 좋은 결과를 만드는 일에 노력해서 만든 돈이 자식이나 이웃이나 사회의 근본이 되었으면 얼마나 좋겠느냐? 재물을 소중하게 생각하면서 얽매이지는 말고 깨우치면 목적을 달성할 수 있을 것이다.

Q 재물은 삶의 수단이 되기에 열심히 벌어야 하지만 재물에 대해서 애착을 갖지 말라는 것입니까?

승: 삶이 있는 곳에는 재물도 있어야 하고 삶의 방편이 되기 때문에 재물을 가지는 것은 당연한 일이다. 재물은 자신을 축복하는데 도움이 돼야 한다고 항상 생각하라는 것이다. 재물을 모으는

것은 잘못하는 일은 아니고 장사하게 될 때 먹고 살기 위해서 한다는 사실을 알아야 한다. 중요한 것은 누구나 약간의 재물은 필요한 것이지만 그 재물에 대해서 애착을 갖지 말라. 주부로서도 재물을 소중하게 사용해야 가정의 평화나 행복에 도움이 되고 가장 가까이 있는 자식을 축복하고 제대로 사람이 되게 해서 사회생활해야 한다. 그리고 밝은 삶의 길을 열어주기 위해서 재물 축적하는 데 신경을 써야 한다. 그렇지 못할 때 오히려 재물을 잘못 소유하게 되면 그로 인해서 화가 생긴다는 뜻이다.

Q 저희가 삶 속에 지고 있는 짐을 벗어날 수 있는 길을 가르쳐 주십시오.

승: 아직도 애착과 탐욕에서 벗어나지 못하고 있는 가장 큰 이유가 너희 속에 있게 된 과거에 짊어지어야 했던 짐을 지고 있기 때문이다. 너희는 세상의 일을 이해할 수 없는 상황에서 이러한 짐을 스스로 벗는 일은 거의 불가능하다. 나는 너희가 지고 있는 삶 속에 있는 무거운 짐을 덜어주기 위해서 어떻게 벗을 것인지 자기가 원하는 이상 속에 있는 가장 좋은 소망을 성취할 것인지를 바로 알리려 하는 것이다.

Q 예수가 짐 진 자들은 내게로 오라는 말도 같은 뜻으로 말한 것입니까?

승: 내가 이 시대에 왔으니까 예수나 석가모니보다도 나의 시각이 더욱 밝다는 차원에서 탐욕과 애착에서 벗을 수 있는 길을 가

르쳐 준다는 것이다. 열심히 생업에 종사해도 바르게 알면 짐을 벗는 길이 있다. 재물을 많이 가진 자는 욕구를 치유할 수 없으니까 오직 깨달음을 통해서 무엇이 중요한지를 알고 살아갈 때 사람은 가치 있는 일을 하게 되고 자신을 빛내게 된다.

Q 남자와 여자가 태어날 때 신체 구조가 다르지만 의식 구조도 다른가요?

승: 정신적인 구조는 별로 다를 게 없고 환경이 다른 곳에 생활하면 생각에 차이가 있을 수 있다. 여자는 과거 농경사회에서 아이 키우고 살림하니 생각이 그 방향으로 발전했고 남자는 농사지으니 일에 따라서 정신이나 생각이 조금 다르게 발달할 수 있다. 어떤 사물을 이해할 때 보는 시각의 차이가 있을 수 있으나 여자도 농사를 짓게 되면 농사짓는 방면으로 발달하게 된다. 자기가 하는 일에 익숙해지면 기능이 생기게 되고 정신이 깊게 스며들게 된다.

Q 역사적으로 알려진 성자들은 남성이었습니다. 여성은 깨달음에 이르기가 어려운 것인지, 깨달았지만 단순히 드러나지 않는 것인지요?

승: 남자만 훌륭한 일을 하면서 큰 공덕을 지을 수 있고 여자는 못 짓는다는 법칙은 세상에 없다. 여자들 대부분이 남자보다 애착이 크다고 보는 게 이해하기 쉬울 것이다. 그래서 여자는 남자보다 더 많이 자기의 애착을 태워서 불살라야 한다.

Q 요즘에 남녀평등이라는 말을 많이 사용하는데, 사회생활을 하다
보면 남자들의 사고방식이 지배적이라서 여자들이 손해 보는 일
이 많이 발생합니다.

승: 남자들이 집에서도 직장에서도 항상 짓눌려 살다가 보니까
괜히 여자들 앞에서 큰소리치는 것이다. 여자들이 이해해야 하는
것이 회사에 바쁜 일이 있을 때 남자들은 언제나 출근할 수 있다.
하지만 여자들은 출산한다고 쉬는 날이 있고 아이들 보살피는 일
도 있으니까 시키는 일에서 남자들을 선호하는 경향이 있다. 그래
서 진급에서도 남녀평등이라고 말은 하지만 불평등하게 말을 잘
듣는 남자들에게 먼저 기회를 주는 것이다.

Q 사람이 태어날 때 남자가 되고 여자가 되는 어떤 의미가 있습
니까?

승: 여자로 태어났어도 남녀가 평등해서 나라의 대통령도 될 수
있는데 인위적으로 여성부를 만드는 것이 남녀평등이 아니다. 남
녀가 신체적 접촉이 있었다고 해서 남자만 성희롱이 되고 여자에
게는 안 되는 것도 곤란한 일이다. 약자만 이기고 강한 자는 죄인
취급받는 것도 옳지 않은 일이고 항상 누군가를 심판하기 위해서
는 상대의 말을 들어 볼 필요가 있다. 우리가 진실을 알고 잘못을
평가할 수 있는데 진실을 모르면 계획된 어떤 각본에 의해서 마
녀사냥식으로 힘을 가진 자의 들러리 역할을 하게 된다. 여자라고
무시를 받아서는 당연히 안 되는 것이지만 여자라고 특혜를 받는
것도 옳지 않은 일이다.

Q 남자와 여자는 분명히 다른데 깨달음을 이루는 것은 어떤 차이가 있을까요?

승: 나무에도 암꽃도 피고 수꽃도 피는데, 다른 차이를 알고 보면, 자기가 가지고 있던 것에서 의식은 태어난다. 여자도 세상에서 이름을 떨치고 큰일을 하는 사람이 있고 남자도 자기 앞가림도 못하는 사람이 있는데 의식 구조가 다르기 때문이다. 남녀가 생리 구조가 다르기는 하지만 신체 조건에 대해서 활동의 범위를 비교하면 총을 메고 전쟁에 나갈 때는 남자가 유리하다. 어떠한 문제를 두고 판단해야 하는데, 깨달음을 이루거나 진리에서는 별 차이가 없다.

Q 남녀가 결혼하는 일이 꼭 필요한지 어떻게 하는 것이 올바릅니까?

승: 결혼은 꼭 필요하면 하는 것이고 나이가 들어 서로가 외로우니까 동반자를 맞이하는 것이다. 결혼해서 사회적으로 활동을 충분히 해서 성공한 사람도 있으며 결혼하지 않고도 성공한 사람이 있다. 결혼해서 실패하기도 하고 결혼 안 해서 나중에 후회하는 사람도 있다. 구도자들에게 독신으로 출가하라고 한 건 정에 얽혀서는 자기 자신이 자유롭지 못하기 때문이다. 그래서 큰 공부를 하고자 하거나 세상의 도를 구하는 사람은 결혼하지 않는 것이 홀가분하다.

Q 구도자가 결혼하면 애착과 욕망이 생기는 것입니까?

승: 결혼해서 자식이 생기면 구도자에게는 상당히 장애가 있으

나 결혼하는 건 스스로 결정해야 하는 문제이다. 내가 정의해서 말하지 못하는 건 깨달은 사람이 두 사람이 있었다. 3천 년 전에 석가모니가 있었고 현재는 내가 깨달았는데 둘 다 결혼했었고 자식도 두었던 사람이다.

Q 싯다르타는 결혼했었는데도 자식을 두고 집을 나오지 않습니까?
승: 그때와 지금의 상황은 다르다. 깨달은 스승인 내가 지금 사업을 해서 돈을 벌 수 있는 상황도 아니고 석가모니처럼 동냥으로 얻어먹을 수도 없다. 밥 먹고 잠잘 수 있는 곳이 집뿐이니 집에 가는데 나도 혼자 나와 있으면 홀가분하고 좋지만 갈 곳이 없어 집을 나가지 못하는 것이다.

Q 제가 지금보다 더 근면하고 검소하게 사는 게 부모가 법을 듣고 깨닫게 하는 효과가 있을까요?
승: 진정한 법을 들을 수 있는 사람은 전생에 공덕이 있어야 하는데 법은 억지로 듣는다고 깨닫는 것이 아니다. 네가 세상에서 부모를 구하는 것보다 더한 일이 있을까만은 그 일에 얽매이지 말라. 의식이 서로 같지 않으면 부모와 자식과도 마음이 같지 않다. 몸의 성질은 비슷한데 의식은 완전히 다르다는 사실을 알아야 한다.

Q 부모에게 저를 태어나게 하고 키워준 은혜를 어떻게 갚아 드려야 합니까?

승: 너희가 알아야 하는 것은 은혜를 입었다면 부모에게 삶이 가지고 있는 좋은 길을 찾아주는 게 은혜를 갚는 일이다. 그러면 현세는 물론이고 사후와 내세의 길이 밝아지며 너희를 낳아서 학교에 보내고 보살펴 준 은혜보다 더 큰 은혜를 베푸는 결과를 가져온다. 너희는 부모에게 약간의 수고를 주었겠지만 깨달음의 길을 찾아주는 것은 앞날에 끝없는 축복을 선물하는 것이다.

Q 자식이 부모에게 생각하는 효도와 부모가 자식에게 바라는 효도의 판단기준이 다른데 서로 맞지 않을 때는 어떻게 해야 합니까?

승: 자식이 부모와 생각이 다르고 맞지 않는다고 하면 고통스럽지만 서로의 이해가 필요하다. 부모의 몸에서 자식이 태어났지만 서로의 존재는 다른 인격체를 가지고 있으니 자식을 소유물로 생각해서는 안 된다. 어떤 사람이 부모가 바라는 대로 살았으면 산골에서 남의 집에 머슴이나 하면서 평생을 살았을 사람이 집을 뛰쳐나와 성공할 수도 있다. 자식에 대한 진정한 사랑은 장래에 어려움이 없이 세상을 살아갈 수 있도록 돌보아 주는 것이다. 부모의 도리는 자식을 스스로 혼자의 힘으로 일으켜 세워서 걸을 수 있는 사람으로 만들어 주면 된다.

Q 부모의 일시적인 반대를 물리치더라도 성공해서 부모에게 공을 돌리면 부모는 기뻐할 것이니까 효도가 되겠네요?

승: 부모의 마음에 자식의 자랑스러운 일들을 기억하게 해주고 기쁘게 하는 것이 효도이다. 자식이 성공해서 부모에게 걱정을 끼

치지 않는 게 이 시대의 젊은이들이 갖추어야 하는 효도의 마음이다. 자식이 어디에서나 당당히 살아간다면 부모의 걱정은 없게 되니까 효도가 된다. 너희는 항상 현실을 직시하고 이해하려고 할 때 비로소 일반 사람이 생각할 수 없는 많은 깨달음의 지혜를 얻게 된다.

Q 저희도 무지한 중생이지만 부모가 원하는 방향으로 가지 않으면 부모가 더 무지할 때는 기쁘게 하는 일이 어렵겠지요?

승: 부모들이 대부분 자식에게 애정을 갖지 않는 부모는 없고 성공하기를 바란다. 사람은 개개인이 성질이 다른데 자기 적성에 맞아야 빨리 재능이 나타나고 적성이 다르면 재능이 더디게 오는 수도 있다. 부모의 생각이나 판단이 부족해서 자식에게 잘못할 수도 있으니까 일시적인 불효가 되더라도 영원한 효도가 될 수 있다면 재능에 따라가야 한다.

Q 저는 부모님을 이곳으로 모셔서 여래님의 말씀을 듣게 하고 싶은데 연세가 많은 부모에게 제가 할 수 있는 효도는 어떤 것이 있겠습니까?

승: 인간 세상에 많은 영혼이 떠돌아다니는 것은 윤회가 안 되기 때문이다. 삶 속에 있는 일에 붙잡혀서 죽어도 죽음의 세계로 돌아갈 수 없으니까 세상일에 대한 이해를 갖도록 해서 의식의 눈을 뜨도록 해주면 된다. 죽어야 다시 태어나는 것과 죽음은 새로운 부활을 위해서 삶은 죽음 후의 세계에 있게 될 일들을 위해서 필

요하다고 말해서 어떤 일에도 애착을 갖지 말라고 하면 된다. 자기가 한 일에 대해서 애착을 갖지 않고 마음에 매인 곳이 없으면 죽음 이후에 편안한 세계를 맞게 된다.

Q 나이 많은 사람에게 죽음 이후의 세계에 편안함을 얻게 해주기 위해서는 애착이 가장 큰 문제이겠는데요. 어떻게 말하는 것이 도움이 될까요?

숭: 수학을 아무것도 모르는 상태인 사람에게 문제만 가지고 수학은 이렇게 계산한다고 해도 숫자를 배우지 않고 수학에 대한 이해가 없는 사람은 받아들이기가 매우 어렵다. 그걸 받아들이려고 하면 자기 속에 있는 업이 차버린다. 하지만 사람에 따라서 받아들일 수 있는 사람도 있으니 부가적으로 설명해 주면 도움이 될 것이다. 과거에 부처가 했던 말 중에 인과응보라는 말이 있다. 인과응보와 자업자득이란 말은 자기가 한 일이 자신 속에 있게 되어서 항상 그 일이 좋고 나쁜 일을 자기 앞에 나타나게 한다. 그리고 윤회라는 말은 모든 것이 반복됨으로 해서 세상에 존재한다는 이런 의미를 말한다. 곡식이 익으면 열매를 남기고 그 열매가 부활해서 곡식을 나게 하니까 사람도 삶 속에 있었던 일을 통해서 곡식처럼 영혼을 남기게 된다. 영혼이 다시 인연을 찾아서 새로운 인연을 만나게 되어서 다시 태어난다. 그러니 우리 자식들 걱정은 하지 말고 자기 문제에 관심을 가지면 좋은 내세가 있다고 말하라!

Q 사람들은 돈을 벌어서 자식에게 유산으로 물려주려고 하는데 자식에게 얼마나 도움이 될까요?

승: 자식이 배가 고프다면 근기가 약한 사람은 도둑질도 할 수도 있게 된다. 그래서 부모가 자식들을 좋은 길로 인도하고 그들을 좋게 가르치기 위해서 돈을 버는 것이다. 돈을 벌어서 자식에게 남기지 말고 좋은 직업이나 가지고 건전하게 놀지 않고 열심히 봉사할 수 있는 곳이 있다면 다행이라는 생각으로 살아가면 좋다.

Q 세상을 살다 보면 자연스럽게 나이도 먹게 되는데 저도 부모님에게 태어났으니까 무조건 존경해야 하나요?

승: 부모가 존경받을 일을 했으면 당연히 존경해야 하지만 존경받을 일을 안 했을 때는 할 수 없는 것이다. 우리는 세상을 보고 수학을 계산할 때 있는 공식을 보고 푸는 것이다. 먼저 존경이라는 의미부터 규정하고 나서 과연 자신이 어떤 상황에서 대처해야 할 것인지를 결정하는 게 옳지 않겠느냐?

Q 존경이나 공경이라는 말들의 의미를 좀 알아야 하겠는데요?

승: 부모의 몸을 빌려서 태어났으니까 인연은 자기가 존재하는 한 네가 어디서 났거나 아버지가 누군지 있었던 일은 안다. 너희는 자동차를 가지고 있어도 핸들만 잡고 운전만 하는데 분해하는 걸 잘 하지 않을 것인데 분해하는 방법은 반대로 하면 된다. 제일 앞에 있는 네트를 풀어서 먼저 풀었던 걸 밖에 놓고 다음에 푼 걸 앞에 두는 것이 맞추는 조립 순서이다. 부모가 나를 어떻게 대해

주었는지 그대로 대해 주면 된다.

Q 아버지가 아들을 때린다고 반대로 아들이 아버지를 때리면 됩니까?

승: 아버지가 아들을 때릴 때 왜 때렸는지를 생각해야 한다. 소가 엉뚱한 길로 가면 바른길로 가라고 고삐를 당기면서 회초리로 때리는 것이 소를 바른길로 끌고 가기 위해서 인도하는 것이다. 네가 부모로부터 보살핌을 받았다면 너도 부모에게 보살펴줘야 하는 의무를 당연히 져야 옳다. 만일 아들이 세상에서 성공을 바랐고 진정으로 옳은 기대라면 받아들이는 게 아들에게 보살펴 준 사람의 기대에 부응하는 것이다. 그러나 세상에 살아가면서 부모라고 해서 자식보다도 현명할 수는 없는 경우도 많다. 부모가 생각하는 것이 잘못되었을 때는 부모가 바라는 길을 따르지 말고 있는 일을 설명해서 이해시키려고 해야 한다.

Q 서로에게 애착하는 관계에 있는 상태에서 부모에게 법을 말하면 이해하는 것이 더 어렵지 않나요?

승: 인간이 가진 시각이나 근기에 따라서 법을 듣고 받아드리는 척도는 다르다. 애착이 많고 근기가 약한 사람에게 법을 말하면 시각이 뒤떨어져 오히려 거부감을 느끼게 된다. 그러나 근기가 높고 시각이 밝은 사람에게 법을 말해주면 관심을 가지게 되고 오히려 호의적인 면을 보이고 깨닫게 된다. 이러한 차이는 개개인의 근기나 시각에 따라서 네가 한 말을 받아들일 수도 있고 거부할

수도 있다.

Q 가족에게 보살행을 통해서 업장을 태워도 자기를 구할 수가 있는 것입니까?

승: 남편도 한 사람의 중생이고 아들도 중생이니 남편과 아들을 위해서 자기를 태울 수 있는 길은 얼마든지 많이 있다. 자기의 마음을 불사를 수 있는 길은 길가의 거지만 불쌍한 사람이 아니고 가족도 깨닫지 못한 중생일 때는 불쌍한 네가 사랑해야 할 대상이다. 이왕이면 멀리 있는 나쁜 씨앗 구하기보다 가까이에 있는 좋은 씨앗을 위해서 가슴을 태우기 쉽다. 자기를 불사를 수 있으면 그 뜻은 보살과 같으니 가족은 남이 아니라 사랑의 대상인데 무엇으로 축복했는지가 중요하다. 결과가 나빴다면 잘못된 사랑이고 결과가 좋았다면 축복이 있는 좋은 사랑이다.

Q 자식에게 재물을 잘못 물려주면 사람을 버리게 된다고 하셨는데 왜 사랑을 가르치는 것이 큰 축복입니까?

승: 사랑은 가장 큰 축복을 가졌기 때문인데 축복받지 못한다면 사랑이 아니다. 자식을 현실에서 스스로 일하게 하고 일을 통해서 기쁨을 얻고 열심히 살아가게 축복하는 길이 자식에게 주는 사랑이다. 자식이 잘못이 있을 때 감싸주는 것이 아니고 깨우쳐주는 게 사랑이다. 그래서 나는 사소한 문제가 너희의 의식에 보일 때부터 세상의 일을 스스로 배울 기회가 생긴다고 말한다. 백문이 불여일견이니까 백 번을 들어도 한 번 보는 것보다 못한 것이다.

스스로 눈을 뜨고 보아야 옳은지 그런지 그리고 좋은 일인지 나쁜 일인지 판단할 수가 있다.

Q 호랑이는 죽어서 가죽을 남기고 사람은 죽어서 이름을 남긴다는 속담이 있는데 어떻게 보시는지요?

승: 사람들은 왜 살아가고 있는지 의미도 모르고 사는데 조금만 삶의 의미를 생각하고 관심을 가진다면 자기가 세상에 살았던 표적을 남길 필요가 없다. 돌고 도는 게 세상의 일이기 때문이고 세상에는 하나의 원칙이 존재한다. 이 원칙 속에는 인과因果로 인하여 생기는 법칙의 지배를 받고 자기로 인하여 만들어지는 결과를 가지고 계속 윤회해야 한다. 자기의 활동으로 지어진 인연을 가지고 계속 윤회해야 하는 법칙은 누구도 바꿀 수가 없다.

Q 삶 속에는 아무것도 아닌 일에도 서로 갈등이 생기고 그 일로 인하여 고민하는 일이 있는데 과연 이런 문제를 어떻게 풀어야 합니까?

승: 항상 어떤 일을 말할 때 역사에서 있었던 일을 참고하여 문제를 푼다면 갈등이 없이 살아가는 방법이 있다. 우리가 가정생활을 할 때 가족 간에도 약속이 필요한데 가정의 법이다. 살아가면서 중요하게 생각해야 할 것은 지켜야 할 일과 지키지 않아도 될 일이 구분이 분명히 되어야 한다. 원칙을 정해두고 지키는 것인데 어겼을 때 분란이 일어난다. 그래서 이런 일을 두고 내가 한 말이 일 속에 만복의 근원이 있고 길흉화복의 길이 있는 일 속에 있다

고 했다. 가정을 가지고 살아가는 데 항상 편안하게 살기 위해서 누구에게나 원칙이 필요하다. 원칙을 이해하지 못하고 생활하게 되면 언제 자신이 불행에 빠지게 될지 모르고 사회생활을 하는 데도 원칙에 익숙하지 않으면 손해를 보게 된다.

Q 세상에 태어날 때 자식이 될 사람이 부모를 선택하는 것과 부모가 자식을 선택하는 것이 가능합니까?

승: 매우 뛰어난 영혼 중에는 가능한데 고차원의 영혼일 때 의식으로 주파수를 맞추어서 상대방과 접근하면서 무아의 상태에 들면 그의 몸속으로 들어갈 수 있다. 그러나 자기의 의식을 가지고는 사람의 몸속에 스스로 묻혀서 태어날 수는 없고 자기가 죽어야 다시 태어날 수 있다. 아무나 가능하다면 죽은 자들이 전부 부잣집이나 명문가에 태어나려고 싸우면 난리가 날 것이다. 사람들이 세상에서 일어나고 있는 진실을 알게 된다면 능히 애착과 욕망을 끊을 수 있다.

Q 자식은 부모의 애정욕구로 만들어지는 것인데 그 일도 인연으로 만들어진 애착입니까?

승: 자식은 인연에 의해서 거둔 것이니까 부모가 돌보아야 할 책임이 있고 돌보아주는 것뿐이다. 자식은 부모를 고생시켰는데 자라서 성공하면 보답할 것이라고 기대한다. 하지만 자식들이 대부분 부모에게 고생만 시켰으나 기대를 이루어주지 않았으니까 진실을 알면 기대도 없다고 생각하면 애착이 줄어들 것이다.

Q 부모와 자식이 인연으로 만났으면 그 관계는 어떻게 맺어졌을까요?

승: 부모와 자식은 땅과 씨앗의 관계와 같고 부모는 부모이고 자식은 자식일 뿐이다. 자식이라고 해서 부모와 근본이 다르고 바탕이 다를 때는 아무리 노력해도 부모처럼 되는 것이 불가능하다. 깨달음이 바탕이 되고 과거로 인하여 지어진 결과는 근본이 되는데 부모의 마음에 드는 자식을 바라는 건 헛된 욕망이다. 부모는 자식을 위해서 진정으로 얼마나 축복이 되는지는 깨달아야 알 수 있다.

Q 그러면 자식이 실수할 때는 어떻게 해야 하겠습니까?

승: 세상에 있는 어떤 현상도 뜻을 통하지 않고 나타나는 일은 없으니 뜻을 살펴보면 알 수 있는 것이 진리이다. 그래서 자식을 키울 때는 정으로 키워서는 안 된다. 항상 작은 실수를 했을 때는 엄하게 꾸짖고 큰 실수를 했을 때는 덮어야 한다. 왜냐하면 자신이 이미 반성하고 있기 때문인데 이것이 지혜로 자식을 키우는 것이다.

Q 어머니 뱃속에서 태어난 자식도 부모에게 정말 못된 행동을 하고 죽을 때까지 불효의 행동을 보이는 자식이 있는데 전생에 어떤 인연이 있었던 것일까요?

승: 우리가 보는 사회에서 나타나는 현상 중에는 이해할 수 없는 잘못된 일들이 많이 목격되고 있다. 부모와 자식 간에 도저히 있

을 수 없는 패륜적인 행위를 신문이나 방송을 통하여 듣고 본다. 이러한 일에 대하여 예를 들면 부모가 자식에게 맞았다면 잘못은 부모에게 있다.

Q 이해하기 힘든데, 그런 인연은 전생을 거쳐서 얻게 된 업보의 결과가 아닙니까?

승: 전생의 인연도 있을 수 있지만 현세의 인연에서 더 많은 영향을 받게 된다. 자식이 부모를 때렸다면 책임이 부모에게 있다고 말한 건 부모가 바르게 사는 모습을 보이고 자식을 잘 가르쳤을 때 자식은 세상의 일을 배워야 하는지를 알게 된다. 자식은 부모의 행동을 보고 그대로 배우는데 잘못 가르쳤으니까 그러한 대접을 받는다. 어릴 때부터 돈 달라고 하면 주고 공부는 하기 싫은데 학원이나 보내고 세상에 힘든 일은 한 번도 시키지 않았으니 아는 건 돈 쓰는 것뿐이다.

Q 부모에게 돈 달라고 요구하는데 주지 않으니까 패륜적인 행위가 나오는 것 같은데요?

승: 좋은 교육은 어떤 사실을 보고 그 사실에서 문제가 어디에 있는지를 지적해야 한다. 그런데 우리 사회에서 잘못된 현상이 많이 나타나는 것은 가정에서 자식을 잘못 가르친 부모와 사회에서 잘못된 교육으로 인해서 인간의 사고가 망했다. 그래서 잘못된 일을 저지르는 일이 일어나고 앞으로는 더 많이 일어날 것이다.

Q 여래님의 가르침대로 살면 부모가 자식의 삶을 빛나게 해주는 결과를 만들어줍니까?

승: 나의 가르침 속에는 활동의 법칙으로 모든 현상이 존재한다. 부모와 자식과의 인연은 바람에 씨앗 하나가 날아와 땅에 떨어져서 만나게 된 인연과 같다. 서로가 만나서 부모와 자식이 되었는데 스스로 이룰 수 있는 일을 포기한다면 부모도 자식을 위해 일생을 허비할 수는 없다. 서로의 인생은 다르고 가장 가까운 인연으로 살아가고 있고 인연을 존중할 뿐이다. 너희는 자식에게 공부를 1등 시키려 하지 말고 건강하고 부지런하며 사리 분별이 분명한 사람이 되게 하는 게 삶을 빛나게 하는 것이다.

Q 아무리 바르게 가르치려고 해도 안 되는 경우가 있는데 어떤 인연으로 자식을 좋은 사람으로 만들 수 있습니까?

승: 씨앗은 땅을 만나지 못하고 싹트지 못하면 생명을 얻을 수 없듯이 자식은 부모와의 인연을 만나지 못하면 태어나지 못하고 자기를 축복할 길이 없다. 자식을 좋은 사람으로 만들 수 있는 건 간단하게 의식을 바꾸어야 하며 나쁜 것을 들어내고 좋은 것을 집어넣으면 된다.

Q 사람에게 좋은 것을 어떻게 집어넣는다는 것인지요?

승: 나쁜 나무를 어떻게 좋게 개량하는지 보라! 그건 작목연구소에 가서 내가 보여줄 수 있으니 사람도 그렇게 하면 된다.

Q 사람을 잘라서 뇌를 뽑아내고 수술해야 합니까?

승: 그렇지 않다. 몸은 하나의 기관에 불과하며 모든 지시와 행동은 의식에서 나오는데 의식 속에 있는 일들을 바꾸면 된다.

엮은이 최준권(원덕)

삶의 의미를 찾지 못해 방황하다 늦은 나이인 1985년에 출가하였다.
범어사 강원을 졸업하고 부산불교교양대학에서 강의하다가 지식으로서의
불교에 한계를 느끼고 단식수행, 탁발수행, 묵언수행 등을 하였다.
마침내 진실한 스승을 만나 가르침을 받고 작은 깨달음을 얻었다. 이후 미
국으로 건너가 세상을 스승으로 삼고 20여년간 만행했다.
2020년 하와이에서 유튜브 활동을 하다가 2021년 가을 모든 여정을 끝내
고 귀국, 스승의 가르침을 정리해서 지속적으로 출판하고 있으며, 회고록과
소설 등도 집필 중이다.

이메일: Johngwon7@gmail.com

윤회와 인과법

초판 1쇄 인쇄 2024년 6월 24일 | **초판 1쇄 발행** 2024년 7월 1일
엮은이 최준권 | 펴낸이 김시열
펴낸곳 도서출판 자유문고
    (02832) 서울시 성북구 동소문로 67-1 성심빌딩 3층
    전화 (02) 2637-8988 | 팩스 (02) 2676-9759
ISBN 978-89-7030-178-5 03100   값 17,000원
http://cafe.daum.net/jayumungo